¡TU RESTAURANTE APESTA!

ACEPTA LO MALO.
LIBERA TU RESTAURANTE.
HAZ QUE DESTAQUE.

DONALD BURNS
THE RESTAURANT COACH™

Introducción realizada por Eva Ballarin, Conferenciante Internacional, Analista y Oradora sobre Hostelería.

Derechos de Autor de la Edición en Español © 2022 por Donald Burns
Traducido por Angelo Gonzalez

Derechos de autor de la segunda edición © 2019 por Donald Burns
Derechos de autor de la primera edición © 2017 por Donald Burns

Donald Burns, The Restaurant Coach ™

donald@therestaurantcoach.com
www.therestaurantcoach.com

Todos los derechos reservados. Está prohibida la reproducción o transmisión total o parcial de este libro, en cualquier forma o por cualquier medio, sin la autorización escrita del autor.

El objetivo de este libro es proporcionar información precisa y fiable sobre los temas tratados. Esta información se facilita teniendo en cuenta que el autor no se dedica a prestar asesoramiento jurídico o médico profesional. Puesto que los detalles de su situación dependen de los hechos, siempre debe buscar los servicios de un profesional competente.

DESCARGO DE RESPONSABILIDAD
El autor ofrece el libro en su totalidad, incluidos los contenidos, servicios y datos (denominados colectivamente "Información") que contiene, y sólo con fines informativos. En este libro no se ofrece ningún tipo de asesoramiento profesional, financiero, de estilo de vida o médico, y la información no debe utilizarse ni interpretarse como asesoramiento profesional.

DEL MISMO AUTOR
Outstanding Mindset: How to Set Yourself and Your Restaurant Up for Success Each Day! (2019).

Your Restaurant STILL Sucks! - Stop playing small. Get what you want. Become a badass. (2019).

Dedicación

Para mis hermanos del **Cuerpo de Paracaidistas de las Fuerzas Aéreas de los Estados Unidos**, quienes viven siguiendo el Código:

Esto Lo Hago Para Que Vivan Los Demás.

Mi Profesor de Kempo Karate, el difunto Hanshi Terry Lee Bryan Usted me dio el mejor consejo que he recibido en tan sólo **cinco** palabras....

Querrás dejarlo, no lo hagas.

Para mis clientes de Restaurant Coaching:
Ama lo que haces y lograrás cautivar al mundo.

Contenido

INTRODUCCIÓN 1
   Para Triunfar, Hay Que Ser Canalla 3
   Respira Profundo y Muere 5

ESTÁS AQUÍ 5
   La Trampa del Hábito 6
   Por Qué Cambiar Es Tan Difícil 8
   La Mentalidad del Mono 9
   Las 3 Verdaderas Razones Por Las Que No Cambias ... 10
   Las 3 P Para Lograr el Cambio 12
   ¿Dónde Está Tu Plan De Acción Masiva? 15
   Las Herramientas son Sólo Potencial 17
   Pierde La Cabeza 19

CULTURA 25
   El Río de la Cultura 27
   Cómo Los Valores Fundamentales Influyen En La Cultura
   De Tu Restaurante 31
   Crea Tu Cultura, Crea Tu Marca 41
   Orgullo Tonto 45
   La Adicción al Promedio 48
   Los 3 Tipos de Dueños de Restaurantes 51

EQUIPO 55
   Por Qué Algunos Equipos de Restaurante Simplemente
   No Funcionan 57
   Carrera en Equipos 62
   Un Método Simple para Crear un Mejor Equipo de Restaurante . 65
   Cómo Encontrar al Chef Adecuado para Tu Negocio ... 69

Nadie Lee Tu Manual Del Empleado. 74
¿Estás Aprovechando al Máximo a Tu Equipo?. 78
Por Qué La Gestión De Tu Restaurante Necesita Un Ajuste 81
Cómo Cambiar Mentalmente para Ser un Líder. 85
¿Tu Equipo Sabe la Diferencia? Cumplimiento vs. Compromiso . . 90
Por Qué Tu Personal Odia A Tu Gerente 93
Puedes Llevar al Caballo al Río, Pero No Obligarlo A Beber 96

TIEMPO. 101
6 Estrategias Para Gestionar el Tiempo de los Restaurantes
que Realmente Funcionan 103
7 Trucos Para Gestionar El Tiempo Y Sacarle
Más Provecho A Tu Día 108

MENÚ 113
Telluride 115
Trucos Jedi Para Tu Menú. 117
¿Tu Menú es Demasiado Agresivo para tu Mercado? 121
El Juego de los Precios 125
Guía Para Calcular Los Verdaderos Asesinos de Costo 129
Las 3 Cosas que los Menús Exitosos Deben Tener. 133

MARKETING. 137
Los 10 Mandamientos del Branding para Restaurantes 139
Cómo Están Cambiando las Redes Sociales para los Restaurantes 144
4 Consejos para Llevar las Redes Sociales de tu Restaurante
a un Nuevo Nivel 149
4 Formas en que los Restaurantes Independientes
Pueden Superar a las Grandes Cadenas 154
La Alteración de la Comunicación en las Redes Sociales 157
3 Razones Por Las Que Tu Restaurante Independiente Necesita
Un Plan De Marketing – ¡Ya! 165
El Verdadero Negocio de los Restaurantes no es la Comida,
Son las Emociones. 168

MENTALIDAD 171
3 Razones Por Las Que Tu Plan Para Tu Restaurante No Funciona 173
De Gerente a Líder: 10 Pasos Fundamentales 178
La Solución en 12 Pasos para la Caída de las Ventas. 184

Este es el Verdadero Enemigo de tu Restaurante 189
La Prueba para el Cinturón Negro 193
Los 7 Pecados Capitales de los Restaurantes 197
¿Adónde Se Han Ido Las Ganancias De Tu Restaurante? 202
¿Saboteando Tu Éxito?. 208
Las 12 MENTIRAS DE MIERDA Que Te Dices A Ti Mismo Y Que
No Permiten Que Tu Restaurante Tenga Éxito 212

TENDENCIAS 223
Tu Obsesión Por Las Reseñas En Línea Te Están Matando 225
La Lenta Muerte de los Restaurantes. 230
5 Obstáculos Que Te Impiden Obtener El Restaurante
Que Deseas. 234

CONCLUSIONES 243
Lo Fácil NO es una Opción 245
Lecciones de Operaciones Especiales para Dueños de Restaurantes 249
Mensaje Dirigido a Potenciales Clientes 257
¿Quieres Más? 261
La Nación de The Restaurant Coach™ (TRC) 263
The Restaurant Accelerator™ 265
¿Tienes un Coach?. 268
Testimonios 270
Agradecimientos. 273
Acerca de db 275

"La verdad te hará libre, pero primero te hará enojar".

Joe Klaas

"De acuerdo, esto no te va a gustar: Si tu restaurante apesta, es porque apestas dirigiéndolo".

Donald Burns, The Restaurant Coach™

LENGUAJE EXPLÍCITO A CONTINUACIÓN

NOTA DEL AUTOR:

Al leer estas palabras en las siguientes páginas, recuerda que no son más que palabras y que carecen de dos de los tres elementos fundamentales de la comunicación eficaz: el tono y el lenguaje corporal no verbal.

Si me has visto en un taller, en un acto de presentación o has asistido a uno de mis talleres, sabrás mejor que nadie lo positivo de mi tono y las palabras no verbales que lo acompañan. **Debes saber que mi única intención es ayudarte a alcanzar tu verdadero potencial.** Si las palabras que voy a decirte te ofenden o te molestan, recuerda que sólo son palabras sobre un papel, y que tú les vas a añadir tu tono.

Relájate, acepta lo que te molesta, aprende de las lecciones y deja que esa mierda negativa se vaya.

Si eres sensible al lenguaje, quizá quieras dejar de leer ahora. El material de este libro está escrito en términos reales y utiliza el lenguaje que se utiliza en los restaurantes.

> *Por favor, ten en cuenta que no utilizo palabras malsonantes para ofender a nadie. Empleo un lenguaje fuerte para romper tus esquemas de pensamiento y hacerte sentir incómodo. Cuando llegues a ese punto, entonces (y sólo entonces) empezarás a tomar medidas para hacer cambios.*

INTRODUCCIÓN

Para Triunfar, Hay Que Ser Canalla

Expresarse alto y claro es algo que no todo el mundo es capaz de hacer. Hay que ser un experto, tener un alto nivel de exigencia y ser un poco "canalla" para decir las verdades que a menudo resultan incómodas, y en un mundo tan complejo como el de los restaurantes, con frecuencia se oye más a los que yo llamo "animadores", que aplauden las iniciativas de un chef o un dueño, que a los que son críticos. Donald es uno de esos profesionales dispuestos a decirle a quien sea un par de cosas que necesita oír.

Con un lenguaje directo, vehemente e incisivo, Donald sabe cómo hacer que la gente se mueva y salga de su zona de confort para intentar sacarla de la mediocridad. Donald se enfrenta a la realidad y a la necesidad de ir más allá de hacer lo que "siempre se ha hecho".

En este libro no revela grandes secretos, ni enseña una fórmula mágica, sólo apuesta por el sentido común, el esfuerzo y las ganas de dejar lo mediocre y conformista de tus actuaciones y cuestionar todos los aspectos que dan valor a tu negocio. En un entorno empresarial tan competitivo como el Horeca (Hoteles, Restaurantes y Cafeterías), en el que las tendencias son un motor incontenible que hace volar lo que funcionaba ayer, la tecno digitalización es una fabulosa palanca de cambio y el factor humano es decisivo para el éxito final, en las palabras de Donald encontramos referencias para que no nos perdamos y trabajemos en la dirección correcta para convertir un restaurante en un negocio sano (rico).

Si lees este prólogo es porque acabas de dar el primer paso, desde aquí te invito a que lo devores y saques tus propias conclusiones, y sobre todo a que disfrutes de una conversación sincera y directa.

Eva Ballarin

Conferenciante Internacional, Analista y Conferenciante de Hostelería
www.evaballarin.com

Respira Profundo y Muere

Me apoyé en la pared jadeando. Estaba haciendo un ejercicio llamado "cruces". Tenía 10 segundos para respirar y luego aguantaba la respiración, caía hasta el fondo, nadaba a través de una piscina olímpica con un tanque de aire vacío sobre la espalda, intentaba evitar el "acoso" de los instructores, lograba llegar a la otra pared, subía por el lado, tenía 10 segundos para respirar y lo hacía todo de nuevo.

¿Por qué alguien querría hacerse esto? ¿Este no es un libro sobre restaurantes?
Quédate conmigo un momento...

Crecí en el mundo de los restaurantes. Mi padre era un chef ejecutivo de la vieja escuela que fue entrenado por un chef alemán que lanzaba cuchillos a sus cocineros (hacía que Gordon Ramsey pareciera una buena persona). Aprender en la cocina de mi padre no era nada fácil para un joven cocinero y su hijo; era como mi versión de Hell's Kitchen en la vida real. Yo empezaba trabajando en el puesto de preparación, subía progresivamente por el escalafón, molestaba a mi padre y volvía a preparar verduras.

En un momento dado, mi padre me dijo: "Llevas la cocina en la sangre". Yo quería seriamente una transfusión. Así que hice lo que muchos jóvenes hacen cuando quieren escapar de una figura paterna dominante: me alisté en las Fuerzas Aéreas de Estados Unidos (en aquel momento me pareció una buena idea). Fue más como pasar de la sartén al fuego.

UNA DECISIÓN QUE CAMBIÓ MI VIDA

Me enlisté con un trabajo garantizado para ser lingüista ruso. Durante el entrenamiento básico, un sargento entró en el aula para proyectar una película sobre un equipo de élite... Pararrescate. Estos hombres hacían rescates en combate en condiciones extremas. Buceo, saltos desde árboles, HALO, descenso rápido desde la parte trasera de un helicóptero... Bien, eso llamó mi atención. Mi vida ya se había basado en ser el mejor. A los 16, obtuve mi cinturón negro de primer grado en kárate Kempo americano. A los 18, ya era cinturón negro de segundo grado (actualmente soy cinturón negro de quinto grado en Kempo) y también practicaba Shōrin-ryū Karate y estudiaba Arnis (lucha filipina con palos). Presentarme a las pruebas para un puesto en Pararrescate era una opción lógica, y sonaba mucho más emocionante que una escuela de idiomas.

Pararrescate es el Equipo de Operaciones Especiales de las Fuerzas Aéreas de Estados Unidos. Cada rama del ejército tiene operativos especializados que desempeñan misiones únicas. La Marina tiene equipos SEAL. El Ejército tiene a los Boinas Verdes. Los Marines tienen los Force Recon, y las Fuerzas Aéreas tienen los PJ o Pararrescate. Su deber es rescatar y recuperar al personal en situaciones de combate. Como PJ, recibes entrenamiento en supervivencia en combate, paracaidismo (asistes tanto a la Escuela Aérea del Ejército como a la Escuela Halo), Escuela de Buceo de Combate del Ejército (SCUBA), rescate en montaña, rescate acuático, entrenamiento paramédico, entrenamiento de tripulación aérea y entrenamiento táctico.

Los PJ son la definición de "Médicos de Combate Rudos".

Después de "probar" para una clase y entrar, la verdadera diversión comienza. Las primeras 9 semanas son llamadas adoctrinamiento (o Indoc), y es donde la mayoría de los candidatos a PJ abandonan o S.I.E (Eliminación Auto-Iniciada). La mayoría de los chicos son buenos con las exigencias físicas normales, como las carreras cronometradas y la calistenia. La natación cronometrada acaba con algunos, porque algunos pueden ser rapidísimos en tierra, pero si los metes en una piscina con aletas y máscara, se dan cuenta enseguida de que el mundo es distinto. Entonces empiezan a reducir el equipo con lo que se conoce como "hostigamiento acuático". Empieza simplemente con un ejercicio de respiración en pareja.

La respiración en pareja consiste en mantener la cabeza bajo el agua y pasarse el tubo de un lado a otro para compartir el aire. Suena fácil, ¿verdad? Pues no tan rápido... Los instructores empiezan a subir la temperatura y ponen la mano en el extremo del tubo justo cuando estás a punto de respirar. ¿No hay aire? ¿Y ahora qué? Los que sobreviven pasan el tubo a su compañero y esperan otro turno. Los que entran en pánico son eliminados. Hay demasiado en juego en una situación de rescate de combate para que cunda el pánico. Ahora los elementos físicos se convierten en psicológicos.

REGRESAR AL CROSSOVER

Allí estaba yo, apoyado en la pared, jadeando. Ya había perdido la cuenta de cuántas veces había ido y venido. También perdí la noción del tiempo durante el cual estuve apoyado en la pared. Seguramente fueron más de diez segundos, porque recuerdo que dos instructores también me gritaron: "¡Quítate de la pared!". Cuanto más gritaban, más me aferraba a ella. Entonces (el comandante) el sargento mayor Clegie Chambers se acercó lentamente a mí. El sargento mayor Chambers era un hombre intimidante. Alto, corpulento y con un gran bigote de los 80, como Tom Selleck en Magnum PI. Se inclinó a mi lado y se quitó las gafas de sol de aviador. Me dijo con calma diez palabras que me cambiaron la vida para siempre: **"Lo más fácil que puede hacer un hombre es renunciar"**. Luego dijo: *"Ahora, quítate de mi puta pared"*. Respiré hondo y no miré atrás.

Después de casi dos años, subí al escenario con otros catorce hombres que habían superado lo que se conoce como "la Escuela Pipeline o Superman", uno de los cursos de formación en operaciones especiales más largos del mundo. También tiene una de las tasas de deserción más altas de toda la comunidad de operaciones especiales de Estados Unidos, que ronda entre el 80 y el 90% (en algunas clases sólo se han graduado dos personas). Me convertí en miembro de una hermandad que, incluso después de dejar el ejército al cabo de cuatro años, tendría un impacto permanente en mi vida. Ser miembro de la Comunidad de Operaciones Especiales (o Spec Ops) me dio una ventaja en el sector de los restaurantes. Las lecciones que aprendí sobre los equipos de alto rendimiento y el enfoque incansable de los objetivos están grabadas en mi mente. Nunca sabrás lo lejos que puedes llegar hasta que salgas de tu zona de confort.

¿Cuál es tu límite?
¿Hasta dónde puedes esforzarte al máximo?
¿Hasta dónde puedes hacer avanzar tu restaurante?
Si eres el tipo de persona que creo que eres, entonces tienes que averiguarlo.
De eso trata este libro.

Este libro es el verdadero camino. Compartiré contigo como puedes dar rienda suelta a tu restaurante enseñándote las cosas que te están impidiendo convertir tu restaurante en lo que sabes que puede llegar a ser.

No voy a darte una nueva hoja de instrucciones. Créeme, lo último que necesitas es otra lista de pasos a seguir o un software que se quede en tu computadora (o portapapeles) sin ser utilizado. Eso se lo dejaré a esos otros "expertos" en restaurantes que quieren venderte sus cosas y sistemas.

Verás, estoy seguro de que has probado muchos sistemas y programas de software para restaurantes. Tal vez has visto algunos resultados. Me imagino que lo más probable es que no hayas obtenido los resultados que querías. No es que los sistemas sean malos; es sólo que no son la solución real.

CÉNTRATE EN EL 80% APROPIADO

¿Has oído hablar del economista italiano Vilfredo Pareto? Él descubrió un patrón muy inusual de entrada en comparación con la salida, y todo comenzó en su jardín. El 80% de los guisantes eran producidos por sólo el 20% de las vainas. Eso lo llevó a preguntarse si ese extraño desequilibrio se daba sólo en su jardín. Sus investigaciones demostraron que no se trataba sólo de las judías verdes. Descubrió que el 80% de la tierra en Italia era propiedad de sólo el 20% de la población. Así nació el Principio de Pareto. Conocido también como la Regla 80/20, establece que aproximadamente el 80% de tus resultados proceden de sólo el 20% de tus actividades.

Cuando se trata de obtener resultados para tu restaurante, puedo decir con un 100% de certeza (tras trabajar con más de 400 restaurantes al año) que el *20% son los sistemas* y el **80% es la mentalidad**.

No es una tontería. No se trata de ese sistema, software o proceso que crees que es la solución milagrosa para arreglar todo lo que va mal en tu restaurante. Esas son herramientas externas. Tu 80% es la mentalidad que tú y tu equipo tengan. Al igual que Dorothy en el Mago de Oz, **siempre has tenido el poder**, ¡sólo que nunca te has dado cuenta!

Por eso, esas nuevas listas de cosas que hacer, ese nuevo software y esos nuevos sistemas nunca consiguen los resultados que deseas. Te centras en la parte equivocada de la ecuación. Te centras en el 20%.

Este libro fue escrito para que te vuelvas a centrar en las soluciones reales para crear el restaurante ideal que sabes que puede llegar a ser. Vamos a dejar de buscar soluciones en el exterior y pasar a ese elemento interno que finalmente permitirá desarrollar tu genio interior y crear tu restaurante ideal.

Se trata de ti.

Si quieres sacar a flote tu restaurante, tendrás que hacer frente a algunos puntos oscuros que has ignorado. Tendrás que hacerte esas preguntas que has evitado.

Si hay ocasiones en las que mientras lees te sientes incómodo, está bien. Estar cómodo es la razón por la que estás donde estás en la vida y en los negocios.

Dicen que la verdad te hará libre, pero antes, te hará enojar.

¿Estás listo para enojarte?

"Yo no soluciono los problemas de los restaurantes; en primer lugar, soluciono la mentalidad que creó el problema. Una vez que solucionas eso, los problemas se arreglan por sí solos"

Donald Burns, The Restaurant Coach™

Estás Aquí

¿Alguna vez has mirado el mapa de un centro comercial y has encontrado ese puntito que dice: "Estás aquí"?

Tengo buenas y malas noticias para ti.

La mala noticia: tu restaurante es lo que **crees** que debería ser. Es exactamente donde estás ahora mismo. Estás donde **crees** que deberías estar. Te has convertido en lo que crees que eres.

La buena noticia: Cuando cambias tu **mentalidad**, tu **restaurante** cambia...

*...y también tu **vida**.*

Si creías que este libro iba a ser el típico "cómo administrar un restaurante", siento decepcionarte. Vamos a hablar de los verdaderos problemas que impiden que tu restaurante alcance su verdadero potencial... **Tú**.

Esa pieza de un kilo de materia gris que se encuentra en lo alto de tu cuello, entre tus orejas, es capaz de hacer cosas increíbles. También es lo que te detiene. Tiene buenas intenciones (la mayoría de las veces). Lo que ocurre es que dejas que la parte reptiliana de tu cerebro tome las riendas más de lo que debería. Dentro de ese hermoso cerebro hay algunas creencias, rutinas y hábitos obsoletos que te mantienen atrapado mentalmente. Esas cosas son como un viejo programa que funciona en segundo plano. No te das cuenta de ellas ni del efecto negativo que tienen en tu restaurante y en tu vida. Es hora de actualizar tu sistema operativo mental..

La Trampa del Hábito

Entonces, ¿por qué es tan difícil cambiar?

Al igual que todo, tenemos buenos y malos hábitos. Estos son algunos de los que afectan a tu restaurante más de lo que crees:

- Quejarse
- Chismosear
- Hablar mal de la gente
- Formar un grupo cerrado
- Arrebatos descontrolados
- Aislarse
- Llegar tarde
- Ser desordenado
- Ineficiencia
- Reacción emotiva a los mensajes de texto o de correo electrónico
- Mala comunicación
- No descansar ni hacer pausas estratégicas
- Falta de cuidado personal
- No planificar el día o la semana
- Hacerse el mártir
- Gestionar en modo reacción
- Falta de seguimiento
- Falta de consistencia

¿CÓMO SE FORMAN LOS HÁBITOS??

Los hábitos se forman cuando las acciones están relacionadas con un desencadenante mediante una repetición constante. Cuando se produce el desencadenante, se tiene la necesidad automática de actuar.

Por ejemplo:
* Cuando te despiertas (desencadenante), enciendes la cafetera (hábito).
* Cuando llegas al trabajo (desencadenante), revisas tu correo electrónico (hábito).
* Cuando te estresas (desencadenante), le gritas a tu equipo (hábito).

Nuestras vidas están llenas de este tipo de combinaciones de desencadenantes y hábitos, a menudo sin que nos demos cuenta. Si todos los días vuelves a casa del trabajo siguiendo la misma ruta, probablemente conduzcas por costumbre, girando sin pensar, debido a la repetición constante.

¿Cómo se produce esto?

1. *Repetición constante a lo largo de los años.* *Imagínatelo así: caminar sobre la alfombra de la misma manera hasta que empiezas a ver un camino.*
2. Al principio, empiezas con acciones realizadas muy conscientemente antes de que fueran un hábito. Poco a poco, se vuelven más automáticas y menos conscientes. *Todos los hábitos nacen del pensamiento.*
3. Hay un sistema de retroalimentación que nos ayuda a repetir el hábito. Por ejemplo, si estás estresado y comes comida chatarra, puedes obtener placer (retroalimentación positiva), y si no comes comida chatarra, sigues estresado (retroalimentación negativa). Por lo tanto, la retroalimentación positiva por complacer un impulso hace que quieras hacerlo repetidamente. La retroalimentación negativa por no satisfacerlo hace que no quieras hacerlo repetidamente.

Siempre que se produce el desencadenante, se genera un hábito.
Cuando cambias el desencadenante, puedes cambiar el hábito.

Por Qué Cambiar Es Tan Difícil

En el fondo tienes que hacer cambios en tu restaurante.
¿Por qué no lo haces?
El cambio es algo inconstante. Aunque nos invita a aceptarlo, también se resiste a ser asimilado. El cambio es hipócrita. Cuando intentas hacer cambios en tu vida y en tu restaurante, se resiste. ¿Por qué?
Los hábitos negativos se resisten al cambio.
Esos hábitos que tienes tú y tu equipo son arraigados, y hará falta algo más que un memorándum o un taller de una hora para eliminarlos. Los hábitos son la base de la teoría del cambio. Para poder conquistarlos, primero hay que entender por qué el cambio es tan difícil de lograr, lo que nos llevará a la cuestión de los monos y la comida. En serio.

La Mentalidad del Mono

Algunos miembros de los Pararrescatistas desplazados a Filipinas cuentan la historia de cómo los cazadores atrapan a un mono; utilizan una estrategia que les permite comprender el comportamiento del mono. Estos comportamientos a veces van en contra de los intereses del mono *(por supuesto, uno nunca va en contra de sus propios intereses, ¿verdad?)*.

Un cazador toma un tarro con una abertura ligeramente mayor que la mano de un mono. Ata una cuerda alrededor de la abertura con un nudo, llamado nudo del mono (muy original, lo sé), que hace de cuna de la cuerda alrededor del tarro. El cazador coloca algo de comida en el tarro de cristal, como arroz o un plátano.

El mono mete la mano en el tarro, toma la comida y cierra el puño haciendo fuerza con la pata. Ahora, el mono se encuentra ante un dilema: no puede sacar la mano del tarro a menos que se le caiga la comida. La abertura del tarro no es lo suficientemente ancha. Por supuesto, el mono podría dejar caer la comida y sacar fácilmente la mano, pero no lo hará. Su mentalidad de mono no se lo permite. A pesar de tener la posibilidad de escapar, no lo hace: mantiene su mano apretada alrededor de la comida gritando hasta que un cazador lanza una red sobre el mono y lo captura.

¿Alguna vez te has aferrado a algo que deberías haber soltado?

Mucha gente no sabe cuándo soltar y seguir adelante. Esto puede ocurrir mucho en los restaurantes; cuando uno retiene algo más de lo que debería, lo suelta y sigue adelante. Tal vez tengas algunos empleados a los que, en el fondo, crees que deberías soltar. Sigues aferrándote a ellos como ese mono con la mano alrededor del plátano... gritando por los problemas que causan y el drama que crean, cuando todo lo que tienes que hacer es abrir la mano y liberarte.

¿Tienes algunos hábitos personales a los que te aferras y que deberías dejar ir? *Vamos, sé sincero contigo mismo.*

¿Es difícil abandonarlos? Sí. ¿Es necesario si quieres crecer y hacer crecer tu negocio? Por supuesto que sí.

Estos son tres obstáculos que obstaculizan tus esfuerzos.

Las 3 Verdaderas Razones Por Las Que No Cambias

1. MIEDO

El miedo, real o imaginario, es un enemigo terrible del cambio. El miedo nos mantiene inmovilizados y estancados en situaciones que, en el fondo, sabemos que deberíamos cambiar.

Los comerciantes lo saben, y utilizan el miedo como herramienta para hacernos comprar todo tipo de cosas que no necesitamos. ¿Dejas que el miedo se aproveche de ti o utilizas el miedo para actuar?

El miedo a lo desconocido está siempre presente y puede ser muy paralizante si lo permitimos.

¿Por qué no capacitas más a tu equipo?

El miedo dice: "Si invierto en capacitarlos más y adquieren mejores habilidades, llevarán esas habilidades a otro restaurante".

Falso.

El auténtico miedo que debes tener es que si no inviertes en tu equipo para mejorar la comida, el servicio, el marketing y el liderazgo, no mejorarás y te quedarás estancado. La competencia será la que se adapte, supere, venda, comercialice y entrene mejor que tú.

El miedo es natural y está arraigado en nuestro cerebro como mecanismo de supervivencia. Hay que reconocerlo y respetarlo. No hay que obedecerlo. Afronta tus miedos, enfréntate a ellos y luego haz lo contrario de lo que te sugiere el miedo. "Bueno, puedo ver que invertir en la capacitación del equipo es arriesgado, y existe la posibilidad de que algunos tomen esas habilidades y se vayan a otro restaurante. Los que se queden mejorarán, y eso mejorará el negocio".

2. ZONA DE CONFORT

Estar cómodo es peligroso. Cuando estás en tu zona de confort, eres vulnerable. Si no te adaptas para seguir el ritmo o, mejor aún, para innovar y adelantarte a los demás, pronto verás que pierdes terreno en tu mercado.

Tu zona de confort es un lugar donde se acumulan los malos hábitos. Son como viejos amigos, y nadie quiere deshacerse de un viejo amigo, sobre todo si lo conoces desde la infancia. Algunos de esos hábitos llevan mucho tiempo viviendo en tu cabeza, sin pagar alquiler. Es el momento de empezar a escribir algunos avisos de desalojo.

3. FALSAS EXPECTATIVAS

Tienes lo que se conoce como el síndrome del adivino. Ya tienes una idea de que no va a salir bien. Esto también se conoce como ser pesimista. Normalmente puedes saber si alguien sufre este síndrome por el lenguaje que utiliza. ¿Te suena alguna de estas afirmaciones?

Ya lo intentamos. *(En serio, ¿cuántas veces?)*

Eso no funcionará en nuestro mercado. *(¿Tiene datos e investigaciones que lo respalden?)*

Siempre lo hemos hecho así. *(Ese podría ser el problema).*

Este síndrome del adivino es lo que los psicólogos llaman **sesgo de negatividad**. Nuestra mente está diseñada para ayudarnos a sobrevivir y adaptarnos. Pero, por desgracia, parte de ese mecanismo no es el adecuado para ayudarte a hacer crecer tu negocio. El sesgo de negatividad se produce cuando tu mente reacciona ante las cosas malas con más fuerza que ante las buenas. Se necesitan cinco comentarios positivos para anular cada uno negativo.

La buena noticia es que ahora ya lo sabes. Disponer de información detallada sobre cómo está conectado tu cerebro ayuda a generar cambios. Cuando eres consciente de algo como el sesgo de negatividad, te queda otra opción. Puedes elegir aceptarlo o elegir un camino diferente. Eso es lo asombroso del libre albedrío: que tienes elección.

Ahora que sabes algunas de las cosas que te impiden hacer los cambios que necesitas, vamos a explorar cómo implementar el cambio en tu vida

...y en tu restaurante.

Las 3 P Para Lograr el Cambio

PROPÓSITO

Conocer tu propósito, visión, misión o por qué debes cambiar es poderoso. Si sabes por qué, entonces el "cómo" es fácil. El mayor obstáculo es no saber conectar con un "por qué" lo suficientemente poderoso. Tu propósito tiene que estar conectado con las emociones. Puedes pensar en muchas razones lógicas por las que deberías cambiar. La lógica no nos lleva a la acción.

Analicemos un cambio común con el que muchas personas batallan: ir al gimnasio.

A simple vista, podemos pensar en una docena de razones por las que deberíamos ir.

- Te sentirás mejor.
- Tendrás más energía.
- Estarás más sano.

¿Por qué la mayoría de la gente no se compromete y no actúa? La mayoría no ha aprovechado las emociones que les produce ir al gimnasio. Imagina lo que sientes después de hacer ejercicio. Confianza. Alegría. Tranquilidad. Amor. Sí, amor, porque dedicar tiempo a cuidarse es amor.

Cuando aprovechas las emociones, aprovechas tu fuente de energía definitiva.

PERSISTENCIA

El cambio te hará retroceder. Esa dulce y suave voz de tu zona de confort te volverá a llamar. Hay que comprometerse a mantener el rumbo. Esto es muy difícil en el caso de los restaurantes, porque aunque estés muy comprometido y dedicado a que se produzcan estos cambios en tu negocio, puede que otras personas de tu equipo no compartan el mismo entusiasmo. Si tienes un motivo poderoso, podrás superar la tormenta de negatividad y dudas de tu equipo.

La persistencia también significa adaptarse y hacer los ajustes necesarios. Claro que no todo sale según lo planeado. Debes estar preparado para que surjan obstáculos que te desafíen. La mejor manera de evitarlos es pensar con antelación y tener planes de emergencia.

En la programación neurolingüística (PNL) hay una suposición (principio rector) que dice: "Si algo no funciona, prueba otra cosa. Si eso no funciona, prueba otra cosa. Si eso no funciona, prueba otra cosa".

¿Entiendes lo que digo? Muchas veces intentamos aplicar el cambio y nos rendimos con demasiada facilidad.

PACIENCIA

Allá por 1950, había un cirujano plástico llamado Maxwell Maltz, a quien le fascinaba el comportamiento humano. Maltz descubrió que un paciente tardaba 21 días en acostumbrarse a ver su nueva cara después de una operación. De ahí surgió el famoso mito de los 21 días para acabar con un hábito.

Lo cierto es que, por lo general, pasan más de dos meses antes de que un nuevo hábito o cambio se convierta en algo automático. *En la mayoría de los casos, 66 días para ser exactos.* ¿Te das cuenta de que muchas personas se rinden con demasiada facilidad cuando no ven que su nuevo comportamiento hace efecto después de sólo 21 días? A algunas personas les puede llevar incluso más tiempo.

Phillippa Lally es investigadora de psicología aplicada a la salud en University College London. Realizó un estudio que se publicó en la revista European Journal of Social Psychology, que demostró que las personas tardan entre 18 y 254 días en adquirir un nuevo hábito. Los hábitos crean y destruyen restaurantes. Los hábitos son un reflejo de las normas establecidas para la marca. Está en las cosas que vemos, como la manera de contestar al teléfono, de saludar a un cliente, de servir una bebida, de servir un plato, de tratar a los demás, de limpiar el baño, de entregar la cuenta y de despedirse.

También está en las cosas que quizá no notemos, como la actualización de costos, la gestión de presupuestos, la capacitación, la comunicación en equipo, la contratación y el agradecimiento a los empleados. Algunos hábitos son fáciles de iniciar, como mostrar aprecio a diario. Es tan sencillo como acercarse a alguien del equipo o a un cliente y decir una palabra: **gracias**.

Si quieres que tu restaurante destaque y sobresalga, desarrollar hábitos positivos es imprescindible. Aristóteles lo dijo mejor que nadie: *"Somos lo que hacemos repetidamente". La excelencia, pues, no es un acto, sino un hábito".*

¿Dónde Está Tu Plan De Acción Masiva?

Cuando estaba en el equipo de Pararrescate de la USAF, nos "metían" o dejaban en situaciones que la mayoría de las veces no eran como habíamos hablado. Muy similar a las situaciones cotidianas a las que se enfrentan la mayoría de los restaurantes. Empiezas con un buen plan y luego, llega el día y tu buen plan se convierte en un mal día así de rápido. ¿Cambia?

La verdad es que no.

Lo que cambia es la forma de afrontarlo.

Primero, tenemos que saber dónde estamos y adónde queremos ir. Yo lo llamo Plan de Acción Masiva. Ese viejo dicho es correcto: "si no planificas, estás planeando fracasar".

Me sorprende la cantidad de restaurantes que no tienen un Plan de Acción Masivo para su negocio o su vida. Viven simplemente reaccionando día a día a lo que ocurre a su alrededor. En el mundo de las Operaciones Especiales, si no tenías un plan concreto y varios planes de emergencia, la gente moría. Los restaurantes quizás no sean tan vitales a primera vista. Sin embargo, no tener un plan y hacer ajustes es lo mismo que morir desangrado lentamente a nivel interno. ¿Por qué fracasan tantos restaurantes? En gran parte se debe a una planificación deficiente. Recuerda estas palabras de George S. Patton:

"Un buen plan ejecutado ahora es mejor que un plan perfecto ejecutado la semana que viene".

Si no obtienes los resultados que deseas para tu restaurante y tu vida, entonces es hora de que empieces a crear un nuevo Plan de Acción Masiva. Es hora de deshacerse de esos viejos planes y rutinas (hábitos) a los que te has aferrado por seguridad. Nos dirigimos hacia un nuevo territorio. No hay señales de tráfico hacia dónde vamos. Esta es una zona desconocida para muchos. Tu zona de confort te dirá que vuelvas. No hagas caso de esa llamada porque no tiene nada que ofrecerte, sólo los mismos resultados inexistentes que obtenías antes. No te preocupes; yo seré tu guía en este viaje. Tendrás que confiar en mí. Te presionaré y presionaré esos botones que desencadenan: el miedo, la ansiedad, la duda y, a veces, la ira. Hago esto para cuestionar tu antigua visión y ayudarte a ver un nuevo camino.

Las Herramientas son Sólo Potencial

Imagínate que tienes un martillo sobre un mostrador. ¿Lo llamarías herramienta? Sólo lo es cuando lo tomas y lo utilizas. Ahí quieto, sólo es una herramienta *potencial*. Una vez que lo tomas, puedes usarlo como herramienta. Esa herramienta también se puede aplicar para bien o para mal. Clavar un clavo en una pared para construir una casa, bien. Usarla para golpear a alguien en la cabeza por ira, mal.

En este libro, te mostraré todo tipo de herramientas potenciales *(de hecho, las repetiré varias veces para asegurarme de que entiendes el mensaje)*. Dependerá de **ti** utilizarlas y aplicarlas para bien o para mal. Algunas de las herramientas psicológicas de estas páginas pueden utilizarse para influir en los miembros de tu equipo o para cambiarte a ti mismo. Espero que estés leyendo esto por **integridad**. Si utilizas estas herramientas para superarte a ti mismo, a tu equipo, y si tu restaurante va por ese camino, los íntegros te seguirán. Aquellos con menos escrúpulos pueden encontrar algún efecto rápido y obtener algunos resultados temporales. Cuando llenas estas herramientas con malas intenciones, no durarás mucho en este negocio. **Eso es seguro**.

Como mencioné antes, para lograr nuevos resultados, a veces tienes que hacer algo que nunca has hecho para conseguir algo que nunca has tenido. Llevas años haciendo lo mismo una y otra vez (creando hábitos inconscientes). Es el momento de romper con esos hábitos y alejarte de tus patrones cotidianos. Es hora de aprender cosas nuevas.

En cuanto dejas de aprender, empiezas a morir.

Para tener éxito, se necesitan los conocimientos adecuados. Después, hay que aplicarlo sin descanso mediante las acciones adecuadas. ***Con constancia***.

No hables del tema.

¡Haz algo con él, maldición!

Por favor, no te dejes llevar por el **cuento de la perfección**. A muchas personas del sector de los restaurantes les encanta utilizar la excusa de "soy un perfeccionista". *Mentira*. La perfección no se puede alcanzar, y si alguna vez lo consigues, *¿qué pasa?* ¿Dónde vas después de ser perfecto?

¿Cuántas veces te has sentido inspirado por un gran podcast, una increíble publicación en un blog o por haber asistido a un seminario y te has levantado a hacer algo? ¿Qué pasó después? Si eres como mucha gente, no hiciste una mierda. Dejaste que esos sentimientos intensos te invadieran y no pasaste a la acción. O hiciste una o dos cosas y luego dejaste de hacerlas. Ese es el hábito de los perdedores. Empiezan y paran. Entonces ven el siguiente objeto brillante y lo prueban. Empiezan y paran. No se comprometen a actuar de forma coherente. Como el niño que dijo que venía el lobo. Mucho hablar pero sin resultados.

Nada cambiará en tu vida o para tu restaurante hasta que actúes con coherencia y sigas tu Plan de Acción Masiva. Porque es tu guía. Tus valores fundamentales son tu brújula. Debes tener en cuenta una última cosa antes de dedicarte a tomar las herramientas de este libro y aplicarlas.

Pierde La Cabeza

¿Oyes esas voces en tu cabeza?

"¿Qué voces?"

Todos tenemos en la cabeza esa especie de comité cuya función es impedirnos hacer cosas y empezar a cuestionarnos lo que vamos a hacer. Esta voz se creó como herramienta de supervivencia para que la raza humana pudiera adaptarse a entornos adversos. Estos restos de nuestro cerebro reptiliano pueden convertirse en el obstáculo para lograr tener el restaurante y la vida que deseamos.

Tienen buenas intenciones. Pero están llenas de mierda.

Estas voces exponen dos puntos de vista completamente diferentes que seguramente confundirían a la mayoría: el pasado y el futuro.

EL PASADO

Los acontecimientos de hace años vienen a tu cabeza como una vieja película de 8mm. ¿Recuerdas cuando aquel chico se robó unos filetes de la nevera? ¿Y cuando aquel tipo que pensabas que era un gran empleado no se presentó el primer día? Te guste o no, dirás que has olvidado el pasado hasta que ese pequeño comité que tienes en la cabeza empiece a percibir una señal de que te diriges por un camino que les resulta familiar. En cuanto eso ocurra, ¡ten cuidado con los obstáculos!

El pasado duele. Las segundas intenciones, las inseguridades, la culpa, la vergüenza y las críticas salen a relucir. El problema es que, si tu comité se presentara ante un tribunal de verdad, perdería por pruebas circunstanciales. Tu cabeza está llena de habladurías.

Mejor conocido como mierda.

EL FUTURO

El comité de tu cerebro también juega a ser adivino. "Mira en la bola de cristal y te diremos exactamente lo que va a pasar". Si realmente pudieras predecir el futuro, sabrías exactamente cuál sería la siguiente línea de este libro, ¿cierto?

Cuando el "comité del futuro" interviene en tu toma de decisiones, lo hace desde un punto de vista pesimista. En su defensa, intentan protegerte. Sin embargo, pueden ser un poco sobreprotectores.

Cuando estas voces toman el control, aparecen los peores escenarios, las falsas premoniciones, la duda, la desconfianza, la falta de confianza y una imaginación que pondría celoso a Stephen King. La verdad es que lo que inventas en tu mente nunca es tan malo como imaginabas.

Y si lo es, ¿qué más da? Te las arreglas porque no puedes cambiar los hechos, sólo cómo respondes a ellos.

LOS SESGOS QUE TE DETIENEN

Cuando algo parece similar a un acontecimiento pasado, lo clasificamos en la misma categoría y decimos algo así como: "Ves, sabía que eso iba a pasar". Esto es lo que los psicólogos llaman "sesgo retrospectivo".

El cerebro humano ha evolucionado durante mucho tiempo y está programado para hacer una cosa muy bien: mantenerte vivo. Si pones la mano sobre algo caliente, el cerebro actúa de inmediato para retirarla. Ni siquiera te da tiempo a pensarlo. Acción y reacción. También tiene algunos trucos programados para darte ventaja en el mundo real. Si no tuvieras memoria, cada vez que te acercaras a una puerta tendrías que detenerte y evaluar la situación para determinar qué diablos es ese objeto de forma rectangular que hay entre las habitaciones. También hay algún tipo de cableado defectuoso por ahí arriba. Di hola a las cosas conocidas como sesgos cognitivos.

Vivimos en un mundo en el que millones de bits de información nos llegan cada segundo. Para procesarlo todo, solemos crear atajos mentales. Nuestro cerebro suele utilizar atajos para ayudarnos. Estos atajos se llaman heurísticos. Estos atajos mentales son increíblemente útiles y muy precisos.

Pero, por desgracia para nosotros, la heurística no siempre funciona.

A veces las cosas no son exactamente como parecen a primera vista (por ejemplo, una situación común ha cambiado ligeramente o es única). En estos casos, confiar en la heurística puede perjudicarnos gravemente y hacer que tomemos malas decisiones. Cuando nuestra heurística no logra producir un criterio correcto, el resultado es un sesgo cognitivo, que es la tendencia a sacar una conclusión incorrecta en una determinada circunstancia basándonos en factores cognitivos. Los sesgos cognitivos pueden afectarnos en todos los aspectos de nuestras vidas, desde hacer compras a mantener relaciones, desde los veredictos de los jurados a las entrevistas de trabajo. Los sesgos cognitivos son muy importantes para quienes trabajan en el sector de los restaurantes, cuyo principal objetivo debería ser pensar de la forma más racional y lógica posible para encontrar la verdadera visión de su negocio.

Así pues, conocer los heurísticos que utiliza el cerebro y los sesgos cognitivos que pueden provocar es fundamental si se quiere ser un profesional del sector de los restaurantes o un empresario exitoso. Cada sesgo cognitivo está ahí por una razón, principalmente para ahorrar tiempo o energía a nuestro cerebro. Algunos de ellos son como un mal cableado del que la mayoría de la gente no es consciente. Hay unos 175 sesgos cognitivos que utilizamos.

Examinemos los más populares, que deberás conocer y gestionar como un profesional del sector de los restaurantes.

Sesgo de Confirmación

Esto ocurre cuando se distorsionan los datos para que encajen o apoyen las creencias o expectativas existentes. A menudo se da en la religión, la política y, según veo, también en restaurantes.

¿Por qué es tan importante? Porque no ser capaz de mirar más allá de los sistemas de creencias existentes limitará enormemente la capacidad de crecer y mejorar, tanto en los negocios como en la vida. Necesitamos considerar más posibilidades y estar más abiertos a otras formas de hacer las cosas. Hay muchas posibilidades para alcanzar el objetivo final. Claro que $50 + 25 + 25 = 100$. Pero también hay muchas, muchas otras formas de llegar a la misma solución.

El Efecto Dunning-Kruger

Un sesgo cognitivo por el que las personas relativamente inexpertas experimentan un sentimiento de superioridad engañoso, ya que consideran erróneamente que su capacidad es mucho mayor de lo que realmente es. La gente se cree mucho mejor de lo que es.

Como ocurre con los restaurantes que creen que sirven buena comida, pero sus opiniones en Internet dicen lo contrario. Hay una gran diferencia entre ser engreído y tener confianza en uno mismo.

Los engreídos hablan mucho, mientras que las personas seguras de sí mismas ofrecen resultados.

Sesgo del Status Quo

El sesgo del "statu quo" es muy similar al sesgo de aversión a la pérdida, según el cual la gente prefiere evitar pérdidas en lugar de adquirir ganancias. Un ejemplo sería el dueño de un restaurante que sabe que debería cambiar su menú. Sin embargo, el miedo a perder clientes es mayor que el beneficio de conseguir nuevos clientes y más volumen de ventas.

Sesgo de Riesgo Cero

Es la preferencia por reducir a cero un riesgo pequeño frente a lograr una mayor reducción de un riesgo mayor. Esto responde al deseo de tener un control total sobre un resultado único y menor, frente al deseo de un mayor control (aunque no seguro) sobre un resultado inesperado. En el sector de los restaurantes, el dueño, el gerente o el chef cree que vencer a un proveedor por el precio es controlar el costo de la comida.

Se fijan en el precio porque creen que lo controlan al conseguir el "precio más bajo". La realidad es que se fijan tanto en una cosa menor que no tienen en cuenta el costo teórico de los alimentos (calculando el costo de su menú), el desperdicio de la producción o haciendo un análisis del menú para entender lo que el cliente está comprando.

Sesgo de Punto Ciego

No ser capaz de reconocer los propios prejuicios cognitivos es un sesgo en sí mismo.

La gente nota los sesgos cognitivos y negativos mucho más en otros que en sí mismos.

Sesgo de Exceso de Confianza

El efecto de exceso de confianza es un sesgo claramente establecido en el que la confianza subjetiva de una persona en sus opiniones es superior a la exactitud objetiva de dichas opiniones, especialmente cuando la confianza es relativamente alta. El exceso de confianza es un ejemplo de un cálculo erróneo de probabilidades.

El exceso de confianza se ha definido de tres formas distintas:

1. Sobreestimación del desempeño real de uno mismo;
2. Exageración del propio desempeño en relación con otros; y
3. Exceso de exactitud al expresar una certeza injustificada sobre la veracidad de las propias creencias, te has creído tu propia historia de mierda.

La Ilusión del Control
Muchas veces, el encargado nunca recibió capacitación sobre cómo calcular con precisión el costo de los alimentos, analizar los menús o gestionar la producción de alimentos, de modo que se enfoca en lo único en lo que siente que puede influir: los precios. El control es una ilusión, pero muchos se aferran a él por seguridad. La ilusión de tener el control describe cómo las personas tienden a comportarse como si tuvieran cierto control cuando, en realidad, no lo tienen.

Ley de Parkinson
Ten en cuenta la Ley de Parkinson, que afirma: "El trabajo se expande hasta ocupar por completo el tiempo disponible para su realización". Algo de cierto hay en esto: si programas dos horas para una actividad, a menudo te darás cuenta de que necesitas dos horas para realizarla. Sin embargo, si sólo te dedicas una hora, lo más probable es que estés más concentrado y la termines en el tiempo asignado. Utilízalo para establecer plazos más estrictos y hacer un uso más eficiente de tu valioso tiempo.

Falacia de la Planificación
Este es uno de los sesgos cognitivos que más problemas me plantean. La falacia de la planificación es un fenómeno en el que las predicciones sobre cuánto tiempo se necesitará para completar una tarea futura muestran un sesgo optimista y subestiman el tiempo necesario. Solemos creer que podemos terminar un proyecto mucho antes de lo que nos llevará.

Estos sesgos cognitivos pueden servirte de excusa para quedarte estancado y seguir siendo una persona corriente. O puedes olvidarte de esas tonterías y admitir la raíz de tus problemas.

Pensar Mucho.
La razón por la que puede que no consigas hacer las cosas y sacar adelante tu restaurante es que te encuentras en medio de un dilema entre el "**debería**" y el "**debo**"; piensas mucho. La duda y pensar demasiado son cadenas que te mantienen atado. ¿Cómo se soluciona?

Dejar de pensar y empezar a hacer.

De acuerdo. Manos a la obra.

Revisa el MAPA (Plan de Acción Masiva)

Era 1986. Yo estaba en las montañas escarpadas del norte de Gales. Estaba en un ejercicio de navegación con mi equipo de operativos de Pararrescate.

Gales es tanto bella como salvaje. Las montañas son espectaculares, y el clima puede cambiar muy rápido debido al viento y la lluvia. Tan rápido que muchos montañeros se sorprenden y se vuelven víctimas de los fenómenos climáticos. Yo iba por delante y me dirigía a un pequeño refugio de montaña que estaba en el mapa. Gales tiene muchos de estos refugios entre las montañas para acoger a quienes se enfrentan a las inclemencias del clima. Estaba seguro de cuál era mi rumbo. Estaba cansado y sabía que iba en la dirección correcta. La lluvia era tan fuerte que era difícil observar los alrededores y además había caído la noche. Mi compañero de equipo, detrás de mí, me preguntó por mi dirección. "Espera". Me dijo. "Tenemos que revisar el mapa". Es justo en la cima de esta cresta le aseguré. "Espera. Revisa el mapa." No. Es allí mismo. Entonces me sujetó y me detuvo. "Deja de ser tan testarudo y mira el maldito mapa". De acuerdo. Nos detuvimos y sacamos el mapa y la brújula.

Efectivamente, me había desviado unos grados... bueno, más bien 90 grados. El refugio estaba a 500 pies a la derecha.

Tomamos el mapa y la brújula que habíamos sacado, y por accidente, le di una patada a una gran roca. La oí rodar durante un segundo y luego no oí nada. Giré la linterna frontal hacia la nada y vi que estaba a tres pasos de caer por un barranco de más de 300 metros. Mi compañero de equipo me salvó la vida aquel día. Me salvó de mi terquedad e incapacidad para escuchar. ¿Alguna vez te ha pasado? ¿Has estado tan seguro que has avanzado sin mirar por dónde ibas? Por eso es tan importante tener un MAPA y una brújula. Yo utilizo mi mapa o Plan de Acción Masivo como guía para saber hacia dónde me dirijo. Recuerda que si no te importa adónde vas, cualquier camino te puede llevar allí. Mi brújula me asegura que actúo de manera congruente con mis acciones, y esa brújula son mis valores principales. Me mantienen en mi camino y los llevo conmigo.

CULTURA

"La cultura desciende, no sube en tu restaurante. La cultura empieza contigo".

El Río de la Cultura

Cómo Controlan el Flujo los Grandes Restaurantes

Cultura.

Esta es una palabra que utilizamos con frecuencia en el mundo de los restaurantes. Es una de esas palabras de moda que solemos utilizar para sonar bien, pero muchos de nosotros no sabemos lo que significa.

Recorramos el río de la cultura para entender mejor dónde empieza, cómo crece, qué la bloquea y cómo mantener el flujo. La cultura es en realidad como un río en el sentido de que su destino final es el invitado. Siempre hay que empezar pensando en el final.

LA FUENTE

El punto de partida eres tú. Tú... el dueño, el operador o el chef que dirige el restaurante. Tú eres el creador y la fuente de la cultura en tu negocio. Bien, si esa afirmación no te hace sentir un poco incómodo, es que no entiendes el poder que tiene la cultura.

¿Qué es exactamente la cultura?

Si buscáramos una definición en un libro de texto, diría: *"La cultura es un sistema de creencias, valores, costumbres y comportamientos que comparten los miembros de un grupo para afrontar su mundo y relacionarse entre sí y que se transmite de generación en generación a través del aprendizaje".*

¡Yupi! Suena un poco intenso y aburrido. ¿Qué tal esto? *"La cultura es la energía emocional que se crea y alimenta a través de los hábitos, el aprendizaje, el compartir, la estructura y la conexión".*

Anota esto... **La cultura se aprende.**

Todos los restaurantes tienen una cultura, lo sepan o no. Cuando reúnes a un grupo de personas, se desarrolla una cultura dentro de ese grupo. Es una ley natural. Si no intervienes activamente en la creación de esa cultura, es muy probable que te encuentres con una que no deseas.

No hacer nada es una acción.

La fuerza de cualquier río viene determinada por su fuente de agua. En el caso de tu cultura, es la energía que pones en ella. Como líder, tú marcas la pauta y el ritmo de la cultura en tu restaurante. Todo lo que eres contribuye a la fuente de energía. Te guste o no, tu cultura y tu restaurante son un reflejo de quién eres.

CÓMO CRECE

Cuando un río fluye, constantemente recibe más fuentes de agua. Muchos dueños de restaurantes creen que crear una cultura es cosa de una sola vez. Sin un control constante de las fuentes que alimentan el río, este podría descontrolarse rápidamente como una crecida repentina. Y una vez que se pierde el control de la cultura, es muy difícil recuperarlo.

Los ingenieros civiles supervisan los ríos y toman medidas preventivas para controlar la velocidad y la fuerza del agua. Ese es tu trabajo como dueño u operador. Controlar el flujo. Establece las expectativas. Supervisa y realiza los ajustes necesarios.

"Si no participas activamente en la creación de la cultura de tu restaurante, es probable que acabes teniendo una que no deseas".

Tú aportas la energía y el rumbo de la cultura siendo un ejemplo vivo de lo que es tu cultura. Uno de los rasgos de la cultura es que se comparte. Lo mejor que puedes hacer para garantizar que perdure es sencillo: eleva tus estándares y nunca los pongas en peligro. Demasiada gente tiene miedo de hacer esto en sus restaurantes y se conforman con la mediocridad.

Si realmente quieres que tu restaurante mejore, empieza ahora mismo. Tienes el poder. Decide lo que ya no vas a tolerar. Defiende quién eres y qué significa tu restaurante.

QUIÉN LO BLOQUEA

Los elementos caerán en tu río e intentarán obstruir su flujo. Estos "elementos" son las personas que se resisten al cambio y se sienten cómodas con la mediocridad. Es curioso que cuando intentas cambiar algo, el cambio se opone. Para algunas personas, el rechazo es suficiente para que cometan la única cosa que nunca deberían hacer: rebajar sus estándares.

¿Qué se hace cuando un árbol cae en un río y bloquea su flujo? Tomar un hacha y quitarlo. El mayor obstáculo en el río de la cultura es la negatividad.
La negatividad genera complacencia.
La complacencia conduce a la mediocridad.
La mediocridad mata tu restaurante.

Si hay personas negativas dentro de tu restaurante que están afectando tu cultura, tienes que deshacerte de ellas. Inmediatamente. Hoy mismo.

Ahora bien, algunos de ustedes dirán: "No puedo. Son trabajadores". No si están arruinando tu cultura. En los negocios, tienes activos y pasivos. No olvides que tu trabajo como dueño u operador es aumentar y maximizar tus activos al tiempo que reduces o eliminas tus pasivos. ¿En qué lado de la ecuación crees que se encuentra la gente negativa? Son un cáncer en tu negocio y están ahuyentando poco a poco a tus mejores empleados y a tus clientes. Cuando un médico encuentra un tumor canceroso, ¿qué hace? Lo extirpan de una maldita vez.

Contrariamente a la opinión popular, fue Charles Dickens, y no Spock en *Star Trek II: La Ira de Khan* quien dijo: *"Las necesidades de muchos superan las necesidades de unos pocos"*. Como responsable de la cultura, tu trabajo consiste en eliminar los elementos que ralentizan el flujo.

CÓMO SEGUIR AVANZANDO

Los restaurantes son como seres vivos. Tienen días buenos y días malos. Crecen. Maduran. Pasan por diferentes fases para crecer y cambiar.

Cada fase de tu restaurante requerirá un tú diferente.

Eres el catalizador del cambio y la cultura. Los restaurantes mejoran cuando mejoran las personas que los componen, y eso empieza por que tú te conviertas en un mejor líder.

Internet es una gran fuente de información que puedes aprovechar. Hay una cantidad ilimitada de cursos y recursos en línea que crean oportunidades de aprendizaje las 24 horas del día, los 7 días de la semana. La mayoría son accesibles desde el móvil, lo que significa que puedes utilizarlos desde cualquier dispositivo con conexión a Internet, así que no tienes excusa para no aprender y convertirte en el mejor líder que puedas ser.

Decídete ahora mismo a ser mejor y a desarrollar al máximo tu potencial. Mucha gente sabe lo que debe hacer para construir un restaurante más sólido. Comer mejor. Dormir mejor. Leer más. Comunicarse más. Aprender más.

Sin embargo, pocos pasan a la acción. El ego, el orgullo y la negación hacen que los restaurantes sigan atrapados en la mediocridad. Tú tienes el poder de escapar de eso si decides hacerlo.

EL FINAL DEL RÍO

Al final de nuestro río de cultura está el cliente. Las grandes culturas convierten las experiencias de los clientes en recuerdos. Las grandes culturas crean fans apasionados que son fieles a la marca. Las grandes culturas tienen una tasa de rotación baja y un mayor compromiso de los empleados. Las grandes culturas soportan los altibajos de los mercados económicos. **Las grandes culturas son duraderas. Las grandes culturas se convierten en iconos. Las grandes culturas se construyen.**

Las grandes culturas empiezan y finalizan contigo.

Un Consejo de Restaurant Coach™: Honra tus Valores Fundamentales.

Cuando honras tus valores fundamentales, honras tu verdadero yo. Cuando vives de acuerdo con un conjunto claro de valores, es más fácil adaptar tu vida a tus objetivos. Cuando vives tus valores fundamentales con autenticidad e integridad, eres un líder para el que la gente querrá trabajar y al que querrá seguir.

Cómo Los Valores Fundamentales Influyen En La Cultura De Tu Restaurante

Caravelle

"Estoy agotado. No sé cómo hacer que la gente venga a nuestro local. Estamos muy ocupados a la hora del brunch y jodidos entre semana".

El fuerte acento australiano lo convierte en un reto para mí. Zim Sutton es dueño de una pequeña cafetería en Barcelona, España, llamada Caravelle. Es un extranjero en tierra desconocida. El chef australiano vivía en Inglaterra, donde tenía un gastropub con un socio que ofrecía una mezcla de comida australiana y británica con un toque mediterráneo. Vendió su negocio en 2011 y se vino a Barcelona a descansar. Estando allí, la energía de la zona revitalizó su pasión por el negocio. En 2012 abrieron su restaurante en el corazón de Barcelona, en la calle del Pintor Fortuny. Un año más tarde continúa con dificultades. Ha leído algunos de mis blogs y me pide ayuda.

Esta es mi primera videollamada de Skype con él y su esposa, Poppy. Puedo ver el estrés en su cara. Zim es muy parecido al actor Colin Farrell. Poppy sonríe para ocultarlo, pero la forma en que está sentada y mira hacia otro lado me dice que también está estresada. En una llamada de teléfono, es posible que pueda evitar decirme la verdad. Pero en una videollamada, puedo verlo con mis propios ojos. Créeme, el lenguaje corporal dice mucho más que las palabras. Primero lo primero. Tengo que determinar dónde está el negocio. Para ello es necesario establecer una buena relación en el proceso de coaching para generar confianza. Igual que en cualquier gran relación, tienes que confiar en que tu coach se preocupa por tus intereses. Cuando recibo estas llamadas, sé que las cosas están peor de lo que ellos me cuentan.

Enseguida nos ponemos manos a la obra.

Zim es un chef increíble con estándares sin concesiones. Eso es bueno y malo. Algunos chefs no pueden superar la parte de la comida y entender que esto es un negocio. Él es firme en su filosofía de: "Si podemos hacerlo, no lo compramos". Es duro. Lo respeto.

El brunch tuvo mucho éxito desde su apertura. El ecléctico menú de Caravelle está repleto de deliciosas creaciones que han cautivado a turistas y lugareños por igual. Entre semana es un fracaso. Como muchos restaurantes con dificultades, intentan "ser todo para todos" y lo convierten en un festín de brunchs todo el día, todos los días. Todos los propietarios tienen una pregunta clave que se hacen a menudo. Las preguntas que te haces habitualmente son la base de los resultados que obtienes. Si quieres obtener mejores resultados, tienes que hacerte mejores preguntas.

La pregunta principal de Zim en ese momento era: "¿Cómo podemos hacer un brunch de mierda?". El problema con la pregunta que uno se hace es que normalmente uno obtiene lo que pide. Las diferencias entre el brunch y la cena eran confusas. Pronto, se convirtió en un monstruo fuera de control - hora de hacer mejores preguntas.

"Entonces, Zim, ¿cuál es la esencia de Caravelle? ¿Cuáles son sus valores fundamentales?"

"Mierda. Supongo que no hemos pensado en ello". Responde Zim.

Le dije: "Empecemos desde ahí".

A lo largo de las siguientes videollamadas, nos centramos en lo que Caravelle era para él y Poppy. Para ellos era familiar, fresco, casero, local y, sobre todo, divertido. El Brunch era todo menos divertido - era hora de hacer algunos cambios. Los domingos dedicados a los tacos y a las hamburguesas gourmet se convirtieron en todo un éxito. La pasión de Zim por hacer todo lo que podía en casa condujo a la salsa picante casera, encurtidos, salsas, refrescos artesanales y cerveza.

Una vez establecidos los valores fundamentales, empezamos a crear la marca con los sistemas, el equipo y el menú. Zim contrató a un diseñador gráfico para dar un nuevo aspecto a su logotipo y redujo el menú a sus grandes éxitos. La mayoría de los menús pueden ser una auténtica pesadilla para los clientes, con tantas opciones que tomar una decisión se convierte en una situación estresante. Los restaurantes que destacan hacen que la experiencia del cliente sea agradable y fácil. Créeme, no es fácil. Se necesita más planificación y formación para conseguirlo. Cuando lo consigas, tus clientes se preguntarán cómo haces que todo parezca tan fácil.

Ése es el objetivo.

Cuando establecemos los cimientos, profundizamos en la dinámica de tu equipo. No hablo de habilidades, sino de personalidad y, más concretamente, de comportamiento. El comportamiento predice el rendimiento. Sólo porque un chico vino de un gran restaurante, no garantiza que va a ser grande en su restaurante. Tendrás que examinar más allá de las palabras del currículum. A menudo le digo a la gente cuando mira ese pedazo de papel exagerado: "Esto me dice dónde has trabajado, no me dice cómo trabajas, o cómo te integrarás con el equipo". Zim contrató a un joven chef que tenía talento. También tenía una mala actitud. El chico no parecía entender que era el restaurante de Zim y su marca.

Zim estaba muy preocupado por deshacerse del joven chef, ya que estaba a punto de tener su segundo hijo y temía que si despedía al chico tendría que volver a trabajar en el restaurante en vez de dedicarse a él. A veces hay que reagruparse y no por elección propia. El joven chef fue subversivo y provocó que el personal se marchara. La mitad de la cocina se fue. Ante cualquier obstáculo, hay una oportunidad de aprender. Los menús cambiaron de enfoque y se incorporó nuevo personal a la cocina para adaptar el restaurante a los valores fundamentales y a la visión real de Caravelle.

Las redes sociales de Caravelle no estaban bien enfocadas. Ahora, con los valores firmemente establecidos, la imagen de marca modificada y el nuevo menú, era hora de empezar a hacer publicidad en Internet. Más fotos de personas que transmitan los valores fundamentales. Más información sobre los ingredientes que muestran el valor y posicionan la marca para destacar. Más publicaciones en todos los canales de las redes sociales. Más información sobre la esencia de Caravelle: diversión.

Algunos clientes de restaurant coaching han estado conmigo durante años. Algunos se quedan hasta que consiguen impulsar su negocio. No olvidas tu primer beso cuando eras joven. Algunas cosas te acompañan toda la vida. Caravelle fue mi primer cliente internacional y, a día de hoy, uno de los que me siento orgulloso y honrado de haber asesorado. Zim me envió un correo electrónico seis meses después de que termináramos nuestra sesión de coaching, y lo llevo impreso en mi oficina para recordarme que los valores fundamentales son siempre la base para cualquier marca que quiera destacar.

"Una vez que elaboramos nuestros valores fundamentales con Donald, los utilizamos como base para todo, desde el diseño de nuestro menú, la política de contratación y, sobre todo, nuestras redes sociales, que centraron de verdad nuestro mensaje y nos ayudaron a relacionarnos adecuadamente con nuestros clientes. Donald nos ayudó a elaborar un plan de acción para reforzar nuestros sistemas y aumentar la productividad de nuestro personal. Solo tener a Donald para compartir ideas cada semana nos dio la confianza para llevar a Caravelle al nivel que queríamos".

Zim Sutton
Caravelle
Barcelona, España
9/24/2014

Se calcula que cada año se abren aproximadamente 43.000 nuevos restaurantes.

Al tercer año, el 50% habrá cerrado.

La mayoría de ellos cierran por falta de planificación o mala gestión. Lamentablemente, la mayoría de estos negocios que fracasan podrían haberse salvado. Los sueños rotos y las vidas destrozadas de los dueños, gerentes y empleados podrían haber salido mejor... transformados en éxito, como Caravelle.

Abrir un restaurante conlleva mil detalles. Sin embargo, la decisión más importante que tiene que tomar un restaurante es la de su identidad de marca. Si buscas en Amazon el número de libros sobre "branding", ¡te saldrán más resultados de búsqueda que restaurantes de tu estado!

Como asesor de restaurantes, trabajo con más de 500 restaurantes al año (a través de talleres, conferencias, seminarios web, cursos en línea y mis programas de asesoramiento). Cuando uno trabaja con tantos restaurantes, tiende a ver patrones de éxito y patrones de fracaso. He visto personalmente la razón principal por la que los restaurantes fracasan. Si tuviera que enumerar las tres razones principales, sería así:

3. Un menú que fracasa
2. Una marca que fracasa

¿Y la razón número uno?

1. Una falta de valores fundamentales.

"No es difícil tomar decisiones cuando sabes cuáles son tus valores fundamentales".

-Roy Disney

Disney tenía razón. Los valores fundamentales crean la cultura de tu restaurante, y tu cultura es la base de tu marca. Pero, ¿qué son los valores fundamentales de una empresa? ¿Por qué son tan importantes?

Indagando en los Valores Fundamentales de tu Restaurante

Los valores fundamentales sostienen la visión que representa tu restaurante. Son esenciales para la identidad de tu marca porque establecen los principios, creencias y filosofías de lo que es más importante para ti. Numerosos restaurantes únicamente se centran en la mecánica del servicio o en contratar a un chef talentoso. Aunque estos aspectos son importantes, si quieres *triunfar* y no sólo *sobrevivir*, unos valores fundamentales sólidos te darán una ventaja sobre la competencia.

Los valores fundamentales ayudan a los restaurantes en el proceso de toma de decisiones y en la gestión. Por ejemplo, si uno de tus valores fundamentales es respaldar la calidad de tus productos, automáticamente no se servirá ningún plato que no alcance un nivel satisfactorio. Imagínate un equipo culinario y de servicio que respalde y aplique los valores fundamentales y se niegue a servir comida de calidad inferior a un cliente. Si adoptaras este valor fundamental, ¿disminuirían las quejas de los clientes?

Por supuesto que sí.

Tener unos valores fundamentales sólidos ayuda a educar a los clientes sobre la identidad de tu restaurante y lo que representas. En este sector tan competitivo, tener unos valores fundamentales sólidos diferencia tu marca. Fíjate en Danny Meyers y su Union Square Hospitality Group. Danny hace todo lo posible por educar e informar al público sobre los valores fundamentales de su empresa. Muchos restaurantes exitosos han optado por su modelo de Hostelería Ilustrada.

Los valores fundamentales se convierten en una herramienta primordial de contratación y retención. Cuando se establece un conjunto sólido de valores fundamentales en el restaurante, se aprecia un cambio radical en las personas que se sienten atraídas por tu cultura.

Cómo Establecer Tus Valores Fundamentales y Mejorar Tu Cultura

¿Cómo se encuentran los valores fundamentales adecuados para un restaurante?

Muchos restaurantes se equivocan al elegir valores fundamentales de la nada y tratar de adaptarlos a su empresa. Por desgracia, los valores fundamentales no son algo que sirva para todos. Como propietario o líder, primero tienen que encajar contigo. Recuerda, la cultura fluye hacia abajo, no hacia arriba.

La cultura de tu restaurante empieza por ti.

Los valores fundamentales sólo funcionan en un restaurante cuando el líder los vive, en lugar de limitarse a hablar de ellos. Tus valores fundamentales tienen que venir de dentro. Tienen que significar algo para ti. Este es un ejercicio sencillo que te ayudará a orientarte.

1. **Empieza a hacer una lista de valores fundamentales que puedan encajar contigo.** Piensa en cosas como comunidad, caridad, autenticidad, cercanía, frescura, honestidad, integridad, hospitalidad, creatividad, confianza, familia, adaptabilidad, calidad, coherencia, trabajo en equipo, credibilidad y respeto. Elabora una gran lista de entre 20 y 40 valores fundamentales que se te vengan a la mente sin pensarlo demasiado.
2. **Ahora mira esa lista y empieza a destacar los que más te llamen la atención.** Serán valores que conecten con lo más profundo de tu ser. Esta será tu lista de valores fundamentales. Deberías quedarte con una lista del 1 al 8.

> **NOTA DE LA SEGUNDA EDICIÓN:**
>
> Antes decía que podías tener hasta 8 valores fundamentales para tu marca. En el último año, eso ha cambiado al descubrir que la gente no puede recordar esa cantidad. Así que ahora mi filosofía es limitarlos a tres o cuatro como máximo. Escribe esos tres o cuatro valores y colócalos en lugares donde tú y tus empleados puedan recordar lo que realmente te inspira y te impulsa. La mejor manera de escribirlos es hacer una frase corta por valor para que sean más fáciles de recordar.

Aquí están las mías para la marca The Restaurant Coach™:

1. **Sé creativo.**
2. **Impacta.**
3. **Acepta el Kaizen.**

Una de las funciones más importantes como propietario u operador de un restaurante es subirse al estrado y transmitir cada día a tu equipo los valores fundamentales de tu empresa.

Los valores fundamentales son la base de la cultura de tu restaurante. Los valores fundamentales no sólo fomentan las prácticas empresariales éticas. Además, actúan como guía de los criterios de toma de decisiones que sus directivos y empleados utilizarán para guiar sus acciones. Cuanto mejor definidos estén los valores fundamentales, más probable será que este sistema de valores sirva como un código de conducta. Eso fomenta y guía comportamientos que están estratégicamente adaptados y que fortalecen la identidad de su marca.

Los restaurantes con culturas fuertes que comparten valores básicos comunes tendrán empleados más felices. Los empleados más felices hacen que las empresas sean más productivas. Hay estudios que sugieren que los valores fundamentales están directamente relacionados con el rendimiento y la rentabilidad de los restaurantes. Relacionarse con los valores fundamentales de tu restaurante es el primer paso para construir una mejor marca de restaurante.

Tengo mi lista de valores fundamentales en el teléfono y la consulto todas las mañanas para asegurarme de que estoy en línea y de que actúo de forma congruente con esos valores al abordar los negocios a lo largo del día. Si me encuentro ante una situación difícil, a veces saco la lista para asegurarme de que estoy viviendo según mi verdad, según mis valores. Esto me ha ayudado a tomar decisiones mucho más acertadas cuando estoy en consonancia con los valores fundamentales que resuenan en mi interior.

No te limites a enseñarlos... vívelos.

> ## Restaurant Coach™ Sesión Privada:
> ## Acerca de Esos Valores Fundamentales
>
> Me gustaría que reflexionaras sobre tus valores fundamentales. Ya sabes cuáles son. Ves esos carteles en las paredes de la mayoría de las empresas o incluso en tu restaurante.
>
> Here's the thing. Most of those fancy core values posters are just bullshit because the people who I wrote them don't believe them. They are more like a list of wishful thinking. I will also tell you that if you can dig deep and come up with 3-4 solid core values that truly resonate with your heart and soul, you'll be on the path to a better restaurant. Now, don't pick words that sound good or are the "right ones." Core values have to be something that you, as the leader, can live each day as an example. They also have to be described as an action, not just a single word. It's not integrity, it's always doing the right thing, all the time. It's not innovation; it's looking at problems differently. It's not hospitality; it's connecting with people from the heart. Do you see the difference? Words by themselves have so many different meanings, so you need to clarify the emotion behind the words.

Esta es la cuestión. La mayoría de esos lujosos carteles de valores fundamentales no son más que basura porque la gente que los escribió no se los cree. Son más bien una lista de ilusiones. También te diré que si puedes indagar y llegar a 3-4 valores fundamentales sólidos que realmente estén en sintonía con tu corazón y tu alma, te encontrarás en el buen camino hacia un mejor restaurante. Ahora, no elijas palabras que suenen bien o que sean las "correctas". Los valores fundamentales tienen que ser algo que tú, como líder, puedas vivir cada día como ejemplo. También tienen que ser descritos como una acción, no sólo como una palabra. No es integridad, es hacer siempre lo correcto, todo el tiempo. No es innovación; es ver los problemas de otra manera. No es hospitalidad; es conectar con la gente desde el corazón. ¿Ves la diferencia? Las palabras por sí solas tienen muchos significados diferentes, así que hay que aclarar la emoción que hay detrás de ellas.

"Los Restaurantes mejoran cuando su gente mejora".

Crea Tu Cultura, Crea Tu Marca

Pie Grande. El Monstruo del Lago Ness. La Cultura de los Restaurantes.
¿Qué tienen en común?
Son criaturas difíciles de encontrar y que muchos buscan sin conseguir nada. Mientras que Pie Grande y el Monstruo del Lago Ness pueden ser mitos populares, la cultura es muy real. Tiene un impacto en la marca de su restaurante mucho mayor de lo que la mayoría puede imaginar. La cultura es el adhesivo que mantiene a sus clientes unidos a su marca. Algunos restaurantes tienen mucha "adhesión a la marca", y sus clientes son fieles a lo largo de los años.
Otros tienen una cultura tan pegajosa como un papel adhesivo.

La Cultura es Como un Niño

Has invertido mucho tiempo, energía y recursos en elaborar tu menú. Esa misma mentalidad debe aplicarse a la cultura. La cultura de tu restaurante es algo vivo que hay que cultivar y cuidar atentamente. Considérela como el ciclo de crecimiento de una persona. Cuando eras joven, tus padres te enseñaron lo que estaba bien y lo que estaba mal, lo bueno y lo malo, lo que era aceptable y lo que no en su casa.
La cultura de tu restaurante es igual.
Cuando empiezas, es como un niño que intenta salirse con la suya en todo lo que puede: es hora de poner límites y marcar la pauta. Las cosas van bien durante un tiempo hasta que llegan a la adolescencia. Entonces tu cultura empezará a ser rebelde y querrá ver hasta dónde puede llegar. *Lo que soportas, al final lo terminas aceptando.*

Tienes que supervisar cuidadosamente el crecimiento de tu cultura, es tu deber como propietario u operador. Demasiados lo abandonan a su suerte y luego se quejan porque su restaurante ahora los dirige a ellos.

Crear la Cultura

Entonces, si la cultura es tan importante, ¿por qué menos del 10% de los restaurantes la crean con éxito? Como ocurre con muchas otras cosas en el mundo de los restaurantes, se necesita una receta sólida.

Creemos la receta perfecta para la cultura:

Paso 1: Empieza por tus Valores Fundamentales

Si no sabes lo que representas, te tragarás cualquier cosa. Los valores fundamentales son la base de tu marca. Cuando sabes cuáles son tus valores fundamentales, tienes una base que puedes compartir con tus clientes y tu equipo.

Los valores fundamentales también se convierten en una referencia para atraer a más personas a tu marca. ¿Estás centrado en la sostenibilidad? ¿Te emociona la ideología del "de la granja a la mesa"? ¿Te preocupas por la familia?

Lo que es igual atrae a lo igual. Tus valores fundamentales atraerán a personas con valores similares.

Paso 2: Establecer las Normas

El ser humano es un gran imitador. Tal vez sea porque nuestro cerebro está programado así para sobrevivir. En tu restaurante, tu equipo te ve como un ejemplo. Todos los días marcas la diferencia con tus acciones. Consigues más respeto y lealtad de tu equipo si haces lo que dices que vas a hacer, cuándo lo vas a hacer y cómo dijiste que lo harías. Ese es un pequeño valor fundamental llamado integridad.

Una vez que hayas establecido las normas para tu restaurante, tienes el deber de enseñar con el ejemplo. Si de verdad quieres crear una cultura que se salga de lo común, tienes que esperar más de ti mismo que lo que los demás esperan de ti. Tienes que ser el primero en tomar la iniciativa y arriesgarte antes que tu equipo.

Sé el líder al que ellos quieran seguir.

Paso 3: Arrear Gatos

Al hablar del mundo de los restaurantes, a menudo aparece la palabra caótico. Al igual que arrear gatos, intentar dirigir en un entorno desordenado es inútil.

La forma más fácil de liderar a tu equipo es responsabilizarlos de sus acciones. Si has establecido las normas y eres un ejemplo, tendrás permiso para hacer que tu gente también sea responsable.

Aclara las funciones. **Habla con tu equipo sobre lo que esperas de ellos**. No asumas que lo entienden.

Si no puedes controlarlo, no puedes gestionarlo.

Si alguien del equipo se aleja demasiado de las normas y no puede cumplir las expectativas, es tu responsabilidad sustituirlo. Por eso es tan importante contratar constantemente. Si quieres alcanzar un éxito rotundo en este sector, necesitas un buen conjunto de talentos. Los grandes restaurantes siempre están contratando y añadiendo talentos a su plantilla.

Paso 4: Comunicar de Forma Constante y Coherente

Cuando uno se esfuerza por crear una cultura exitosa, no puede excederse en la comunicación. Tienes que ser como Joel Osteen: cautivar a la multitud a través de la narración creativa. Ese es tu trabajo: contar la historia de tu marca.

Los problemas se originan cuando los dueños y operadores hablan de los valores fundamentales, las normas y las expectativas sólo al principio del proceso de incorporación. Si no reafirman estos valores ni enseñan con el ejemplo, a los tres o cuatro meses se preguntan por qué los empleados cambian tanto.

Sin conocer su cultura y el proceso para construirla y reforzarla, ¿no es de extrañar que se sorprendan con una rotación excesiva?

La comunicación con tu equipo tiene que ser de tres maneras: clara, coherente y constante.

Clara: no asumas que tu equipo entiende lo que dices. Pregúntales siempre si necesitan que se lo aclares y pídeles que te lo expliquen.

Coherente: tu mensaje tiene que ser coherente de un día para otro y de un empleado a otro. Sólo puede haber una norma, y tú tienes que defenderla. Una vez que empiezas a tener normas diferentes para personas diferentes en situaciones diferentes, te precipitas en una espiral descendente de la que es difícil volver.

Constante: repetir es fundamental, y tu equipo deberá recordar constantemente tus valores fundamentales, tus normas y tus expectativas. Tiene que venir de ti y no de un bonito cartel que pongas en la zona de descanso de los empleados pensando que va a fortalecer tu mensaje. Si lo haces, te estás engañando a ti mismo.

Al final, recuerda que tu cultura es tu marca, y tu marca es un reflejo de tu cultura. Ambas tienen una relación simbiótica y prosperan mutuamente. Una gran cultura crea marcas emblemáticas como Disney, Apple, Shake Shack y Chick-fil-A. Cuando creas tu cultura, creas tu marca.
¿Hasta dónde quieres que llegue la tuya? *¿**Buena, genial o legendaria**?*

Orgullo Tonto

"No. Tiene que ser a mi manera, ¡y quiero pasta Martelli, mierda!".
Ned, el chef ejecutivo, le gritó al vendedor de comida por teléfono.
"¡La conseguirás, o compraré a otra empresa!".
Ned es un talento culinario prometedor. Los dueños del restaurante en el que es el chef que dirige la cocina con mano de hierro me trajeron para entrenarlo. Cree que me han contratado para ayudarlo con los sistemas y la organización (algo que se consigue con el tiempo). Estoy porque está destrozando el equipo debido a la única cosa que destruye muchas cocinas... *su ego*.

Si no has oído hablar de la pasta Martelli y por qué está obsesionado con ella, aquí te explicamos por qué. Desde 1926, la familia Martelli elabora su pasta artesanal en un pueblo medieval de la Toscana. Con técnicas sencillas y creencias tradicionales que han pasado de generación en generación, la familia Martelli sigue encargándose de toda la producción de pasta utilizando trigo de primera calidad 100% italiano para crear sólo cinco formas clásicas. La harina de trigo se trabaja manualmente con agua fría. Después, se somete a un proceso de extrusión y corte con moldes fabricados en bronce y se deja secar al aire durante 50 horas (a diferencia de la pasta industrial, que se seca al horno durante 30 minutos). Este proceso le da a la pasta una superficie rugosa y una porosidad especial, perfectas para retener la salsa de la pasta.

Este restaurante es más bien un elegante salón de comidas con un menú de tres platos para una cena con teatro (piensa en los locos años veinte y *El Gran Gatsby*). El show es una producción de burlesque en vivo con tres espectáculos por noche, y tienen capacidad para unas 125 personas. No tiene nada que ver con la alta cocina como The French Laundry en Napa Valley, dirigido por el famoso chef Thomas Keller.

Este lugar se parece más a un catering interno, y el chef no se lo puede creer.

Los chefs muy creativos pueden triunfar rápidamente gracias a la comida que cocinan. Cuando puedes hacer comida que baila en el paladar, la gente tiende a ignorar otras habilidades que contribuyen al éxito a largo plazo, como saber no sólo hacer comida increíble, sino también ganar dinero con ella.

El restaurante está haciendo más de $3 millones en ventas y no puede generar ganancias.

Ned pide bistecs de Oregón y los envía por FedEx al restaurante. Compra queso de importación de gama alta para preparar un plato de pasta boloñesa con berenjenas.

Los dueños no saben qué hacer, así que me contactan. El chef sabe lo que quieren los dueños; tiene su visión y su programa para la comida. Al igual que muchos, aceptó el trabajo con una agenda secreta que no fue informada.

Ned parece ocupado cuando lo ves en la cocina. *Estar ocupado no siempre es bueno.*

Es mucho mejor ser eficaz.

Ned ve el negocio como un medio para promocionarse. No le importan los costos; le preocupa más su imagen. Su ego está haciendo cheques que los dueños están pagando, y están cansados de eso. Hay mucho talento culinario por ahí que puede hacer comida que puede llegar a ser una experiencia religiosa; pocos pueden hacerlo mientras construyen un equipo y generan ganancias.

El mundo de los restaurantes está saturado de talentos que no saben gestionar las pérdidas y ganancias.

A medida que aumenta la competencia, los propietarios de restaurantes empiezan a exigir que los chefs tengan tanto conocimientos culinarios como empresariales. Con la mentalidad adecuada, las habilidades son fáciles de enseñar (si la persona está dispuesta a aprender y es capaz de recibir formación).

Entender a Ned es el reto.

Por supuesto, no todo es culpa de Ned. Los dueños permitieron que la cultura se convirtiera en un monstruo que ahora amenaza con destruir toda la marca. La cultura es algo vivo. Si no se cultiva con cuidado, puede contaminarse y volverse tóxica. Los restaurantes buscan jóvenes talentos y suelen contratarlos en función de una determinada cualidad: su capacidad creativa.

Una mala cultura en un restaurante es como un virus que infecta lentamente a todos aquellos que están en su entorno. La raíz de todo este dolor son unas expectativas mal planteadas. Los dueños no comunicaron sus expectativas, y ahora es un todos contra todos. Si no le dices a tu equipo exactamente lo que quieres, no te enfades cuando inventen cosas por sí mismos.

Cuando trabajaba para Wolfgang Puck, había una serie de expectativas muy claras que te explicaban desde el principio. No eran negociables, y si te pasabas de la raya, enseguida te enterabas.

Mi trabajo con Ned es lento. Avanzamos un poco y luego él retrocede. No puede superar la idea de que el negocio existe para obtener beneficios y no es un medio para alimentarse. Puedo hacer coaching a las personas sólo si están abiertas a nuevas ideas y soluciones (coachables) si están estancadas y se resisten al cambio, es un viaje corto como mi cliente.

Al contrario de lo que algunos creen, el coaching no consiste en cambiar a las personas, sino en darles las herramientas para que cambien ellas mismas. Nadie cambia nunca a largo plazo por motivos tuyos; cambian por sus propios motivos.

Después de un par de meses, se observan resultados positivos en la forma en que Ned se ve a sí mismo y su función en el restaurante.

Pero no duran mucho.

Los amigos y la familia de Ned le dicen constantemente lo genial que es y eso alimenta a esa bestia llamada ego. Le dicen que está mal pagado y que trabaja demasiado por dinero. Esto lleva a Ned por el camino del orgullo.

Empieza a portarse mal entre nuestras videollamadas de coaching y mis visitas al restaurante. Quiere más dinero. Se olvida de la lección sobre visión, cultura y propósito. En poco tiempo, el pobre Ned vuelve al punto de partida.

El ego puede ser autosaboteador. La arrogancia requiere atención y se sitúa en el presente. No piensan que necesitan mejorar.

La arrogancia ciega a las personas ante el mundo que los rodea.

- Sin conciencia, la gente no puede ver la necesidad de cambiar.
- Sin liderazgo, un equipo no puede prosperar.
- Sin humildad, todo el talento del mundo es inútil.

La Adicción al Promedio

En Estados Unidos, el sueño de abrir un restaurante se mantiene vigente. La buena noticia es que en 2017 se abrieron unos 14.000 nuevos restaurantes. El sector inmobiliario está en auge y, si te fijas en tu ciudad, verás cómo aparecen nuevas construcciones. Si tienes el dinero, puedes abrir fácilmente un restaurante.

La mala noticia es que el 50% cerrará sus puertas al tercer año.

> *"Creo que abriré un restaurante para cubrir gastos".*
>
> –Jamás dijo nadie

Entonces, ¿cómo entran los restaurantes en esta trampa? ¿Qué ocurre desde que abren hasta que tienen que cerrar las puertas? Se puede resumir en cinco palabras: *se vuelven adictos al promedio.*

Si recuerdas, en la escuela nos calificaban según la curva de campana. La curva de campana se creó para proporcionar una distribución "justa" de las notas entre los estudiantes.

Hace diez años, no veríamos algunas de las cosas que hoy son habituales. La curva de campana de los restaurantes se ha deslizado hasta el punto de que "suficientemente bueno" se ha convertido en algo habitual.

La adicción a estar dentro del promedio se ha arraigado, y es algo letal.

Cuando eres promedio o del montón, estás donde hay más competencia. Te conviertes en un producto básico y, en un mercado de productos básicos, tu principal atractivo es el precio. El problema es que los restaurantes intentan superar en precio a los demás en este campo hasta que uno de ellos se ve expulsado del mercado. Es un juego caro para tus beneficios (si es que los tienes a este nivel).

¿Cómo escapar de la adicción a ser promedio?

Sé Original

No es fácil sobresalir en un mercado abarrotado, pero muchos restaurantes lo intentan cada año porque creen que pueden hacerlo mejor que el restaurante de la otra calle. ¿Otro restaurante de alitas de pollo? ¿Otra pizzería?

Tendrás que esforzarte más si quieres destacar.

Wolfgang Puck llevó la pizza personal a un nuevo nivel cuando introdujo ingredientes gourmet como la salchicha de pato y el cilantro en las pizzas allá por la década de 1980. En 2017, era habitual ver ingredientes exóticos en las pizzas. Como en todo, al principio serás un innovador y pronto otros intentarán copiarte. Tienes que seguir esforzándote y actualizando tu marca para mantenerte actualizado y al día sobre las necesidades de los consumidores.

¿Has estado alguna vez en un restaurante que ha cambiado de propietarios o gerentes y te ha parecido "diferente"? El menú era el mismo, pero todo parecía diferente. Ese es el poder de la cultura de tu marca. La cultura de tu marca es tu protección contra los restaurantes imitadores.

La cultura es un arma de doble filo que puede fortalecer o destruir tu marca.

Eleva Primero Tus Estándares, Luego Haz Que Los Demás Eleven Los Suyos

Si hay algo que te ayudará a salir del promedio, es elevar los estándares. Es fácil decir que elevarás tus estándares y no hacer nada al respecto. Es lo que hace la mayoría de la gente. Es lo que se llama aparentar. Tus palabras y tus acciones tienen que ser coherentes si quieres que te tomen en serio como líder.

La hipocresía mata al equipo.

Es fácil ir por ahí regañando a tus empleados para que presten más atención a los detalles, para que lleguen a tiempo, para que no cometan errores, para que sean amables con los clientes. La pregunta es si tu comportamiento y tus acciones reflejan las mismas normas. Si es así, felicidades. Eres uno de los pocos que se responsabilizan primero a sí mismos.

"El Cambio empieza por ti. Sé el cambio que quieres ver en tu restaurante".

-Donald Burns

Subir tus estándares es fácil comparado con intentar que los demás suban los suyos. Recuerda que la gente sólo hace las cosas por sus propios motivos, no por los tuyos. Cuando te sientes frustrado con tu equipo porque no te escuchan o no siguen tus instrucciones, es porque no han cambiado sus estándares.

Aquí tienes un ejemplo clásico de cómo conseguir que tu equipo eleve sus estándares:

Es un viernes por la noche con mucho trabajo, y mientras caminas por el pasillo desde la cocina, te das cuenta de un par de platos que tal vez no estaban perfectos al 100%. Puedes gritarle a los cocineros que siguen las especificaciones de los platos y que no les importa, o puedes intentar algo diferente.

Puedes hacer que el cocinero se aparte y decirle algo más parecido a esto:

"Cuando pusiste ese plato en la ventana, ¿te paraste a pensar si deberías haberlo servido o no? Si lo hiciste, entonces sabes que lo correcto era arreglarlo. Cada plato que pones en el mostrador es un reflejo de ti, no de mí. Tienes grandes habilidades. Debes saber que las grandes habilidades y el talento natural pueden llevarte a la cima. Es tu carácter el que te mantendrá allí.

Te reto a que aumentes tus estándares. No para mí. No para el restaurante. Quiero que lo hagas por ti mismo. Cuando te miro, veo dos cocineros. El que eres ahora, y el que tienes el potencial de ser. Da un paso adelante y sé el cocinero que sé que puedes ser".

¿Todas aquellas personas con las que tengas esa charla seguirán adelante y elevarán sus estándares?

Por supuesto que no.

No obstante, si consigues que algunas personas se comprometan y eleven sus estándares a un nivel superior al que tenían antes, habrás empezado a crear una cultura en la que no se tolera ser del promedio ni la mediocridad. Atraerás a personal de mayor calidad y los que sean de bajo rendimiento se irán tranquilamente a otro sitio donde el promedio sea lo habitual.

Cambiar la cultura y liberarse de la adicción a la media no es fácil. Sin embargo, es un viaje que debes realizar.

Si no lo haces, te condenarás a quedarte atrapado en la mediocridad y el dolor.

Los 3 Tipos de Dueños de Restaurantes

Cuando trabajas con más de 400 restaurantes al año, es fácil ver tendencias y patrones de comportamiento emergentes que conforman lo que podría llamarse el ADN del dueño de un restaurante.

Para entender mejor estos tres tipos de dueños de restaurantes, primero hay que analizar dos teorías únicas que, a pesar de ser muy diferentes, son necesarias para comprender la compleja psique de alguien que decide abrir un restaurante.

La teoría de la evolución de Darwin. Sabemos que las cosas cambian y el ser humano siempre ha sabido que, para sobrevivir, debe cambiar y evolucionar también o correr el riesgo de extinguirse.

Los dueños de restaurantes también tienen que adaptarse a esta filosofía.

El mercado cambia. A veces muy rápidamente. Cada año abren más restaurantes, lo que hace que la competencia sea más dura y que la participación en el mercado sea menor. Los restaurantes que no se adapten con rapidez experimentarán como nadie el proceso de selección natural.

Lo segundo que debemos analizar es la jerarquía de necesidades de Maslow. También se conoce como la teoría de la motivación humana. Numerosas escuelas de negocios enseñan a los futuros MBA a utilizar esta jerarquía o pirámide para comprender la motivación de los empleados.

Nosotros la hemos adaptado un poco a nuestro modelo de restaurante. En el primer nivel o base de la pirámide se encuentran los elementos físicos o materiales que componen un restaurante. El logotipo, la decoración, las mesas, las sillas, el menú, el personal y la comida conforman esta base.

El siguiente nivel serían las ventas. En la pirámide de Maslow, se denomina seguridad. Un restaurante sin ventas es más o menos como un barco sin motor. Las ventas aportan seguridad, y cuando las ventas bajan, se produce un efecto de incertidumbre en todo el restaurante.

El tercer nivel serían las necesidades sociales. Tenemos una necesidad humana de conectar y compartir la historia de nuestro restaurante. En este punto, la conexión en las redes sociales es fundamental para el crecimiento y la evolución de la marca.

El cuarto nivel aborda esa área en la que muchos restaurantes se complican la vida... Se llama publicidad. A este nivel, todo tu duro trabajo empieza a dar frutos, y empiezas a ser reconocido por la marca que has creado.

Aquí es también donde muchos restaurantes se equivocan.

Comienzas a recibir un poco de atención positiva de los blogueros gastronómicos, las reseñas de Yelp y quizá tu foto en el periódico local. Aunque a primera vista es estupendo, los problemas empiezan cuando los dueños de los restaurantes empiezan a confiar en su propia prensa. Su orgullo y su ego obstaculizan su crecimiento. Sin crecimiento, los restaurantes son presa fácil de la Teoría de la Selección Natural de Darwin.

El quinto nivel de nuestra jerarquía de necesidades es el mismo que el que utiliza Maslow: la realización personal. Aquí los restaurantes han llegado lo más alto. El ego se sustituye por un deseo de crecimiento, no sólo propio, sino también del restaurante, el personal y la comunidad. Los restaurantes que logran alcanzar esta etapa cuentan con un equipo que trabaja con ellos para construir una marca sólida y rentable.

Maslow sólo tenía cinco niveles en su jerarquía de necesidades. Ahora vamos a añadir un sexto nivel. Este nivel lo vamos a utilizar del libro de Stephen Covey, *Los 7 Hábitos de la Gente Altamente Efectiva*. El sexto nivel que utilizaremos es el Hábito nº 2 de Covey: Empezar pensando en el final.

Lo llamaremos tu estrategia de salida.

Una estrategia de salida no significa necesariamente que tu restaurante vaya a cerrar. Puedes estar construyendo tu marca para dejársela a tus hijos o a tu familia. Puedes crear un concepto para convertirlo en franquicia, o puedes ampliarlo y venderlo. Como cantó una vez Kenny Rogers: "Saber cuándo aguantar, saber cuándo retirarse".

Veamos ahora los tres tipos de propietarios de restaurantes y veremos en qué punto de nuestra escala jerárquica de necesidades se encuentran.

1. EL ENTUSIASTA.

Pensaste que era una buena idea porque sales mucho a cenar, porque crees que podrías hacerlo mejor o porque quieres montar un negocio basándote en tu estupenda cocina casera (como las albóndigas de mamá). La mayoría nunca ha trabajado en un restaurante. El resto han servido mesas o cocinado mientras estaban en la universidad... hace más de diez años.

Este dueño normalmente sólo puede sobrevivir a través de los dos primeros niveles de nuestra pirámide. Si tienen suficiente capital y están dispuestos a aprender, puede que sobrevivan. Es un camino muy duro, y la escuela de la dureza tiene muy pocos graduados. Las posibilidades de supervivencia aumentan drásticamente si solicitan la ayuda de un asesor o mentor empresarial. La mayoría nunca piden ayuda porque les da vergüenza admitir que la situación es demasiado complicada.

2. EL IDEALISTA.

Estas personas tienen un punto de vista que no cambiarán pase lo que pase, aunque les cueste dinero. Prefieren hundirse con el barco que estar dispuestos a cambiar. No se preguntan si su idea es adecuada para el mercado, ni les importa. Creen saber lo que quiere el cliente. Impulsados por el ego y el orgullo, la actitud negativa suele hacer que todo se derrumbe.

Si este dueño empieza su restaurante con esta actitud, con los bolsillos llenos y un poco de suerte, quizá aguante unos años. Sin embargo, sus posibilidades de supervivencia a largo plazo son muy escasas porque no están abiertos al cambio.

En los años 70 había 1.000 restaurantes Howard Johnson. En 2005, sólo hay ocho. Falta de visión, falta de reinversión de capital, restaurantes envejecidos, un menú anticuado, falta de marketing y la incapacidad de cambiar provocaron la desaparición de una marca que en su día fue excelente. ¡*Así es la naturaleza salvaje!*

3. EL REALISTA.

Estos dueños ven el restaurante como una inversión. Tienen un plan claro para crear una marca y una estrategia para salir del negocio. Estos dueños tienen los mejores talentos y les permiten desarrollar sus puntos fuertes. Están constantemente aprendiendo y mejorando su negocio.

La mayoría de la gente abre restaurantes para generar ganancias. Estos dueños de restaurantes llegan a la cima de nuestra pirámide. Se asesoran con coaches y especialistas, y se reúnen con otros empresarios exitosos que piensan como ellos. Estas personas son los Danny Meyers de nuestro negocio. Estos dueños crean conceptos que desafían el statu quo y construyen marcas que atraen a los fans.

¿Qué tipo de dueño de restaurante eres tú?

EQUIPO

"El drama es bueno para las películas, pero malo para los restaurantes".

Donald Burns, The Restaurant Coach™

Por Qué Algunos Equipos de Restaurante Simplemente No Funcionan

Te esfuerzas mucho por crear tu equipo y a lo mejor las cosas no salen bien. El equipo no funciona. Lees los blogs y los libros. Sientes que estás haciendo y diciendo lo correcto... ¿qué pasó?

> De nada sirven las mejores intenciones si no se realizan correctamente.
> Saber lo que hay que hacer es muy diferente de hacer lo que se sabe.
> **"La conciencia precede a la elección y la elección precede a los resultados".**

Hay que ser consciente del problema... del verdadero problema. Esto conlleva mirar al abismo interior de ti mismo como líder, y todos sabemos por Nietzsche que "*si miras al abismo lo suficiente, el abismo te mirará a ti*". Sé consciente de que cuando busques respuestas, puede que no te guste lo que encuentres. Es cierto que la verdad te hará libre aunque primero te enfurezca

Crear un quipo puede ser difícil porque debes reunir a un grupo de personas con dinámicas diferentes en beneficio mutuo del restaurante. *Eso puede ser complicado a veces.*

Mensajes Confusos

La mayoría de los problemas de los restaurantes se deben a problemas de comunicación. O falta de comunicación o mala comunicación. Los mensajes confusos son una forma de sabotaje oculto dentro de tu restaurante. Supongamos que el dueño de un restaurante quiere que le sirvan la cerveza al cliente en la mesa. Al otro dueño no le gusta, así que le dice a algunos miembros del equipo que eso es opcional. Cuando se transmiten mensajes contradictorios o confusos, se generan estándares contradictorios. Esto genera incoherencia, que a su vez conduce a la mediocridad. Una vez que la mediocridad habita en tu restaurante, necesitarás una orden de desalojo para sacarla de allí.

Los mensajes contradictorios o confusos también fomentan la rotación de personal. Lo que menos quiere tu equipo es que le den vueltas y vueltas sobre cuáles son las normas. La gente quiere trabajar para profesionales y no tener un mensaje claro y coherente les dice que no tienes las cosas claras.

No Tener un Plan

Si alguien te dejara tirado en medio de la naturaleza, ¿cómo volverías a la civilización? Sacarías el mapa y la brújula y fijarías un rumbo para volver a la ciudad. El mapa y el rumbo se convierten en tu plan, y la brújula en tu guía. Sin ellos, deambularías sin rumbo hasta que enviaran un equipo de búsqueda y rescate a localizarte (excepto si ya te hubiera devorado un animal salvaje).

Tu mercado puede ser como si te hubieran dejado tirado en medio de la nada. Sin un plan sólido (tu plan) y acciones regulares que realicen adaptaciones (tu brújula), vagarás día a día con la esperanza de que tu negocio funcione. De nuevo, esto no inspira confianza en el líder del equipo. Incluso la biblia menciona que "Donde no hay visión, el pueblo perece".

Necesitas un plan, y necesitas compartir ese plan con tu equipo. Haz que se entusiasmen con tu visión y con la manera en que llegarás a ella con su ayuda. A la mayoría de las personas les gusta sentirse parte de algo más grande que ellos mismos. Contribuir es una necesidad humana básica que muchos sienten que los une.

Intereses Secretos

Aunque somos seres sociales, los humanos también solemos centrarnos en la autopreservación. Esto no significa que tu equipo sea malo, sino que la supervivencia está programada en nuestro ADN. Observa cómo formamos grupos en el mundo de los restaurantes: ....FOH vs. BOH. El equipo de día contra el de noche. Tu restaurante frente al de enfrente. Un defecto humano es que solemos necesitar enemigos contra los que luchar.

Los equipos no funcionan cuando tenemos intereses secretos. Esto puede ser un conflicto interno tuyo o de un miembro del equipo. La honestidad y la transparencia construyen equipos. Sin esos dos elementos, tu equipo nunca desarrollará la confianza, que es la base de todos los grandes equipos. No es necesario que te caigan bien todos los miembros de tu equipo. Sin embargo, debes respetarlos y confiar en que harán su trabajo lo mejor que puedan.

Roles No Definidos

Esto es fundamental, pero resulta impactante descubrir que gran parte del personal de los restaurantes no tiene claro en qué consiste su trabajo o, peor aún, piensan que su trabajo es una cosa y es bastante diferente de lo que el dueño podría haberse imaginado. Estamos hablando de una crisis de identidad.

Si no te has sentado con la gente de tu equipo para hablar claramente de lo que esperas de ellos y de cuál es exactamente su trabajo tal y como lo ves tú, entonces te falta un elemento clave para construir un equipo exitoso. En los equipos militares de operaciones especiales, todo el mundo sabe exactamente cuál es el trabajo de cada uno de los miembros del equipo y quién se encargará de cada cosa en el momento en que se produzca. Tienen que saberlo. El precio es demasiado alto para no estar preparados y practicar sus respectivos papeles. Aunque la gente no tenga que afrontar situaciones de vida o muerte como los equipos de operaciones especiales, los restaurantes que no crean un equipo eficaz pagan un alto precio: cierran. Se pierden empleos, se frustran sueños y cambian vidas.

Química del Equipo

Entender la dinámica del comportamiento es clave para que un equipo funcione bien. Hay algunas personalidades que trabajan bien juntas y otras que son como el agua y el aceite. Saber formar un equipo que funcione bien es como crear una delicada receta. Necesitas el equilibrio adecuado de ingredientes para que funcione.

Hay cuatro rasgos básicos del comportamiento que todo el mundo tiene, uno de los cuales suele ser su principal motivador. Si comprendes esto, podrás desarrollar mejor tu equipo al entender cómo son las personas.

Dominio (rasgo de tomar las riendas): estas personas son las que no se interponen en mi camino. Están arraigadas en el presente y les encanta que las cosas sucedan. Su mayor virtud es que consiguen buenos resultados. Pueden ser un poco bruscos y no les gusta hablar mucho. Si se les otorga demasiado poder sin la orientación adecuada, pueden convertirse en tiranos. Cuando se necesita que un proyecto se lleve a cabo, hay que recurrir a una persona muy dominante para que dirija la situación.

Extrovertidos (rasgo de las personas): son los que piensan a gran escala. Les encanta la gente y disfrutan estando con ellos. Pueden ser extremadamente creativos y les gusta hablar de sus ideas. Estas personas son "vendedores" naturales. Hacen que los demás se sientan muy cómodos y cuidan mucho su aspecto personal. A veces están tan inmersos en sus sueños que no pueden cumplirlos. Si necesitas un animador para la fiesta, te llevas a una persona muy extrovertida.

Pacífico (rasgo de paciencia): estas personas son quienes protegen al equipo. Les gusta que haya armonía y un ambiente de trabajo tranquilo. "¿Por qué no podemos llevarnos bien todos?" es su mantra. Mantienen unido al equipo. Desean tanto la armonía que se cerrarán cuando alguien se enfrente a ellos y será todo un reto conseguir que vuelvan a abrirse. Si necesitas a alguien que reúna a la gente en torno a un objetivo común, busca a alguien de este tipo.

Conformismo (rasgo sistémico): a estas personas les encantan los hechos, los datos y los sistemas. No existe nada que los haga más felices que las reglas y las hojas de cálculo. Sin embargo, pueden mostrarse más analíticos y no tan amables con la gente como los extrovertidos y las personas pacíficas. Pedirán más información o datos estadísticos hasta que crean que tienen suficiente información, lo cual puede retrasar al equipo mientras esperan a obtener lo que necesitan. Si necesitas a alguien que preste atención a los detalles y que, además, adore los números, busca a una persona con un alto grado de conformidad.

Como puedes ver, crear un gran equipo es en gran parte un acto de equilibrio. Demasiado de un rasgo y poco de otro y tu equipo no estará sincronizado. Al fin y al cabo, los equipos están formados por personas, y lo mejor que puedes hacer para formar un equipo exitoso que trabaje conjuntamente para ayudarte a construir el restaurante que has soñado es tener a las personas adecuadas en tu equipo.

Todo esto es muy parecido a otro factor de mi entrenamiento en Pararrescate: las carreras en equipo.

Carrera en Equipos

"¡Toma el poste telefónico y ponlo sobre tus hombros!", grita el Sargento Jeffries. ¿Estaba hablando en serio?
Sí, hablaba en serio.
La primera fase del entrenamiento de Pararrescate, denominada Indoctrinación (Indoc o Curso de Selección), consiste en que los instructores te ponen al límite tanto física como mentalmente. Todo es una prueba. Aprendes rápido que la forma en que haces algo es la forma en que haces todo. Aprendes también que hay fortalezas y debilidades en tu equipo.

Llevamos unas cinco semanas en el OLJ (o Operating Location J, el nombre del centro de formación de Pararrescate de la base aérea de Lackland, en San Antonio, Texas). La clase ha disminuido considerablemente. Al principio éramos unos 83 hombres, y ahora sólo somos 14".

- Todos los días empiezan de la misma manera:
- Despertar
- El Calabozo (un espacio en el sótano del edificio que se parece a un gimnasio que verías en una película de Rocky. Es un espacio yermo, salvo por algunas colchonetas y barras de dominadas. Está oscuro y el olor a testosterona impregna el aire). Aquí se realizan una serie de ejercicios calisténicos: culturistas, ejercicios de burpees y patadas de aleteo. Al finalizar la sesión, te sientes completamente mojado y como si hubieras perdido 5 kilos de agua.
- La Ducha
- Comer (y tragar todo lo que puedas en el poco tiempo que tienes).
- Correr (entre 3 y 10 millas)
- Clase. Repasas fisiología médica y física del buceo.
- Comer
- Entrenamiento en piscina (nadar distancia con cronómetro y luego lo divertido... la confianza en el agua)
- Clase

- Comer
- Estudio
- Y fuera luces

Debería mencionar que cuando eres un aprendiz de Pararrescate, nunca caminas por la base. **Corres.** Todos van alternando de un lado a otro, así que vas escalonado. Cuando la clase está llena, es todo un reto. Cuando el equipo disminuye a medida que la gente abandona, el tipo de delante te patea menos.

Las carreras matinales eran siempre una aventura, dependiendo del instructor. Al sargento Pepin le gustaba hacerte correr por la jungla. Salías del camino, atravesabas arroyos, te arrastrabas por tuberías y, básicamente, cualquier otro obstáculo que se te ocurriera. También corría a un ritmo muy rápido. Para mí, esto era una mierda porque yo no era un corredor rápido, pero me metía en la piscina y allí me lucía. En tierra firme, era capaz de mantener el ritmo de 7 minutos por milla necesario en las carreras para seguir en clase. En la piscina, era un tiburón. El único que era más rápido que yo era mi compañero de clase Bill Peterson, que era nadador universitario de competición.

El sargento Buonaugurio te sacaba a correr distancias. Tenías que hacer que los chicos que corrían rápido bajaran el ritmo y mantuvieran un ritmo constante. Las carreras de distancia incluían bastantes rondas de "el último hombre", en las que los dos últimos del equipo esprintaban al frente del equipo para establecer el nuevo liderazgo. La carrera de distancia solía incluir una colina enorme al final para empujar al equipo.

Luego estaba el sargento Jefferies, que era como un comodín. Te hacía perseguir conejos salvajes en equipo. Sus cosas favoritas eran los desafíos extremos en equipo, como el poste telefónico. Si nunca has sentido el peso de uno, ¡déjame decirte que esa cosa es muy pesada! No importa lo fuerte que seas como deportista individual; nunca conseguirás levantarlo y moverlo a menos que trabajes en equipo.

Verás, subirlo a tus hombros es un reto, llevarlo un par de kilómetros por la carretera es el otro. La primera vez que lo haces, es agotador mientras intentas averiguar (reto del problema de equipo) cómo hacer despegar esta cosa. Al principio, todo el mundo está alineado en formación, como solemos hacer. *Es curioso cómo nos acostumbramos, ¿verdad?* Una vez que conseguimos levantar el poste telefónico pronto nos dimos cuenta de que no todos los miembros del equipo tenían la misma altura y esto supuso un nuevo reto. Ahora teníamos que bajar esa maldita cosa y alinearnos del más alto al más bajo. Lo que a su vez nos trajo otro reto: admitir que el tipo que crees que es más alto que tú es en realidad más alto que tú. La percepción de uno mismo puede ser muy jodida.

Una vez que ese reto está superado, moverse al principio no está tan mal. Los pasos pequeños realizados coordinadamente en equipo funcionan. Es la distancia lo que te fastidia. Jefferies nunca te dice hasta dónde tienes que llegar con ese poste de teléfono, y ahí es donde aparece el juego mental.

Cuando te ataca la adversidad, tienes dos opciones. Opción A: puedes dejar que el peso de todo ello caiga sobre ti y rendirte. Opción B: puedes dividir lo grande en objetivos factibles o "fragmentarlo". Es como el dicho, ¿podrías comerte una vaca entera? Muchos dicen que no. Sí, puedes, pero un filete a la vez. Si el filete es demasiado grande, córtalo en trozos más pequeños.

Algunos chicos del equipo se quejaban de lo lejos que íbamos. Esa energía negativa podría haberse apoderado fácilmente del equipo y acabar con él. Afortunadamente, la mayoría de nosotros volvimos a concentrarnos en un objetivo más pequeño. "¡20 pasos más y cambiamos de hombro!". Al dividirlo, parecía factible. "Sí, podemos dar 20 pasos".

¿Cuántas veces te has enfrentado a un problema y te has sentido agobiado por él? Incluso a mí me pasa a veces. Entonces simplemente lo corto en pequeños trozos (pasos procesables). Ahora, observa a tu equipo y pregúntate cómo puedes hacer que se involucren en un proyecto para hacerlo realidad. Cuando les doy a mis clientes consejos y medidas prácticas, asumen que quiero que lo hagan ellos solos. Normalmente, al cabo de un día les pregunto: "¿Cómo te está yendo?" y casi siempre hacen una pausa *(cuanto más larga es la pausa, peor es la situación)* y dicen que "**me está yendo bien**". Les pregunto si han contratado a otras personas de su equipo para que ayuden en las tareas. No lo han hecho porque asumen que me refería a que lo tenían que hacer ellos. Entonces pregunto: *"¿Alguna vez te he dicho que lo hagas todo tú?"*.

Nada mejora en la vida hasta que te haces cargo de las cosas difíciles. En ocasiones necesitarás recurrir a los puntos fuertes de todos los miembros de tu equipo. Lo mismo que mover ese poste de teléfono, no iba a ser posible con sólo uno o dos hombres. Se necesitaba todo el equipo, concentrado y trabajando juntos para moverlo. Hay cosas en la vida a las que tendrás que enfrentarte solo. La mayoría de las cosas en tu restaurante pueden hacerse mejor con el esfuerzo de un equipo. Un verdadero líder aprovecha sus fortalezas e incorpora las fortalezas de cada persona del equipo para lograr más. Esa es la base de las sinergias de equipo. Cada uno de los elementos por sí solo es estupendo; juntos, son imparables.

Un restaurante es un equipo, y aquí tienes una guía sobre la dinámica de equipo, lo que funciona y lo que no.

Un Método Simple para Crear un Mejor Equipo de Restaurante

Un gran restaurante se crea con un gran equipo.

Cada vez hay más restaurantes en el mercado, y por eso es fundamental crear un equipo que te ayude a alcanzar tus objetivos. El éxito a largo plazo empieza teniendo un plan sólido de adquisición y desarrollo de equipos.

Actualmente, no basta con publicar un anuncio de empleo y esperar lo mejor. La esperanza no es una estrategia en la que quieras apostar. A medida que aumente la competencia, tendrá que destacar. Eso significa que debes destacar en tu mercado.

Si no lo haces, te quedarás atrapado en la zona promedio. Lo último que quieres ser en un mercado competitivo es ser del montón. Ser del montón es una mierda.

Estas son tres formas sencillas de crear un mejor equipo para tu restaurante.

Sé un Auténtico Líder que Atraiga el Auténtico Talento

Fíjate en la palabra gerente. ¿Qué significa la palabra en primer lugar? **Gestionar**. Un gerente gestiona las tareas cotidianas y nunca se adelanta a ellas. Estas son las personas que hacen *funcionar* el restaurante. Siempre están ocupados, pero no son muy eficientes a la hora de crear un equipo que pueda funcionar.

Los gerentes están en modo de supervivencia.

Ahora, observa la palabra líder. ¿Qué significa la palabra líder? **Liderar**. Significa exactamente lo que implica... hay que marcar la pauta y el ejemplo.

Los verdaderos líderes entienden que para ser un gran líder primero hay que liderarse a uno mismo. Hay demasiadas personas que se llaman a sí mismas líderes pero llevan una doble vida de hipocresía.

Ser un líder consiste en asegurarse de dar lo mejor de uno mismo. Eso significa cuidar de uno mismo para poder estar al servicio de los demás. Eso significa invertir energía en desarrollar tus habilidades. Significa aprender y crecer para poder formar y enseñar a los demás. ¿Crees que eres un líder? Entonces responde a estas preguntas:

1. *¿Cuántos libros leíste este mes?*
2. *¿Cuántas veces hiciste ejercicio (fuiste a pasear o al gimnasio)?*
3. *¿Hiciste la cama esta mañana?*

Espera. ¿Hacer la cama? ¿Qué tiene que ver eso con ser un líder? Pues mucho. La forma en que haces algo es la forma en que haces todo. Hacer la cama demuestra compromiso con una tarea sencilla pero profunda. Inicia la mañana con una tarea completada y prepara el día para un mayor éxito.

Tu equipo busca liderazgo. Lo anhelan. Lo desean. Es tu responsabilidad como auténtico líder dar un paso adelante y cumplir con ellos cada día. El liderazgo auténtico no es un trabajo a tiempo parcial, es un trabajo de todos los días.

Cuando te conviertas en un auténtico líder, empezará a pasar algo increíble en tu restaurante... empezarás a atraer talento. Lo que es igual atrae a lo que es igual y cuando te conviertes en tu mejor yo, atraerás mejores talentos a tu equipo.

Si tienes problemas para encontrar gente que trabaje para ti, este puede ser un buen momento para mirarte al espejo y hacerte esta pregunta: "¿Eres un líder que atrae o repele talentos?".

Y si eres sincero, puede que eso te moleste. Bueno. Estar disgustado es el primer paso para el cambio. Si quieres convertirte en un verdadero líder, primero debes darte cuenta de dónde estás ahora, no importa lo mal que pueda parecer, luego elabora un plan y crea tu perspectiva para determinar cómo quieres ser como líder. Actúa cada día para cerrar la brecha desde donde estás hasta dónde quieres estar.

Dales Espacio para Que Crezcan

Todos ansiamos crecer. Es natural. Estamos programados para evolucionar. Si no ofreces oportunidades de crecimiento y aprendizaje a tu equipo, las buscarán en otro restaurante.

Demasiados restaurantes sólo ofrecen formación cuando la gente empieza. El típico sistema de formación de 3-5 días es lo normal. Una preparación promedio produce resultados promedio. Tenemos que mejorar como sector si queremos ser atractivos para las generaciones más jóvenes que tienen ganas de aprender. Esto ya no es opcional. El mundo de los restaurantes debe adoptar, hacer crecer y desarrollar a su personal si quiere ser competitivo a la hora de contratar y mantener a sus empleados.

Algunas grandes empresas son conocidas por sus "beneficios". Los restaurantes harían bien en adoptar esta mentalidad en los planes de formación y crecimiento personal para todos los integrantes de su equipo. Por eso es ideal invertir en plataformas de formación en línea. Pequeños cursos de formación fáciles de asimilar que alimentarán la necesidad de aprender de tu equipo.

También puedes compartir artículos que leas en Internet y libros que hayas leído como líder (recuerda que los líderes también son lectores). Deberás hablar con tu equipo y elaborar un plan de desarrollo personal que les permita seguir creciendo.

El crecimiento no consiste sólo en conseguir un ascenso, sino en desarrollar habilidades y crecer como persona. Demasiadas personas piensan que si no tienen un puesto más alto al que promocionar a alguien, entonces no aportan crecimiento. Esa es una mentalidad errónea que te impide hacer planes de crecimiento y formación para tu equipo. Es sólo una excusa y las excusas te mantienen atrapado en una posición de promedio.

Sé Agradecido

No hay nada más poderoso que estas sencilla palabra: gracias. Es cierto. La gente quiere conexión y apreciación. En el fondo, somos criaturas sociales. Nos reunimos para formar comunidades y vivir en ciudades debido a esta necesidad.

¿Por qué crees que vamos a los restaurantes? No es sólo por la comida y la bebida. Si fuera así, la gente podría fácilmente beber y comer en casa. Cenamos en restaurantes porque queremos que nos vean. Queremos que nos reconozcan. Queremos conectividad social.

Tu equipo también quiere eso. Tu equipo quiere ser apreciado. Quieren que alguien reconozca lo bueno que hacen. Con demasiada frecuencia, nos centramos en las cosas negativas que hace la gente y no dejamos de recordárselo. A decir verdad, a los seres humanos nos resulta fácil buscar lo negativo porque estamos programados para hacerlo como mecanismo de supervivencia. Se llama sesgo de negatividad, y puede sacar lo mejor de un equipo si no nos cuidamos de él. Pero cuando te concentras en el lado oscuro de las cosas, esa energía puede propagarse rápidamente entre tu equipo.

Como verdadero líder, debes estar siempre pendiente de tu energía y de la de tu equipo. Cuando veas que la energía se dirige hacia el lado oscuro, debes intervenir y dar un paso adelante para tratar de revitalizarla. El primer paso es crear una cultura de apreciación y gratitud. Eso empieza por ti. Tienes que ser un ejemplo.

Aquí tienes una forma sencilla de empezar: al final de cada turno, acércate y da las gracias personalmente a todos los miembros de tu equipo. Haz un cumplido sincero y señala algo que hayan hecho para mejorar la experiencia del cliente o que haya ayudado al equipo. Si haces esto todos los días y eres sincero, verás un cambio de energía en tu restaurante. **También verás un cambio en ti mismo.**

Es fácil crear un equipo mejor cuando se empieza con una base sólida. Deja de ser un simple gerente y da el primer paso para convertirte en un auténtico líder. ¿Quieres saber cuál es la gran diferencia entre un gerente y un líder?

Un auténtico líder utiliza estas tres palabras todos los días: ¡SOY EL DUEÑO!

Cómo Encontrar al Chef Adecuado para Tu Negocio

Encontraste el lugar perfecto. Tienes una idea para el concepto de tu restaurante. Y todo parece estar saliendo tal y como lo habías imaginado. Lo único que te falta es talento culinario para hacer realidad tu sueño. Encontrar al chef adecuado para un nuevo concepto de tu restaurante o sustituir a uno que ya tienes puede ser complicado.

En el mercado actual, no todos los chefs son iguales. Para saber si un posible chef es un genio de la cocina o un aspirante a cocinero, hay que investigar un poco y tener ciertas dotes de investigación. Aquí tienes algunas formas de asegurarte de que consigues lo mejor para tu negocio.

Consulta las Redes Sociales

En la actualidad, el mundo está tan conectado a través de las redes sociales que con unos pocos clics puedes acceder a una gran cantidad de información. Para empezar, busca su nombre en Google. Si ha sido chef durante mucho tiempo, seguro aparece algo. Busca por su nombre y añade el título "chef" a la búsqueda, sobre todo si su nombre es bastante común, como John Smith.

Si tienen algún tipo de prensa, aparecerán en la búsqueda de Google junto con fotos suyas.

También puedes echarle un vistazo a sus otros perfiles en sitios como Facebook, Twitter e Instagram. Es aquí donde las cosas pueden aclarar un poco más sobre la persona que es, y puede que veas aparecer algunas señales de alarma. Ese joven chef con una foto de perfil en la que aparece en cuclillas delante de su automóvil haciendo algunos gestos con las manos que podrían ofender a algunas personas te dirá algo sobre su personalidad.

Esos tuits enfadados sobre el gobierno y los insultos racistas pueden hacer que consiga seguidores en las redes sociales; sin embargo, tener ese tipo de ira en tu restaurante no es una decisión inteligente. La rabia es eso, rabia, y al final se manifiesta física o verbalmente.

En cualquier caso, el resultado es indeseable.

En Instagram puedes encontrar pistas sobre lo que le interesa a la gente. Fíjate en lo que les ha gustado y lo que publican. Todo el mundo tiene una "personalidad en las redes sociales", así que tienes que comprobar si es compatible con tu marca. Las redes sociales hoy en día están tan estrechamente conectadas con una marca que querrás garantizar que tu futuro chef tenga una marca personal ahí fuera que funcione con tu marca y no contra ella.

Buscar Referencias Reales

Cualquiera que entregue un currículum dará referencias. La gente sólo anotará a las personas que les den una referencia positiva.

Profundice.

Omita las referencias personales. Quieres referencias reales de los lugares en los que han trabajado. No haga las aburridas preguntas de referencia habituales como: *"¿El chef Smith era una persona de confianza?"*.

Pruebe con cosas como:

"¿Cuál fue el mejor plato que hicieron? ¿Cuál fue el peor?"
"¿Alguna vez mencionaron a algún chef que admiraban?"
"¿Qué hicieron para aprender?"
"¿Cómo son sus habilidades en la formación?
"¿Recuerdan algo que hayan hecho de forma constante para cuidarse?"
"¿Cómo afrontan las quejas de los clientes negativos?"
"Si tuvieras una última comida, ¿querrías que fueran ellos el chef?".

Preguntas como estas son un poco inusuales, pero te darán mucha información. Estás buscando patrones de comportamiento. El aprendizaje, el orgullo, los modelos de conducta, la confianza y la inteligencia emocional son rasgos que debes buscar. Hay muchos chefs capaces de cocinar platos increíbles, pero incapaces de mantener la compostura emocionalmente. El autocontrol y la autodisciplina son los cimientos del liderazgo, y tu chef es el líder del equipo culinario.

Verificar las Habilidades para los Negocios

Como ya he dicho, hay muchos chefs que saben cocinar a la perfección, pero son muy pocos los que pueden dirigir un equipo y ganar dinero con su arte. Tener talento culinario pero no visión para los negocios es un verdadero problema que hay que tener en cuenta. Ese es un talón de Aquiles que puede costar mucho dinero.

Ganancia no es una mala palabra.

Pídeles que escriban un breve menú para tu concepto. No olvides proporcionarles muchos detalles sobre tu marca y ver lo que desarrollan. Quieres un chef que entienda tu marca y pueda crear un menú que destaque tu identidad sin restarle protagonismo.

Pon a prueba su perspicacia para los negocios con controles financieros. Dales una receta de ejemplo y una hoja de cálculo de lo que cuestan los productos y haz que calculen el precio de la comida para esa receta. Hazlo en la entrevista y observa su lenguaje corporal.

Es posible que te sorprenda la cara que pone alguien cuando le pides que calcule los precios de los alimentos. Sin embargo, si un chef no es consciente de este aspecto, es improbable que pueda generar ingresos para ti. No importa lo buena que sea su comida si el restaurante fracasa económicamente.

Verificar la Dinámica del Sabor

Evidentemente, hay que probar su comida para ver si realmente justifican su currículum. También es un buen momento para comprobar "cómo" trabajan. Si ya tienes un negocio, elige un momento en el que puedan venir solos para hacer lo que a mí me gusta llamar "la prueba de Johnny Cash".

En la película *Johnny & June: Pasión y Locura*, Joaquin Phoenix interpreta al famoso cantante y hace una audición para el productor discográfico Sam Phillips. El cantante empieza con la típica canción gospel y es rechazado rápidamente. Phillips le pregunta: "Si te atropellara un camión y estuvieras en la alcantarilla muriéndote, y tuvieras tiempo de cantar *una* canción, ¿cuál sería? Una canción que la gente recordara antes de que murieras. Una canción que le dijera a Dios cómo te sentiste durante tu estancia en la Tierra. Una canción que te resumiera".

Hazle una pregunta parecida a tu chef.

¿Qué plato prepararías para que la gente te recordara? Presta atención a cómo lo describen y al tono que emplean. ¿Se muestran apasionados?

Después, métete en la cocina y pídeles que te preparen un plato con lo que se conoce comúnmente como la "el reto de la cesta misteriosa", como se ve en el programa de televisión Chopped: Eliminado. Es una gran prueba para ver "cómo" trabajan. Hay un montón de indicios de cómo van a actuar con sólo ver cómo organizan una receta y sus habilidades técnicas. ¿Están preparando su plato de forma ordenada o simplemente "improvisando"? ¿Utilizan técnicas sólidas? ¿Trabajan limpiamente? Un trabajo descuidado produce resultados descuidados.

Hazles preguntas mientras se preparan y fíjate en cómo reaccionan. ¿Están tranquilos y serenos o parecen irritados y nerviosos? ¿Se mueven sin perder tiempo, de forma suave y deliberada? Recuerda que el chef marca las pautas del equipo. Si va corriendo como un pollo sin cabeza, ¿cómo crees que actuará el resto del equipo?

El lenguaje corporal representa el 55% o más de la forma en que nos comunicamos y te permitirá ver cómo se comportará este posible chef bajo la presión del servicio.

Conclusiones

Hallar al chef adecuado puede ser complicado. Contratar por pánico nunca es la solución. El cargo de chef es fundamental para la mayoría de las marcas de restaurantes, y el proceso debe respetarse.

La forma en que un chef gestiona las pequeñas cosas es la forma en que gestionará las grandes.

Muchos chefs son buenos en las entrevistas. Saben qué decir. Luego, se meten en la cocina y enseguida descubres que no pueden controlar los precios ni parecen capaces de dirigir un equipo. Como se suele decir, "mucho ruido y pocas nueces".

Lamentablemente, la atención al detalle es algo de lo que carecen muchos aspirantes a chef que quieren dedicarse a la parte creativa y no a los negocios. Se necesitan ambos elementos para encontrar al profesional culinario adecuado para tu concepto. Como en una receta equilibrada, todos los ingredientes tienen que estar en armonía.

Los grandes chefs son multidimensionales, y tu marca no puede aceptar menos.

Nadie Lee Tu Manual Del Empleado

Acabas de contratar a esa superestrella. Estás ansioso por que empiece a trabajar en el equipo. Le entregas el material de formación y lo estudias. Hasta ahora, todo va bien. ¿O no? Después de unas semanas, te das cuenta de que la nueva superestrella que pensabas que se convertiría en una gran ayuda ha pasado a ser como el resto.

¿Qué ocurrió?

No los has integrado en tu cultura. Les diste manuales de formación genéricos y aburridos que apenas sirvieron para integrar tus valores fundamentales y tu visión en el equipo. Ahora son como los demás... zombis andantes.

Los operadores de restaurantes inteligentes podrían aprender de aquellos que tienen una cultura que fluye con hospitalidad. Todo comienza con la forma en que imparte tus materiales de formación. Si crees que estás estancado en una rutina promedio, entonces presta atención a cómo salir y entrar en la vía rápida del compromiso y la retención de los empleados.

Empieza por el Por qué

Tienes que conectar y ser capaz de expresar tus valores fundamentales y tu visión en unos pocos párrafos. Suena fácil, ¿verdad? Prueba este ejercicio: describe tu restaurante como si fuera un tuit. Solo tienes 140 caracteres. Es una excelente forma de ver si puedes llegar a la esencia de tu cultura y tu marca. Si quieres sacar el mayor provecho de este ejercicio, profundiza. No te quedes con lo típico o lo que se conoce como "lenguaje corporativo".

Probablemente no lo harás bien a la primera. Cada vez que lo vuelvas a hacer, intenta sacar un poco más de autenticidad.

Tus valores fundamentales son los cimientos de tu cultura. Le dicen al mundo quién eres y qué defiendes. Se convertirán en una guía para los clientes y el equipo que atraigas.

Hay poder en la claridad. Conocer tus valores fundamentales es un ejercicio que la mayoría hace sólo mentalmente. Conoces tus valores, pero no los has plasmado en papel ni los has compartido. Lamentablemente, a la mayoría de la gente no le importa leerlos, por lo que escribirlos es algo importante. Cuando tengas escritos tus valores fundamentales, conviértelos en una prioridad: decláralos y compártelos.

Compártelos y compártelos siempre.

No puedes esperar que tu equipo se identifique con tus valores fundamentales si sólo los compartes con ellos una o dos veces. Como líder de tu empresa, debes subirte a lo más alto de tu estrado todos los días y predicar.

Predica las normas.

Predica los valores fundamentales.

Olvídate de las Plantillas Genéricas

En Internet hay todo tipo de plantillas de formación. Pero la mayoría son tan aburridos como un artículo del New England Journal of Medicine. Ser aburrido nunca es una forma de motivar.

Esto no significa que no se pueda *empezar* con una plantilla. Basta con eliminar gran parte del lenguaje y las palabras utilizadas. Si alguna vez has leído algunos de los manuales estándar para empleados, verás que existe un patrón común en la redacción que se puede resumir en una palabra... Negativo.

En redacción se habla de "tono". Si has estudiado alguna clase de comunicación, sabrás que la comunicación se descompone en tres números:

7-38-55

El 7% de cómo nos comunicamos son las palabras que elegimos.

El 38% *es el tono que utilizamos.*

El 55% es no verbal.

Observa el número del medio, el 38%. Recuerda el viejo dicho: "No es lo que dices, sino cómo lo dices". Y esto es especialmente cierto cuando se trata del manual del empleado. El tono puede ser alegre, humorístico, serio, amenazador, formal, informal, positivo o negativo. El tono al escribir debe reflejar tu voz y tu carácter. Al escribir manuales de formación, la mayoría de la gente prefiere tonos más serios.

"Si haces esto y no aquello, habrá consecuencias".

A nadie le gusta que lo sermoneen. Cuanto más los respetes y les hables de forma positiva y atractiva, más recibirás a cambio... incluso impreso.

El tono de los materiales de formación debe ser congruente con tu marca. Si tu empresa es un emporio de moda, lleno de energía y adicto a la comida, será mejor que tus materiales de formación lo reflejen. Si se trata de un restaurante de gama alta, centrado en el chef, entonces el tono que necesita debe transmitir la atención al detalle y la profesionalidad que caracteriza a tu marca.

Seguir las Normas

No hay nada más desalentador para un nuevo miembro del equipo que ver que sus jefes no siguen las mismas normas que se mencionan en los manuales de formación. Una norma se convierte en eso por el mero hecho de que no es negociable. Por eso se llama norma y no directriz flexible.

Como responsable de tu restaurante debes (sin duda) ser el ejemplo de todo lo que está escrito en tu manual del empleado. Si hay algo que no crees que puedas cumplir, quítalo. Es mucho mejor tener integridad y hacer las cosas que están en sus manuales de formación, que ser visto como tener una doble moral.

No seguir tus normas y faltar a estas provoca dramas. *El drama es bueno para las películas, pero malo para los restaurantes.* ¿Cuál es la forma más fácil de librarse del drama? Sencillo: no participes en él.

La hipocresía acaba con los equipos y destruye los sueños.

La Formación es un Compromiso

Tienes que comprometerte al 100% a capacitar a tu equipo de forma sistemática y constante. ¿Crees que entregándoles un manual del empleado cuando empiezan, hablándoles de él durante una hora y no volviendo a hablar nunca más de los principios del manual se construye un gran restaurante? No...

Los líderes de los grandes restaurantes dedican la mayor parte de su tiempo a formar y desarrollar a su equipo. Con una mentalidad de mejora constante e interminable se consigue el éxito. Los japoneses lo llaman Kaizen. No es sólo una palabra, es una filosofía de su cultura. Siempre se puede mejorar. Siempre se puede ser un poco mejor. Sólo se mejora con más y más entrenamiento.

Mira a los jugadores profesionales de baloncesto. ¿Crees que lanzan docenas de tiros libres y piensan: "Bueno, ya lo he dominado... no necesito lanzar más"?

Por supuesto que no. En cada entrenamiento, practican los principios básicos hasta el punto de que se convierten en algo automático... incluso instintivo.

El problema de la mayoría de los restaurantes es que tentamos a la gente a entrar en nuestro equipo ofreciéndoles una ilusión. Sé el empleado que quieres contratar. Capacítalos bien después de lo que se espera de ellos.

Si el rendimiento o la energía de tu equipo decaen, la verdadera pregunta no es: "¿Qué les pasó?". La verdadera pregunta que deberías hacerte es: "¿Qué me pasó a mí?".

¿Estás Aprovechando al Máximo a Tu Equipo?

Lo oímos todo el tiempo: *"El trabajo en equipo hace posible los sueños"*. Buen dicho. Muy positivo. Pero con frecuencia, no es cierto. Y la razón es sencilla.

Algunas personas de tu equipo no quieren hacer el trabajo.

Entonces, ¿qué debe hacer el propietario o el jefe de un restaurante? Analicemos un poco la psicología básica de las necesidades humanas y encontremos algunas respuestas que pueden ayudarte a inspirar a los que trabajan contigo.

Motivar a los Desmotivados

Antes que nada, aclaremos algo: no puedes motivar a nadie excepto a ti mismo. La gente hace las cosas por sus razones, no por las tuyas. Un auténtico líder inspira a los demás mediante sus acciones y sus palabras. Son fieles a su palabra.

Para poder inspirar a los demás, primero debes inspirarte a ti mismo.

Ahora, puedes decir que tu equipo "no está motivado". Es una salida fácil. Cúlpelos a ellos. Un verdadero líder comprendería que no tiene un equipo sin motivación; simplemente no ha cumplido con su deber como líder de inspirarlos. Estas son tres formas de corregirlo:

1. **SÉ EL LÍDER QUE ELLOS QUIEREN**

Fundamentalmente, la gente quiere que alguien dé un paso adelante y sea el líder. Somos criaturas sociales que buscamos orientación e información.

Lo llevamos en nuestro ADN para sobrevivir. Trabajamos juntos por el bien de la especie.

Todos queremos sentirnos seguros en el trabajo y crecer. El equipo necesita sentir que su líder protegerá la unidad de la dinámica del equipo. Un auténtico líder se asegura de tratar a todos los miembros del equipo con igualdad y honestidad. La integridad es un rasgo fundamental para un auténtico liderazgo. Cuando tus palabras y tus acciones son congruentes, creas un equipo a tu alrededor capaz de confiar en ti. La confianza es la base de los equipos.

Tu equipo necesita sentir que tiene la oportunidad de crecer. El crecimiento no es sólo económico. También es la oportunidad de aprender y desarrollarse como personas. La raza humana ha sobrevivido miles de años gracias a nuestra capacidad para adaptarnos y crecer. Si no le das la oportunidad de crecer a tu equipo, se desvinculará rápidamente del trabajo. Cuando esto ocurre, se produce un rápido cambio de personal o, lo que es peor, se quedan y se convierten en muertos vivientes llenos de negatividad que destruyen la moral del equipo.

La experiencia de los clientes se verá perjudicada y disminuirán los beneficios.

2. ENTENDER LO QUE LOS MOTIVA

¿Alguna vez te has sentado a hablar con tu equipo sobre cuáles son sus objetivos y sueños? Los auténticos líderes se sientan con su equipo de forma regular para hablar con ellos. Pero sin trivialidades.

Una conversación real es aquella en la que escuchas... activamente.

Escucha lo que les emociona. ¿Es la música? ¿Una película que han visto? ¿Un libro leído recientemente? ¿A quién siguen en Twitter, Instagram, Tumblr? ¿Les gusta algún restaurante? ¿Cuál es su comida favorita? Cuando escuchas de forma activa, puedes averiguar lo que es importante para tu equipo. Escucha y memoriza. Cuando hables con tu equipo, utiliza esos temas que a ellos les interesan para iniciar conversaciones. Así es como se crea una buena relación con el equipo.

Interésate sinceramente por tu equipo si quieres dirigirlo con eficacia. A las personas no les importa cuánto sabes hasta que saben cuánto te importa. Haz un pacto contigo mismo para conocer a tu equipo.

A todos ellos.

3. CONÉCTATE A TU MISIÓN

Las misiones de los restaurantes abundan. Algunos restaurantes contratan a consultores o expertos en branding para que inventen esta elaborada sarta de palabras que, aunque suenan elegantes y utilizan todos los adjetivos adecuados, carecen de una cosa: alma. Una misión no son sólo palabras en la pared que se inculcan al equipo durante la orientación y que ellos responden como loros cuando se les pregunta. Un loro siempre puede decir las palabras que le han enseñado a repetir. Pero un loro no puede entender lo que dice.

Una misión eficaz es aquella que te sale del alma.

En ella se encuentra el material del que están hechos los restaurantes legendarios. Los grandes líderes lo saben, y deben elaborar una misión desde el corazón, con alma y propósito.

No se construye un restaurante. Se construye un equipo, y el equipo construye el restaurante.

Por Qué La Gestión De Tu Restaurante Necesita Un Ajuste

En el mundo de los restaurantes las cosas se mueven con rapidez. La rapidez y la calidad parecen ser las claves de muchos conceptos prometedores. La capacidad de adaptación está a la altura de la coherencia en las marcas más eficaces. Si no tomas rápidamente las riendas del consumidor, te quedarás atrás. Las mejoras tecnológicas y los equipos de última generación impulsan nuestro sector hacia el futuro.

¿Y las técnicas de gestión?

Si leemos los titulares de actualidad, las tasas de cambios de personal en los restaurantes son altas, y las posibilidades de cubrir esas vacantes, bajas. ¿Será porque nos aferramos a estilos de gestión anticuados que a nuestra gente actual (Millennials) le cuesta entender o aceptar? Los tiempos están cambiando. Veamos cómo puedes adaptar tu gestión a la actualidad.

Una Breve Historia

La gestión, tal y como la conocemos hoy en día, se inició con el auge de la Revolución Industrial (1860). Curiosamente, la profesión de directivo no existió hasta la década de 1930. Antes de esa época, a la gente se la conocía como "capitanes de industria". Los gestores profesionales se dieron cuenta de que tenían una responsabilidad con tres grupos: los empleados, los accionistas y el público.

Los años 50 y 60 trajeron consigo la aplicación de sistemas. Se introdujo la teoría de la psicología de la gestión. En su libro *El Lado Humano de la Empresa*, el psicólogo social Douglas McGregor dividió la gestión en dos categorías:

Teoría X: el gestor controlador y autoritario cree que a la mayoría de sus empleados no les gusta trabajar y sólo lo harán bajo amenazas de castigo.

Teoría Y: el gestor democrático cree que se puede confiar en los empleados y que, por lo general, quieren hacer un buen trabajo y mejorar sus habilidades.

Los años 70 se caracterizaron por ser una época de gestión más contingente. Se decía que no hay una única forma de dirigir y que todo depende de las circunstancias. La década de los 70 también fue testigo de la aparición de la Teoría Z de William Ouchi, que pretendía fusionar las prácticas de gestión americanas y japonesas en un estilo de gestión más consensuado y participativo.

A principios de los 80 se introdujo la gestión de la calidad total (TQM), que consiste en gestionar toda la organización para que destaque en todos los ámbitos. La TQM dio lugar al best-seller de gestión En Busca de la Excelencia, de Thomas Peters y Robert Waterman, que sigue siendo un libro popular hoy en día.

Las cosas no arrancaron en cuanto a nuevas teorías de gestión hasta el año 2000, cuando Jim Collins publicó un libro titulado *De Bueno a Excelente*. En él se introdujo lo que se conoce como el concepto del erizo. Los directivos se centran en los conceptos básicos simples que permiten que la empresa se centre en el rendimiento en unas pocas áreas en lugar de dispersarse en un montón de proyectos.

Si leemos todo esto, probablemente veamos las técnicas y teorías de gestión de los años 60 que siguen vigentes en los restaurantes de hoy en día. Los trabajadores de hoy no son como los de antes. Ya sean de la generación X, de la generación del baby boom, de la generación del milenio o de la generación Z, tienen sus fortalezas y debilidades, y no se les puede gestionar como si no pasara nada. Es hora de hacer un cambio.

Adiós a lo Viejo, Bienvenido lo Nuevo

Viejo: Mandar y controlar: el gerente conduce al éxito.

Nuevo: Participación y capacitación: el éxito se consigue aprovechando los puntos fuertes naturales del equipo y liberando ese poder para mejorar la organización.

Viejo: Metas y objetivos: el equipo se ve obligado a cumplir las normas de la empresa.

Nuevo: Propósito y Valores: el equipo está motivado por formar parte de algo que consideran verdaderamente significativo.

Viejo: Procesos y sistemas: los cambios están determinados por la implantación de nuevos sistemas y listas de comprobación.

Nuevo: Cultura y comportamientos: los cambios duraderos se impulsan comprendiendo y modificando la forma de pensar y actuar del equipo.

¿Cuál es el tema fundamental?

Los gestores tienen que darse cuenta de que las personas de su equipo son algo más que una simple cifra en la cuenta de resultados. Las acciones hablan más que las palabras; hablar es barato. Claro que son frases estereotipadas, pero los empleados se dan cuenta.

El Cambio Gerencial Empieza por la Mentalidad

¿Dirías que tu estilo de gestión se parece más a una partida de **ajedrez o de damas**?

Los gestores que juegan a las damas tienden a ser reaccionarios. Cuando ocurre algo, reaccionan ante la situación. Son como los bomberos, que se quedan esperando a que surja un problema para entrar en acción. Suelen quedarse en la oficina y dar órdenes al equipo. Estos directivos son partidarios de la Teoría X.

Los directivos que utilizan un estilo ajedrecístico son más estratégicos. Se fijan en los puntos fuertes de cada miembro del equipo y los incorporan al juego donde mejor puedan ayudar al restaurante. Aunque este tipo de gestor participa activamente, confía en su equipo y deja que sus puntos fuertes naturales brillen. Estos gestores suelen trabajar junto a su equipo, entrenando, formando y fortaleciendo las normas. Estos gestores se adhieren a una nueva teoría, la Teoría C.

En la Teoría C, la cultura es la nueva mercancía. Son conscientes de que, aunque muchos restaurantes de su mercado puedan ofrecer un nivel similar de comida y servicio, lo que les diferencia es su cultura.

Un Consejo de Restaurant Coach™:

Antes de pensar que necesitas una nueva lista de tareas o un nuevo Procedimiento Operativo Estándar (POE) escrito para conseguir que tu equipo se comporte como tú quieres, tienes que hacerte unas cuantas preguntas:

1. ¿Conseguirá esta nueva lista de tareas o procedimientos operativos estándar el cumplimiento o el compromiso de mi equipo?
2. ¿Esta nueva lista de tareas o procedimientos operativos estándar explican el "por qué" de las acciones solicitadas?
3. ¿Tengo a las personas adecuadas en el equipo, y están en los cargos adecuados para aprovechar sus fortalezas naturales?
4. Conozco las fortalezas naturales de cada miembro del equipo?
5. ¿Soy un líder o sólo el jefe?

La mentalidad y los patrones de comportamiento son lo que hace o deshace los sistemas. Tú das el ejemplo o solo esperas que el equipo dé el ejemplo del que hablas?

Cómo Cambiar Mentalmente para Ser un Líder

Conseguiste ese ascenso que te coloca al frente de la empresa. Tienes las aptitudes y tu duro trabajo ha dado sus frutos. Lo lograste.

No tan rápido.

Es posible que las habilidades que te llevaron a la cima sigan ahí. Las habilidades que necesitas para un liderazgo excepcional son muy diferentes. Quizás te enfrentes a un reto más importante de lo que crees. También es la razón principal por la que la mayoría de los empleados que trabajan por horas y son ascendidos a puestos directivos fracasan. Les resulta difícil hacer la transición, ya que muy pocos reciben formación o tutoría sobre cómo ser un líder.

El Campo de Batalla del Ascenso

La forma más común de ascender en el mundo de los restaurantes es similar a la del ejército. El gerente o el chef que es su supervisor es despedido o renuncia y lo siguiente que sabes es que el dueño se dirige a ti y te dice: "Felicidades, eres el nuevo GM/Chef/Gerente de Bar (inserte el título apropiado)". Te entregan unas llaves y unas contraseñas, y te metes en la batalla.

El mayor problema de este tipo de ascensos es la suposición. Suponemos que la nueva persona desea ocupar el puesto vacante. Las suposiciones son peligrosas para tu restaurante. ¿Alguna vez le preguntamos a la persona si quería esa responsabilidad? Normalmente, se sienten obligados a aceptar el puesto, y la atracción de más dinero hace que sea fácil decir "sí".

Un asombroso 87% de los gerentes desearía haber recibido más formación en gestión cuando se convirtió en gerente por primera vez.

Hablando de preparar a la gente para el fracaso. La mayoría de los restaurantes colocan a las personas en puestos de liderazgo sin las habilidades necesarias para sobrevivir. Es como arrojar a una persona a un foso de leones con una cuchara para defenderse. Por ello, no es de extrañar que el cambio de gerentes sea tan elevado.

Cruzar la Línea Invisible

Cuando te ascendían a líder, cruzabas una línea. No era una línea física que pudieras ver (eso sería demasiado fácil), era una línea mental que te llevaba de ser "uno más del grupo" a preocuparte ahora por la marca. Es un cambio de mentalidad con el que muchos tienen problemas.

Lo mejor que puedes hacer cuando aceptas un puesto es comprometerte claramente a desempeñar las funciones y adoptar los valores fundamentales que ese puesto requiere.

Conoce la Diferencia entre Simpatía y Empatía

La razón principal por la que muchos tienen dificultades y se cruzan de un lado a otro es por dos palabras que se confunden a menudo en el liderazgo: simpatía y empatía.

La principal diferencia es la profundidad emocional que aportan. Cuando eras uno más del grupo, se producía un vínculo emocional y, cuando les ocurrían cosas a los demás, empezabas a simpatizar con sus problemas. Por definición, la simpatía es una afinidad, asociación o relación entre personas o cosas en la que lo que sea que afecte a una afecta de forma similar a la otra.

La empatía se define como la imaginación que proyecta un estado subjetivo en un objeto, haciendo que el objeto parezca estar impregnado de él.

La clave aquí es que la simpatía tiene que ver con la relación que uno tiene con un sentimiento, y la empatía tiene que ver con una experiencia que uno tiene con la situación.

Cuando tus emociones más profundas intervienen en las decisiones de liderazgo, puedes causar más daño al equipo de lo que crees. Supongamos que pasas de ser el chef ejecutivo a convertirte en el director general. El nuevo chef ha estado trabajando duro y te pide un sábado por la noche libre. Tú simpatizas con las mismas emociones que tenías cuando eras el chef y lo agobiado que te sentías. Le concedes la noche libre. Luego viene un camarero y te dice que le gustaría tener la noche del sábado libre y lo rechazas porque recuerdas los días en que eras chef y que los camareros no trabajaban tanto (en tu mente).

Cuando simpatizas en vez de empatizar, sigues pasando de un lado a otro de esa línea invisible. Eso crea una sensación de favoritismo entre tu personal. Piensa en todas las diferencias imaginarias que existen en los restaurantes y que se basan exclusivamente en las emociones: personal de recepción frente a personal de sala, personal de día frente a personal de noche... son líneas imaginarias que nosotros creamos.

¿Cómo se pone fin a esta situación? Transmite tu compromiso como líder. Dile a tu equipo lo que esperas y lo que pueden esperar de ti. Aléjate de la simpatía y utiliza la empatía en las decisiones. Sé justo. Sé coherente. Eso significa preocuparse por el bienestar de todo el equipo, no sólo de las personas que te caen bien.

Invierte en Ti

No necesitas mucho más que acceso a Internet y el carné de una biblioteca pública para obtener el doctorado en liderazgo. Entonces, ¿por qué muchos se sientan a esperar a que su restaurante los capacite?

¿Tiempo?

Mal. Error. Tienes todo el tiempo que necesitas. Todos tenemos las mismas 24 horas al día. No existe la gestión del "tiempo"; en realidad, es la gestión de los eventos. Si no inviertes en ti mismo, no es una prioridad.

Tener nuevos conocimientos está muy bien. Sin embargo, tienes que aprender a aplicar esa fuerza bruta. Busca un entrenador o un mentor.

Tienes que tener en cuenta dos cosas a la hora de buscarlo:

1. Necesitarás manejar el rechazo. Aunque hay muchos mentores, puede que tengas que buscar el adecuado. Trata de encontrar uno en tu ciudad con el que puedas reunirte para tomar un café o almorzar (ya que están aportando su tiempo y experiencia, ofrécete a pagar el café o el almuerzo).

2. Ten un plan y algunas preguntas concretas. Si ya has trabajado un poco por tu cuenta y has estado leyendo y anotando cosas. Querrás aprovechar al máximo el tiempo de tu mentor, y eso pasa necesariamente a través de las preguntas que tendrás a partir de tus propios estudios. Si te sientas con un mentor y le preguntas: "Enséñame a ser un líder". Verás el famoso movimiento de cabeza de incredulidad.

Un mentor puede ayudarte a pasar al liderazgo mucho más rápido que hacerlo por tu cuenta y aprender a base de prueba y error. Un verdadero mentor te dedicará parte de su tiempo; no permitirá que lo malgastes si no has hecho tus propios deberes.

Gana Su Respeto

No obstante, has asumido un papel de liderazgo; debes entender que hay dos tipos de respeto: el que se da y el que se gana. El hecho de que estés en esa nueva función no significa que tu equipo vaya a darte automáticamente el respeto como si fueran caramelos en Halloween.

Esta es una pequeña prueba para ver si tienes el respeto de alguien: pídele que haga algo que esté totalmente fuera de sus obligaciones laborales. Pídele a un cocinero que te ayude con los platos. Si te respetan totalmente, no dudarán. *Si te detienes un momento, tendrás que reconsiderar cómo te estás ganando el respeto.*

¿Cómo puedes ganarte el respeto? Es muy sencillo: trabaja codo con codo con tu equipo. Nadie se gana el respeto más rápido que un líder dispuesto a trabajar duro. Si eres chef, ¿cuándo fue la última vez que cocinaste en una noche ajetreada y no te limitaste a gritarle al equipo desde el otro lado del mostrador? Si eres gerente, ¿cuándo fue la última vez que te pusiste el delantal y le enseñaste a tu equipo el arte de la hospitalidad tomando una mesa?

Los líderes guían al equipo dando ejemplo.

Mal Modelo de Liderazgo

El mayor desafío mental al que se enfrentan los nuevos líderes es tratar de encontrar su propio estilo de liderazgo. A diferencia de lo que se suele decir, "los grandes líderes nacen", los grandes líderes se desarrollan y moldean con la experiencia.

La mala noticia: La mayoría de los comportamientos y hábitos se aprenden.
La buena noticia: Se pueden aprender.

Si tienes malas experiencias del pasado de lo que es un líder, es hora de cuestionar aquellas cosas que no te gustan. Recuerda los jefes que has tenido y haz una lista de lo bueno, lo malo y lo feo. Adáptate y acepta lo bueno. Tienes que desprenderte conscientemente de los malos hábitos.

Tu principal reto al pasar al liderazgo es hacer el cambio mental y decidir por ti mismo qué tipo de líder quieres ser. Busca modelos positivos. Toma una decisión y asume un compromiso conscientes para convertirte en un mejor líder. Trabaja junto a tu equipo para ganarte el respeto y, sobre todo, sé honesto contigo mismo si de verdad quieres ser un líder. El liderazgo no es para todo el mundo.

Si decides convertirte en un auténtico líder, entonces hazlo.

¿Tu Equipo Sabe la Diferencia? Cumplimiento vs. Compromiso

A pesar de que existen varias definiciones y descripciones del compromiso de los empleados, mi opinión es que el compromiso es un reflejo de cómo dedican su tiempo y esfuerzo discrecionales.

La diferencia entre una persona que no está comprometida y otra que sí lo está es comparable a la que existe entre el cumplimiento y el compromiso.

Cuando alguien cumple, obedece, hace todo lo que se le pide, pero no más.

Por lo general, hace lo justo para mantener su puesto. Lo hacen por sus razones. En cambio, alguien comprometido dedicará tiempo y esfuerzo a reflexionar sobre el trabajo y **resolver problemas** fuera del horario laboral, a encontrar mejores formas de hacer el trabajo, a buscar nuevas ideas y a actuar en consecuencia. **Lo hacen por sus razones**. *Han asumido su cultura.*

¿Qué es lo que genera el compromiso?

1. **Deben *tener* motivación.** Es decir, para empezar, deben tener al menos algo de motivación propia. Si una persona no se siente motivada por lo que hace (no por la empresa o el jefe, sino por el trabajo en sí), necesita encontrar un trabajo que le emocione. *A veces las personas no encajan bien en el restaurante.*
2. **El compromiso con la persona responsable - su líder/jefe.** Una persona motivada y comprometida no tardará en sentirse infeliz si su jefe es alguien **en quien no confía y a quien no respeta**. Los líderes pueden generar o debilitar la confianza de varias maneras. Con frecuencia es una cuestión de **integridad**. No me refiero a la honestidad (aunque ser una persona honesta es esencial), sino más bien a que un líder cumpla lo que dice que va a hacer y sea el tipo de persona que dice ser. *La desconfianza crece cuando alguien no cumple sus compromisos*, y la confianza aumenta cuando los cumple. La desconfianza crece

cuando alguien dice asumir ciertos valores pero actúa de forma contraria a ellos (*un hipócrita*), y la confianza aumenta cuando las personas actúan de forma coherente con los valores que dicen que les importan. Cuando hablamos de respeto, *un líder demuestra que respeta a alguien cuando lo trata así y escucha sus ideas.*

3. **La cultura de la organización.** Una organización que afirma tener ciertos valores fundamentales pero que actúa de forma tal que demuestra que esos valores no importan no tarda en provocar un profundo sentimiento de desilusión y desvinculación *(una vez más, hipocresía, hablan bien de lo que hacen, pero no lo demuestran con acciones diarias)*. Se trata del líder que afirma la importancia de ciertos valores pero actúa de forma contraria a ellos (ser puntual, <u>pero ellos nunca son puntuales</u>). Cuando una empresa tolera el mal comportamiento, demuestra falta de integridad, lo que provoca una pérdida de confianza y respeto por la organización. *Sólo hace falta una manzana podrida para echar a perder el montón.*

4. **Las iniciativas de la empresa.** Una iniciativa *sin una razón o un "por qué"* es simplemente un objetivo, y los objetivos por sí mismos son propósitos vacíos, carentes de cualquier finalidad que no sea la de hacer quedar bien a la persona que los ha fijado. Si una iniciativa tiene como objetivo conseguir una mayor fidelización, tiene que haber un "por qué" para acompañar al objetivo. *Las personas se implican y se comprometen cuando creen en lo que hacen y creen que están cambiando las cosas.*

Los restaurantes están llenos de gente que cumple, que hace su trabajo y cuyos resultados son aceptables *(es decir, gente promedio, y ya sabes lo que opino de ser un hombre promedio)*. Pero si lo que se pretende es superar los resultados promedio (mediocridad) y lograr resultados sobresalientes, se necesita un equipo comprometido. Para empezar, es necesario asegurarse de que se contrata a personas capacitadas, *automotivadas* y *comprometidas* con la *cultura* de la organización. Asegúrate de que los líderes de todos los niveles perfeccionan sus habilidades interpersonales (la inteligencia emocional es un buen punto de partida). Analiza detenidamente si la organización está a la altura de los *valores fundamentales que dice adoptar.* Y ten claro tu "por qué".

Puede que no sea fácil, pero las cosas grandes nunca lo son.

Ejercicio de Inteligencia Emocional

Trabajemos en el desarrollo de la *inteligencia emocional*.

Escribe las 5 emociones más **positivas** con las que estás siempre en contacto:

1.
2.
3.
4.
5.

Ejemplo: Pasión, amor, coraje, ambición, creatividad, concentración, motivación.

Ahora, escribe las 5 emociones **negativas** que más te detienen:

1.
2.
3.
4.
5.

Ejemplo: miedo, resentimiento, ansiedad, reacciones, dudas, distracción, agresividad, ira.

Por Qué Tu Personal Odia A Tu Gerente

Te esfuerzas al máximo por contratar a un gran gerente. Tienen experiencia y excelentes referencias. Durante la entrevista, te dicen lo que deben decir, son educados, están bien peinados e incluso te miran a los ojos cuando te dan la mano.

Empiezan y tú los capacitas. Quizá no tanto como deberías; sin embargo, lo justificas diciéndote a ti mismo: "tienen experiencia, serán capaces de arreglárselas". Te imaginas al equipo unido, las ventas aumentando y las ganancias llegando a tu banco.

Dos meses después, las cosas no parecen haber mejorado. ¿Por qué?

1. **SUS HABILIDADES NO SON MEJORES QUE LAS DEL RESTO DEL EQUIPO**

En el mundo de los restaurantes, los hechos hablan más que las palabras. Si tu nuevo gerente no tiene habilidades que superen a las de las personas que supervisa; di no. Es difícil respetar a alguien que no puede hacer una tarea mejor que tú.

2. **SON HIPÓCRITAS.**

Dan órdenes al personal para que haga las cosas de una manera y, sin embargo, a ellos los ven haciéndolas de otra. Tener un gerente que no puede acatar sus propias órdenes o normas es el primer paso hacia la discordia en el equipo.

3. **TIENEN FAVORITISMOS.**

La mayoría de los gerentes dirán que no tienen favoritismos. La verdad es que la mayoría sí los tiene. Al trabajar largas y duras horas con otras personas, es fácil caer víctima de lo que en Psicología Gestalt se conoce como la Ley de la Proximidad. Solemos establecer vínculos más estrechos con las personas con las que estamos más a menudo.

4. **CHISMEAN.**

A la mayoría de la gente le gustan los chismes. Los alemanes incluso tienen una palabra para describir cómo algunas personas sienten placer de la desgracia ajena: schadenfreude. Los chismosos no hacen nada bueno por los equipos. Los chismes dividen a los equipos.

5. **SON NEGATIVOS.**

Los gerentes negativos son un obstáculo para el funcionamiento del equipo. La cultura desciende, no sube, y la cultura empieza con los dueños y el equipo de gestión. Raramente (o nunca) la actitud del encargado del lavaplatos influye en la cultura de un restaurante.

Las emociones negativas son tan adictivas que nuestro cerebro buscará experiencias y situaciones que nos provoquen sentimientos negativos.

La misma zona del cerebro que busca el placer también busca el dolor. Tal vez te preguntes por qué ocurre esto, pues bien, es muy sencillo: las emociones negativas activan tanto las vías de las beta-endorfinas como las de la dopamina en nuestro cerebro.

6. **SON PEREZOSOS.**

Si tienes un gerente que se esconde en la oficina frente a la computadora en lugar de trabajar codo a codo con tu equipo y comprometerse con tus invitados, entonces tienes un gerente perezoso experto en actuar ocupado sin lograr resultados. Siempre tienen una excusa para justificar por qué no pueden realizar esa tarea o trabajar con el equipo. Si el equipo le pide ayuda, pondrá una excusa para no hacerlo. Quieren ser el jefe del equipo; no quieren trabajar como parte del equipo.

7. **SON MUY MALOS COMUNICANDO.**

Estos gerentes menosprecian al equipo. Son egocéntricos y desprecian a la gente en lugar de hablar con ella. Suelen ser muy listos y saben ilusionar. No los ves hablar así a tu personal. Siempre parecen agradables delante de ti cuando están cerca del equipo. Se trata de un personaje a lo Doctor Jekyll y Mr. Hyde que creará una tasa elevada de cambio de personal cualificado, que no tolerará este comportamiento.

8. **SON UNOS BORRACHOS/ADICTOS.**

Cuidado con el gerente que desde el principio te dice constantemente que no bebe. Si no han domado esos demonios internos, volverán a aparecer cuando se enfrenten a un factor desencadenante de estrés que los devuelva al lado oscuro. Incluso con pruebas de drogas y pruebas previas a la contratación, es difícil detectar a un adicto que lo oculta bien. Tu equipo puede ver algo como una alerta antes que tú, así que presta atención.

9. **CULPAN A LOS DEMÁS.**

Los sorprendes haciendo algo mal y culpan a otro miembro del equipo. Ser gerente significa convertirse en líder. Los líderes asumen su responsabilidad personal y defienden a su equipo. Algunos gerentes siempre se estancarán en su desarrollo personal y nunca avanzarán para convertirse en líderes.

Haz varias entrevistas, formula preguntas originales que revelen su personalidad y sus conocimientos. Cuando los dueños dicen que no hay gente buena para contratar, ¿quizá no son el tipo de dueño que atrae y conserva a los mejores talentos?

A veces, la persona que impide que su restaurante alcance su potencial se mira en el espejo cada mañana.

Puedes Llevar al Caballo al Río, Pero No Obligarlo A Beber

No te lo tomes a mal, pero tu formación apesta.

Bueno, en realidad podrías tomártelo a mal y decir: "A la mierda, me largo" y no seguir leyendo. O puedes decir que quizá este tipo tenga algo de razón y que deberías escucharlo.

¿Sigues aquí?

Perfecto. Comencemos.

La formación suele considerarse un trabajo a tiempo parcial (o peor aún) de una sola vez que se realiza cuando un nuevo empleado se integra al equipo. Invertimos unas horas y unos días con este nuevo miembro del equipo esperando que sean quienes impartan las normas. Luego acabamos despidiéndolos por no hacer lo que les habíamos explicado durante esa breve oportunidad de formación. La mayoría de los programas de formación en restaurantes (si es que se les puede llamar así) solo preparan a la gente para el fracaso. Luego nos sentamos y decimos cosas como: "no hay gente buena por ahí", "no se adaptan bien a nuestro restaurante", "los niños de hoy en día no quieren trabajar", o mi favorita... "Si quiero que algo se haga bien, tengo que hacerlo yo mismo".

Sí, tu formación es un asco.

Y mucho.

Entonces, ¿qué tiene que hacer un líder? Lo primero es admitir que no tiene un problema con la formación, sino con la cultura. Ese problema de cultura cambia cuando tú te conviertes en el líder que ellos desean y merecen. No te va a gustar la siguiente frase: eso empieza cambiándote a ti mismo. Lo sé, sería mucho más fácil si todos los que nos rodean cambiaran.

Sin embargo, cuando consideres por un momento lo difícil que es cambiarte a ti mismo, verás por fin las pocas posibilidades que tienes de cambiar a los demás. Las probabilidades no están a tu favor. Pero si cambiar a otra persona no es posible, ¿entonces qué?

Cambiar la Cultura

Hay una cosa que sí puedes controlar como líder, y es la cultura de tu restaurante. A diferencia de la personalidad de las personas, tu cultura es un poco más fluida, como un río, y se adapta a lo que la alimenta igual que un río. Un río puede ser un pequeño riachuelo y, cuando llueve a cántaros, puede convertirse en una gran fuente de energía. El agua de un río es energía. Es energía que impulsa tu cultura. Esto depende de ti.

¿Qué haces para dar ejemplo y convertirte en un mejor líder?

- *¿Te estás cuidando?*
- *¿Lees nuevos libros, blogs o escuchas audiolibros?*
- *¿Estás tomando algún curso en línea?*
- *¿Tienes un tutor o coach?*
- *¿Estás comiendo mejor?*
- *¿Estás controlando ese problema de ira?*

Si cambias tú, tu cultura empezará a cambiar inmediatamente. ¿Tan rápido como quieres? No. No obstante, la mayoría de las cosas no cambian tan rápido como nos gustaría. La vida es así. Si tu cultura ha estado fuera de control durante un tiempo, ¡tardarás la mitad de ese tiempo en volver a controlarla! Así que, si tu cultura ha sido como el Salvaje Oeste durante el último año, tendrás que invertir seis meses en mejorarla. Lo siento, así son las cosas. Tu cultura y tu restaurante se te han escapado de las manos, así que es hora de prepararte para el camino de la recuperación.

ELIMINA A LOS VAMPIROS

Ya sabes que están ahí fuera, en tu restaurante. Esos vampiros energéticos que se aprovechan de la energía positiva y acaban con ella. Los que utilizan el sarcasmo y los comentarios sarcásticos como armas para hacer caer el nivel de energía. Algunos de ellos también pueden ser tus personas más importantes. Lo que realmente asusta es que algunos podrían ser incluso tus familiares o amigos.

Esas personas no son más que pesimistas que no quieren ver el mundo como un lugar mejor. Sólo quieren verlo cojear y disfrutar de la miseria. Es como si una nube negra los persiguiera todo el día. Ellos quieren que los que los rodean se pongan a su nivel. Es hora de que no los toleres más en tu restaurante.

Hace poco tuve un cliente que era un Vampiro Energético que era su chef. A pesar de su talento, era una plaga para la moral y la energía de la cocina. Eso se extendió a los demás miembros del equipo de servicio, y empezaron a tener miedo de volver a la cocina para hacer una pregunta o comunicar una petición especial de los clientes. El miedo destruye equipos y es la muerte de tu cultura.

¿El dueño estaba contento de deshacerse de su chef, que llevaba con él más de un año y había ayudado a abrir el negocio? Por supuesto que no. La conversación giró en torno a una afirmación que le dije,

"No puedes controlar tu restaurante hasta que no controles tu cultura".

Finalmente supo lo que tenía que hacer si quería que su restaurante prosperara y no sólo sobreviviera... eliminar los Vampiros Energéticos de su cultura. ¿Tenía miedo? **Sí.** ¿Estaba preocupado por no encontrar otro chef con talento? **Sí.** ¿Actuó a pesar del miedo? **Sí.**

Lo interesante del miedo es lo siguiente. Parece que nunca sale tan mal como pensábamos. El cliente encontró un nuevo chef a los pocos días. Con un mejor sistema selectivo, mejoró mucho su talento culinario. Contrató a un chef que compartía valores fundamentales similares y tenía la actitud optimista necesaria para sobresalir en el trabajo. En la cocina, las cosas ya han cambiado. El equipo de servicio está recibiendo más formación sobre la comida, y los resultados de la experiencia de los clientes aumentan cada semana.

Ten Hambre

Las culturas que crean un entorno de aprendizaje siempre superan a las que entrenan solo de vez en cuando. Es aquí donde la cultura empieza a crecer como la espuma. Cuando la gente tiene ganas de aprender y crecer. Hay muchos que ven la formación como un mal necesario. Les tengo que dar el mismo programa de formación estándar de 2 a 7 días, y luego los meto en un puesto o sección donde o se hunden o nadan. Eso no es un sistema de formación. Eso es el fracaso de un sistema.

Por eso el sistema no funciona, porque se da a la gente la formación o educación mínimas para hacer su trabajo. Los preparas para fracasar y te preguntas por qué no han podido hacerlo bien. Es porque no los has formado para que destaquen en su trabajo. Les diste unos cuantos puntos clave (tal vez un manual de formación), los hiciste aprender de la mano de un "formador" y luego los abandonaste a su suerte.

La palabra formación debería ser sustituida por la palabra educación. Tenemos que desarrollar a nuestros equipos hasta que sientan que estamos interesados en su crecimiento personal. Es decir, tú, como la principal fuente de energía de la cultura, también debes comprometerte a aprender. ¿Por qué? Porque esa actitud hipócrita de "haz lo que yo digo y no lo que yo hago" de mierda no funciona con los trabajadores de hoy en día. Sí, vas a necesitar mejorar como líder ejemplar si quieres atraer y conservar al personal de hoy en día. El liderazgo, con el ejemplo, es el único camino.

Comparte libros, revistas, artículos de blogs y audiolibros con tu equipo. Que vean que quieres convertirte en un mejor líder por la forma en que te obsesiona aprender. No se trata de llevar el caballo al río, se trata de que beba. No formes a tu equipo; haz que tenga sed de conocimiento. Una vez que pasas de una cultura de formación a una cultura de aprendizaje, obtienes unos beneficios espectaculares:

- Reducción del cambio de personal
- Menos visitas del personal
- Mayor energía
- Mejores opiniones de los clientes
- Menos errores
- Aumento de los beneficios

La cultura es un elemento fundamental para cualquier marca exitosa. La cultura se crea por defecto o por diseño. Uno siempre quiere participar en el desarrollo de su cultura. Para ello hay que empezar por ser mejor persona y mejor líder. La cultura es descendente, no ascendente, y empieza por uno mismo.

TIEMPO

"Hasta que no te valores a ti mismo, no valorarás tu tiempo. Hasta que no valores tu tiempo, no harás nada con él".

- M. Scott Peck

6 Estrategias Para Gestionar el Tiempo de los Restaurantes que Realmente Funcionan

Imagínate que ves tu reloj a medianoche. En ese preciso momento, tienes exactamente **1.440 minutos** hasta que llegue de nuevo la medianoche.

Mil cuatrocientos cuarenta minutos: eso es todo. Ya no puedes pedir prestado ni comprar más tiempo.

El tiempo es uno de los recursos más valiosos que tenemos. La mayoría de los gerentes de restaurantes no saben aprovechar al máximo su tiempo. Aclaremos una cosa: o aprendes a controlar el tiempo, o el tiempo te controlará a ti. Por eso necesitas contar con estrategias eficaces para gestionar tu tiempo.

Si buscas en Google las palabras "gestión del tiempo", aparecerán 93.800.000 resultados. Por lo visto, mucha gente busca cómo gestionar mejor su tiempo y quiere hacer cosas.

Entonces, ¿*por qué* es tan difícil seguir estrategias para gestionar el tiempo? En gran parte tiene que ver con nuestra propia percepción de la gestión del tiempo. Así que aquí presentamos algunas de los obstáculos que nos lo impiden.

Verdad: La Mayoría de las Estrategias para Gestionar el Tiempo No Funcionan

Esto resulta muy cierto en los restaurantes por una sencilla razón: la mayoría de las estrategias de gestión del tiempo fueron diseñadas para personas que trabajan de 9 a 5 en oficinas. Muy pocos restaurantes siguen el ritmo habitual de los negocios. Dependiendo de tu concepto, tu horario es bastante diferente al de un trabajador normal de cubículo.

Las listas de tareas tradicionales son lo *peor* que puedes utilizar. Casi ninguna sirve para que avance un proyecto. Son simples recordatorios de todas las cosas que pretendemos hacer (que la mayoría de las veces se quedan en nuestra lista de tareas pendientes).

Me sorprende que mucha gente se enorgullezca de que su lista de tareas sea tan larga. Es como una medalla de honor tener una lista larga para demostrar a la gente lo ocupado que estás. La verdadera pregunta es: ¿estás *ocupado* o eres *eficaz*?

Examinemos seis pasos que pueden ayudarte a manejar el tiempo como un Maestro Jedi.

1. OLVÍDATE DE LA EXCUSA DE "ESTOY OCUPADO".

Estás ocupado. Yo estoy ocupado. La mayoría de la gente está ocupada.

Solemos ser así porque a veces la vida parece un deporte para espectadores. Si a esto le sumamos el ritmo acelerado de los restaurantes, las cosas suelen ir aún más deprisa. Sin embargo, esto no debe impedirte adoptar o acatar estrategias de gestión del tiempo.

2. DEJAR A UN LADO LA MENTALIDAD DE "NO TENGO TIEMPO"

Esto es casi tan perjudicial como decir "estoy ocupado".

Tengamos claro el concepto de posesión del tiempo. En realidad, nunca eres dueño del tiempo. El tiempo se utiliza. Las personas que ponen como excusa que no tienen tiempo suficiente no tienen claras sus prioridades. ¿Cómo es posible que personas como Steve Jobs, Elon Musk y Danny Meyers consigan tanto *si disponen de los mismos 1.440 minutos al día?*

Dan prioridad a sus tareas con lo que es más importante para ellos y para la marca, y luego pasan a la acción. Mucha acción.

3. DESGLOSAR

Las listas de tareas habituales son sólo un montón de buenas intenciones. Estas listas de tareas nunca deben determinar tu estrategia para gestionar el tiempo.

Pero puedes utilizar tu lista como ventaja si sabes cómo dividir o agrupar las cosas en categorías. Esta es una forma efectiva de organizar tu lista. Puedes utilizar lugares o hasta el nombre de una persona con la que te relacionas mucho. Las categorías pueden ser cocina, bar, oficina, equipo de servicio, equipo culinario, gerentes y proveedores. Así, cuando se te ocurra algo, sólo tienes que ponerlo en la categoría adecuada.

4. EL PODER DE TRES

Cuando estés elaborando tu lista, seguramente verás varias cosas que destacan y sabrás que necesitan tu atención.

Elige tres. Sólo tres.

Los seres humanos solemos sobrestimar lo que podemos hacer en un día y subestimar el tiempo que nos lleva realizar una tarea concreta. Piensas que hoy puedes acabar con toda una docena de cosas de tu lista de tareas pendientes y, sin embargo, cuando te sientas a hacer una tarea (como escribir un artículo en tu blog sobre estrategias de gestión de restaurantes), notas que el tiempo simplemente se te escapa.

No te preocupes. Así es la naturaleza humana.

El tres es un número bonito porque es fácil de manejar. También es memorable. ¿Qué tal los Tres Mosqueteros o los Tres Chiflados? ¿Cuántos barcos llevó Colón al Nuevo Mundo? El *Tres*. En China, el tres es un número de la suerte, debido en parte a que suena muy parecido a la palabra china que significa vida.

Quédate con el tres.

5. GESTIONA TU CALENDARIO

Cuando piensas en algo, es un sueño.
Cuando comienzas a hablar sobre eso, se convierte en una posibilidad.
Cuando lo anotas en tu calendario, es un compromiso.

Si realmente quieres controlar el tiempo, conviértete en experto haciendo las cosas que tienes en tu calendario. Las personas que logran hacer mucho planifican *todo* en su calendario y lo utilizan como brújula a lo largo del día.

También se aprovechan de los **bloques de concentración**. Estos bloques son breves espacios de tiempo que colocas en tu calendario y en los que te concentras en la tarea que tienes entre manos: nada de móvil, nada de correo electrónico, nada de Facebook. Por lo general, los bloques de concentración son más efectivos en intervalos de 20 a 30 minutos. No necesitarás mucho tiempo para que una tarea progrese, pero sí para concentrarte.

La gente dice que el tiempo es oro. No lo es, el *dinero es dinero*, pero la verdadera moneda del mundo actual es la concentración. Este es el verdadero secreto de la gestión del tiempo. Controlar tu concentración durante periodos cortos es la clave del éxito.

6. PREPÁRATE PARA EL MAÑANA

Peter Drucker dijo una vez: *"La mejor forma de predecir el futuro es crearlo".*

Si quieres controlar las estrategias de gestión del tiempo, debes planificarlas. El momento más adecuado para hacerlo no es de camino al trabajo por la mañana, sino la noche anterior.

Después de que se apaguen los servicios, probablemente encuentres un poco de soledad en la calma del restaurante. Este es el momento perfecto para concentrarte en esas tres cosas que quieres hacer mañana. Examina las categorías de tu lista, elige las tres que más te interesen, piensa qué acción tienes que llevar a cabo para avanzar en una tarea y prepárate para ello programando tiempo en tu calendario.

> *"La mejor forma de predecir el futuro es crearlo".*
>
> - Peter Drucker

Los restaurantes no son nada "predecibles". Todos los días traen un poco de emoción o aventura. El mejor método para hacer las tres cosas es programar dos bloques de concentración a primera hora de la mañana. Así, podrás dedicarte un rato del día a ti mismo antes de que las obligaciones de los demás (es decir, el personal, los proveedores, los clientes) empiecen a llamar tu atención.

Estrategias para Gestionar el

Tiempo en el Restaurante

La concentración es tu principal poder. No puedes controlar el tiempo. Lo único que puedes controlar es tu concentración y tu energía. Donde va la concentración, fluye la energía. Aprovecha eso, y podrás ver tus poderes productivos crecer más fuerte de lo que podrías imaginar.

7 Trucos Para Gestionar El Tiempo Y Sacarle Más Provecho A Tu Día

El mundo se mueve cada vez más rápido, y nosotros debemos movernos a su ritmo. Así, a medida que el mundo está más conectado, nuestras vidas se vuelven más complejas y, sin embargo, parece que a todos se nos agotan las horas del día para conseguir todo lo que queremos. Seamos sinceros, a la mayoría de la gente le cuesta mucho aprovechar el tiempo. En el mundo del coaching empresarial, el tema de la gestión del tiempo casi siempre está en la agenda. Incluso los que se definen como "exitosos" buscan formas de optimizar las tareas para que el tiempo se pliegue a su voluntad.

La única lección útil para la gestión del tiempo es comprender este concepto básico: Nunca gestionas el tiempo, te gestionas a ti mismo. Estos son siete trucos para gestionar el tiempo y hacer más en 24 horas.

1. **PROGRAMA TU PRIMERA REUNIÓN DEL DÍA CONTIGO MISMO.**

La mejor manera de prepararte para triunfar es asegurarte de que inviertes en tu principal recurso... tú mismo. Para aprovechar al máximo el día, es fundamental empezarlo con energía.

Del mismo modo que no te perderías una reunión de negocios importante, tienes que programar una reunión matutina contigo mismo, para ti. Tómate una "hora de energía" matutina para sincronizar mente y cuerpo. Puedes ir al gimnasio, dar un paseo, hacer yoga o artes marciales. Lo importante es mover el cuerpo para que la sangre circule. En el mundo de los restaurantes es habitual el agotamiento y los estilos de vida poco saludables. Trabajamos muchas horas (la mayoría de pie) y tenemos poco tiempo para hacer ejercicio.

Si quieres una larga carrera en este negocio, el autocuidado debe ser una necesidad primaria. Fíjate en la palabra necesidad, no deseo. Harás lo que tengas que hacer para satisfacer tus necesidades. Si es un deseo, sólo ocurrirá si todos los elementos se unen.

2. ELIGE 3.

El equilibrio en la vida es sólo un mito. Es difícil de aceptar, porque la mayor parte de nuestras vidas nos han dicho que, para tener éxito, tenemos que encontrar el equilibrio entre lo personal y lo profesional.

Pero no es así.

Si el mundo fuera perfecto y no existieran necesidades externas que te impidieran concentrarte y dedicarte a lo que más te gusta, podrías conseguir el equilibrio en tu vida. Como sabemos que el mundo de los restaurantes no es de color de rosa y arco iris, concentrémonos en lo que sí funciona. Elige sólo tres proyectos o cosas que tengas que hacer en un día. Es fácil llenar una lista de "tareas pendientes" y esforzarse por prepararlo todo. Si eliges sólo tres cosas para el día, tus posibilidades de hacerlas aumentan enormemente.

Así que comienza el día con tu "hora energética" o reunión de cuidado personal para asegurarte de que estás completamente preparado para el día. Luego fíjate en tus tres grandes objetivos. Actúa enseguida para avanzar en uno de esos proyectos. La clave aquí es que las necesidades de los demás van a requerir tu atención y tu tiempo. Dedica tiempo a preparar tu agenda con la energía y la concentración que merece.

3. APRENDE A DECIR "NO".

Las personas que trabajan en restaurantes suelen estar acostumbradas a tratar con la gente (lo cual es bueno). También solemos esforzarnos por complacer a todo el mundo (lo que puede llegar a ser negativo). Tendrás que aprender a decir "no" con elegancia a las cosas que no te sirven. El tiempo es nuestro recurso más preciado. No puedes conseguir más, y una vez que se acaba, eso es todo.

Algunas cosas proceden de fuentes externas y puede que no tengas la opción de rechazarlas. Pero hay cosas que están totalmente bajo tu control: ver la tele, jugar a videojuegos, navegar por Internet y otras cosas que te distraen de lo que es importante para ti. Si quieres una vida mejor, la mejor pregunta que puedes hacerte es la siguiente: "¿Esta (inserte la tarea o actividad) va a hacer que mi vida se mueva hacia mis objetivos y sueños?".

La calidad de vida que tienes es directamente proporcional a la calidad de las preguntas que te haces. Es muy fácil... si quieres una vida mejor, hazte mejores preguntas.

4. TEN UN PLAN.

Tener un plan por escrito es la mejor forma de no perder el rumbo y la concentración. Puedes utilizar el método de la vieja escuela del papel y el bolígrafo o la tecnología para saber en qué debes concentrarte. Tomaremos un concepto de la metodología Organízate con Eficacia de David Allen para ayudarnos a liberar nuestras cabezas de las pequeñeces que consumen la mayor parte de nuestro procesamiento cognitivo. Cuando se te ocurre algo que tienes que hacer, tienes que colocarlo en un lugar seguro para procesarlo más tarde. La aplicación de notas de tu smartphone es perfecta para esto. Sácatelo de la cabeza o empezará a formar un "bucle mental". El problema de los bucles es que tienden a dar vueltas en nuestra cabeza hasta que se resuelven.

Tener un lugar donde guardar todos esos pensamientos aleatorios que surgen en tu cabeza es importante (los neurocientíficos aseguran que tenemos alrededor de 60.000 pensamientos aleatorios circulando por nuestro cerebro al día). Esta es una forma estupenda de tenerlos en un lugar donde puedas revisarlos y ordenarlos para actuar, consultarlos o eliminarlos.

5. SI PUEDES... DELEGA.

Esto se relaciona con aprender a decir "no". Muchos gerentes de restaurantes se encargan de tareas de las que otros podrían ocuparse fácilmente. Cosas como la programación, el registro de facturas o recibir pedidos de proveedores son tareas que se pueden aprender. La ventaja es que, cuando capacitas a tu equipo para que asuma más responsabilidades, este tiene la oportunidad de aprender y crecer. Ese es un elemento decisivo para mantener el equipo.

Si pones la excusa de que tienes que hacerlo todo tú mismo, entonces tienes uno de estos dos problemas:

A. Está obsesionado con controlar y ser perfeccionista. Si bien buscar la excelencia y la coherencia es un rasgo común de los grandes restaurantes, es muy difícil ser perfecto alguna vez.

B. No confías en tu equipo. Si no confías en tu equipo, entonces necesitas conseguir un equipo en el que puedas confiar. Esto podría hacerte considerar la opción A una vez más.

6. CONCÉNTRATE MÁS EN LOS RESULTADOS QUE EN LAS TAREAS.

La concentración es lo único que realmente puedes llegar a controlar. Todo aquello en lo que te concentras y a lo que le dedicas energía, se hace. La pregunta que debes hacerte es: "¿Estás concentrado en cosas importantes?".

Aunque la mayoría de los dueños y gerentes de restaurantes están siempre "ocupados". Suelen concentrarse en cosas que tienen poca importancia para mejorar el restaurante. Se concentran en el precio de la comida de un proveedor y pierden mucho tiempo "comprando" precios de múltiples proveedores cuando en realidad nunca han calculado el costo de la comida de cada elemento de su menú.

La mayoría de las personas llegan a ser muy **eficientes** en sus tareas laborales. Pero normalmente no son increíblemente **efectivos** en ellas. Concéntrate en las cosas que tienen más importancia para tu negocio. Si tienes problemas para averiguar cuáles son las "cosas correctas" en las que debes concentrarte, entonces considera la posibilidad de contratar a un coach empresarial para que te ayude.

7. GESTIONA TU ENERGÍA, NO TU TIEMPO.

Este es el mejor truco para gestionar el tiempo. El tiempo es sólo un concepto de la mente. No se puede cambiar ni manipular. Es una variable incontrolable que la mayoría de la gente suele perseguir o de la que es esclava. Para liberarte de eso, tienes que fijarte en tus patrones naturales energéticos y, cuando estés en la "zona" de máxima energía, utilizar esa energía para hacer las cosas adecuadas.

Nuestros cuerpos poseen un ritmo circadiano natural (la cronobiología estudia el efecto del funcionamiento de nuestros cuerpos y mentes durante el día). Si aprovechamos este ritmo, podremos hacer muchas cosas. La mayoría de la gente cree que las mañanas son mejores para el pensamiento cognitivo, el pensamiento analítico o la resolución de problemas. Las tardes son excelentes para el trabajo físico. Las noches suelen ser mejores para el procesamiento creativo.

Para alcanzar los niveles máximos de energía es necesario hacer ejercicio, beber mucha agua y alimentarse adecuadamente. Estos tres elementos básicos aportan el combustible que el cerebro necesita para afrontar toda la variedad de tareas que se le presentan a lo largo del día. Todos sabemos lo que ocurre cuando nos quedamos sin combustible en nuestro auto. Tus niveles naturales de energía son el combustible que necesitas para realizar tus tareas.

Los restaurantes pueden ser muy exigentes. Dedicarse tiempo al cuidado personal y regalarse a uno mismo la posibilidad de recargar los niveles de energía es asegurarse de tener suficiente para dar a los demás. Al final, recibes aquello en lo que te concentras y pones tu energía. Utilízala sabiamente.

¿Está Ocupado?

Si constantemente sientes la contraproducente necesidad de estar ocupado y de estar haciendo muchas cosas, escribe estas palabras en una Nota y léela todos los días:

Estar ocupado es un tipo de pereza. Es pensar con pereza y actuar de manera indiscriminada.

Estar ocupado se utiliza muy a menudo como guía para evitar las pocas acciones de importancia vital pero incómodas que debes hacer.

Deja de estar ocupado y empieza a ser eficaz.

MENÚ

"El menú de mi madre constaba de dos opciones: Tómalo o déjalo."

- Buddy Hackett

Telluride

En 1995 trabajé como asesor en Telluride, Colorado. Fue uno de mis primeros trabajos. Esta pequeña y tranquila ciudad es como retroceder en el tiempo hasta el Salvaje Oeste. En mi primer día en la ciudad, conocí el edificio Mahr. Era el lugar donde se encontraba el Banco San Miguel Valley original de Telluride, el mismo banco que Butch Cassidy y otros tres asaltaron el 24 de junio de 1889. El antiguo banco se quemó y fue reemplazado por el edificio actual en 1892. Fue el primero de los muchos bancos que robó el famoso bandido. Siempre me ha fascinado la historia y los relatos que encierra una cultura.

Me contrataron para que actualizara el menú de un restaurante local que llevaba allí desde 1973. El dueño era Howie Stern (no, no el famoso locutor de radio). Llegué con la idea de revolucionar la ciudad con mi versión de la cocina contemporánea del suroeste, después de trabajar varios años como chef en Santa Fe y Taos.

Trabajé como un chef loco y se me ocurrieron ideas creativas e innovadoras para el menú. Cuando elaboré el menú, se lo di a Howie para que lo revisara. Se sentó allí, en silencio leyendo mi trabajo. *No dijo ni una maldita palabra*. Finalmente, me mira y me dice: "Ven a caminar conmigo ".

Condujimos por Main Street y me dijo: "¿Ves esa casa grande en la colina?". Era una hermosa mansión a unos 300 metros por la ladera de lo que era más bien una montaña en lugar de una colina. "Oh, sí, impresionante", le contesté.

Howie me preguntó: "¿Cuánto crees que cuesta una casa así?".

Yo: "¿Un millón?" (estaba adivinando)

Howie: "Algo más de 3 millones". Luego añadió: "¿Sabes de quién es esa casa?".

Yo pensé que tenía que ser algún famoso, pero fui a lo seguro y contesté: "No".

Howie dijo tranquilamente: "Esa es mi casa. ¿Sabes cómo pagué esa casa?".

De acuerdo, decir dinero habría sido una respuesta muy inteligente, así que respondí: "No".

Howie: *"¡Vendo un montón de malditas hamburguesas! No vengas con tus grandes ideas. Quiero mejorar mi menú, ¡no un nuevo concepto para esta ciudad!"*
Entendido.

Mejoramos la carne de vacuno para incluir carne de pecho picada, y preparé algunos aderezos interesantes, como champiñones glaseados al oporto, mayonesa de wasabi y mermelada de jalapeño y bacon, que fueron todo un éxito en sus ya populares hamburguesas. Fue un éxito.

¿Qué aprendí? Que debes estudiar el mercado antes de empezar a componer un menú y, si tienes un puto nicho genial, ¡dominarlo! Es estúpido cambiar por cambiar. Ah, y para esos chefs de ahí fuera. Tu ego no pagará las facturas ni te conseguirá una casa en la ladera de una colina en Telluride. **Olvídalo.**

Trucos Jedi Para Tu Menú

Entre todos los elementos que pueden influir en los resultados de tu negocio, el menú es la principal herramienta. Al contrario que en los comercios minoristas, donde la gente mira y se va, en los restaurantes hay muchas posibilidades de que los visitantes consuman algo. Así pues, los menús son algo más que una simple lista de platos a la venta. Si se diseña correctamente, el menú es una herramienta de persuasión e influencia.

El error más común que cometen la mayoría de los propietarios de restaurantes cuando se trata de diseño es que lo intentan demasiado. El menú se convierte en una disertación de palabras de relleno y descripciones que dejan al comensal confundido y abrumado por la cantidad de palabras que llenan el menú. Lo importante es entender que, cuando se trata de menús, nosotros no los leemos, los escaneamos. Si quieres tener un menú más eficaz que realmente pueda aumentar las ventas, entonces tienes que preparar y diseñar tu menú de la forma en que la mayoría de la gente lo mira.

Aunque se podría escribir un libro entero sobre cómo diseñar y elaborar un menú desde el punto de vista psicológico, vamos a concentrarnos en tres sencillos trucos mentales Jedi que puedes utilizar para guiar a la gente hacia donde tú quieres que compren.

1. ANCLAJE

En los años 80, los psicólogos hallaron que la exposición a determinadas palabras podía alentar a los consumidores a comprar los artículos que sugerían. Esto se hace mediante la comparación de precios, y funciona muy bien.

¿Alguna vez has ido a un restaurante de carnes de alta gama y has visto esto en el menú?

PB& J + Louis Roederer Cristal
Mantequilla de maní y jalea artesanal + champán espumoso añejo 197.00

Plato Mixto de Mariscos Refrigerados
langosta con mantequilla de mango + camarones al chipotle + ostras
blue point con manzana verde - mignonette de pimienta negra 87.00

El restaurante no vende muchos sándwiches de mantequilla de maní y mermelada con una botella de champán; sin embargo, vende bastantes de los platos mixtos de marisco refrigerados. La estrategia de anclaje funciona cuando se coloca primero el producto más caro. Después, el artículo situado tras el más caro parece tener un valor mucho mejor.

2. CAMBIAR EL TAMAÑO DE LA FUENTE UN PUNTO

Este es otro método sencillo que aprovecha la forma en que nuestro cerebro está programado de forma natural para concentrarse en un elemento del menú en el que queremos aumentar las ventas. La parte más primitiva de nuestro cerebro se conoce comúnmente como cerebro reptiliano. Esta parte del cerebro se encarga de muchos de los mecanismos de supervivencia, como la respuesta de lucha o huida. Está programada para percibir cosas fuera de lo normal, como: "¿Es un tigre de dientes de sable a punto de comerme?".

Al igual que nuestro cerebro puede engañarnos, nosotros también podemos hacer trucos para llamar la atención exactamente hacia donde nos interesa en el menú. Fíjate en estos elementos:

DE LA PARRILLA... ¡FILETES Y MÁS!

ribeye de búfalo de 24 oz.
puré de ajo asado + zanahorias bebé + reducción de vino merlot 42

El ribeye
filete de 16 oz. Con corte central + papas achiote + haricot
vert + salsa de mantequilla de vino tinto 35

carne asada de ternera y poblano
puré de papas + champiñones salteados + demi de
cabernet + aros de cebolla con chile rojo 20

solomillo de ternera curado con azúcar moreno
nuestro filete estrella
filete de 8 oz. cortado a mano + enchiladas de setas silvestres
+ demi 28 de maíz y pimiento asado al fuego

chuleta de cerdo en costra de piñones
12 oz. cortadas con hueso + mezcla de papas y verduras
asadas + crema de chile rojo + chips de chirivía 24

pollo asado al bourbon
puré de papas y chirivías + zanahorias baby + jugo natural 22

¿Hay algún plato que destaque? En este ejemplo, el tamaño del texto para la mayoría de los platos principales es de 13 puntos. El número uno en ventas de este restaurante es el solomillo de ternera curado con azúcar moreno. En este caso, el tamaño del texto es de 14 puntos. **Un cambio de fuente de un solo punto hace que el cerebro lo mire por segunda vez.** La segunda impresión le da al plato otra impresión en el cerebro y, muchas veces, eso es todo lo que hace falta.

3. PALABRA EN NEGRITA

Teniendo en cuenta la psicología de los menús, es decir, el hecho de que el cerebro escanea los menús en lugar de leerlos realmente, puedes ayudar y guiar a tus invitados utilizando una sencilla técnica para centrar la atención en las palabras clave.

Observa los siguientes elementos del menú:

Hamburguesas Sliders
chile verde + queso cheddar + ketchup de chipotle 9

wontons de langosta
langosta escalfada con mantequilla + queso crema
poblano + salsa de chile dulce 12

calamares con harina de maíz
salsa de tomate y albahaca + alioli de ralladura de limón 11

queso brie al horno
dientes de ajo asados + chutney de chile verde y albaricoque + salsa melba 10

Ahora míralos de nuevo:

Hamburguesas sliders
chile verde + queso cheddar + ketchup de chipotle 9

Wontons de **langosta**
*langosta escalfada con mantequilla +
queso crema poblano + salsa de chile dulce 12*

calamares con harina de maíz
salsa de tomate y albahaca + alioli de ralladura de limón 11

queso brie al horno
*dientes de ajo asados + chutney de chile verde y albaricoque +
salsa melba 10*

La vista se enfoca en las palabras que quieres que el cliente encuentre fácilmente. Haz que tu menú sea fácil de entender para que el cliente encuentre lo que busca, y seguro que comprará. Otra técnica interesante es eliminar la coma (,) entre los ingredientes y utilizar en su lugar el signo más (+). Casi todos estamos acostumbrados a saber que el signo + significa suma. Por eso, en el caso de los wontons de langosta, el cerebro lee wontons de langosta: Tengo langosta escalfada en mantequilla **más** queso crema poblano **más** salsa de chile dulce **por sólo** 12 dólares, ¡es una ganga!

Estos trucos Jedi para el menú funcionan mejor cuando el tipo de letra es limpio y fácil de leer (Sans Serif funciona muy bien). Evita los tipos de letra cursivos o raros que dificultan la lectura. Lo importante es que el menú sea fácil de entender y ver, incluso con la romántica luz del comedor a las 8 de la tarde.

Los menús son estupendos cuando los miramos bajo las brillantes luces de una oficina. Sin embargo, la verdadera prueba consiste en llevar el menú al comedor y mirarlo en circunstancias reales para ver si es igual de fácil de leer. Quizá te sorprenda la diferencia, sobre todo si puedes hacer un seguimiento de la utilidad de los menús con un software de menús.

¿Tu Menú es Demasiado Agresivo para tu Mercado?

Toma tu menú y míralo. Asimílalo todo. ¿Qué te parece tu menú? ¿Estás satisfecho?

¿Están satisfechos tus invitados?

Elaborar un menú es fácil. Cualquiera puede elegir algunos platos, ponerlos en un menú e intentar venderlos. El verdadero arte llega cuando se trata de obtener beneficios. Y a veces no es tan fácil como algunos creen.

La solución está en las preguntas que te hagas sobre tu menú. Si quieres mejores resultados, haz mejores preguntas. Saber la verdad es liberador; sin embargo, al principio, estarás más enfadado. No pasa nada; las emociones motivan a la gente. Tienes que confiar en el proceso.

Así que vamos a ponernos un poco incómodos. Aquí tienes algunas preguntas que debes plantearte mientras tienes frente a ti tu menú.

No Encaja

¿Tu menú encaja con tu marca? A simple vista, parece una pregunta sencilla. Dices que eres un restaurante moderno de comida a la parrilla del suroeste, pero tu menú está compuesto principalmente por platos de pasta y sólo dos platos a la parrilla. ¿Eres un restaurante de parrillas?

Tu cartel dice que eres un restaurante mexicano, pero tu carta ofrece pizzas. No, no pizzas inspiradas en pimientos poblanos asados y chorizo, sino simplemente pepperoni y queso. ¿Te has confundido?

Tus clientes también.

El mejor ejercicio que puedes hacer es preguntárselo a tu personal. Ellos interactúan a diario con sus clientes y son una gran fuente de información. Además, pídeles a varios empleados que pregunten y no sólo a la persona de tu equipo que está de acuerdo contigo. Lo que quieres es una opinión sincera, no sólo una validación.

Las Herramientas Adecuadas

¿Tu restaurante está diseñado y equipado para elaborar el menú? Es sorprendente ver el número de restaurantes que, en la fase de apertura, han comprado equipos sin ni siquiera haber elaborado un menú. Este es un buen ejemplo de hacer las cosas en el orden equivocado.

Tu menú tiene que funcionar con el equipamiento y el espacio de que dispongas. Si no tienes suficiente espacio de almacenamiento, será difícil ser un concepto de comida rápida que se centra en la frescura, especialmente con un menú grande y poco espacio para preparar y almacenar los productos. Tu equipo lo hará lo mejor que pueda, pero al final puede que notes que aumenta el porcentaje de cambios de personal.

¿Tu cocina está diseñada teniendo en cuenta la fluidez? Este es un elemento que muchos dueños nunca tienen en cuenta. Es necesario hacer un seguimiento del flujo de cada artículo del menú de principio a fin. ¿Cuántas estaciones hay que atravesar para terminar? ¿Cuántas personas en los puestos tienen que añadir un componente para terminar el plato?

Cuantas más manos, más problemas posibles.

Redacción

¿Hablas con el cliente o por debajo del cliente? Muchos chefs tontos han pronunciado estas palabras: "El invitado no lo entiende". Exacto. Acaba de acertar y se ha ganado el premio por descubrir lo obvio. Si tus invitados no lo entienden, no lo comprarán.

Aquí es donde el ego y el orgullo tonto hacen que muchos dueños se equivoquen. Es fácil decir que quieres ser "fiel a tu marca". No hay problema. Pero ten en cuenta...

Las marcas cambian.

Numerosos restaurantes han cerrado sus puertas debido a estos cambios y a que el dueño no podía (o no quería) adaptarse a los cambios del mercado.

Tienes una idea de lo que es tu restaurante. Tus clientes tienen una idea de lo que debería ser tu restaurante y, lo que es más importante, en qué gastarán su dinero. En algún punto intermedio es donde debe estar su restaurante.

Ricitos de Oro y el menú

Ya conoces el cuento de Ricitos de Oro y los Tres Osos. Esta historia es un gran recordatorio para hablar del tamaño de tu menú. ¿Cuántos platos son demasiados? ¿Qué tan pequeño puedes ser? Se trata de preguntas complicadas que van de la mano de otras que ya hemos mencionado.

¿Cuál es tu estilo de servicio? ¿Rápido e informal? ¿Servicio completo? Si quiere ser un fast-casual, recuerde que la palabra "fast" (rápido) está en el nombre. El concepto fast-casual es muy popular, pero demasiados restaurantes nuevos adoptan esta tendencia sin pensar realmente en el tamaño del menú. Hay algunos que intentan tener un menú completo en su pequeño espacio fast-casual.

No es la mejor idea.

¿Qué equipos tienes? Si no tienes suficiente espacio de preparación, almacenamiento y capacidad de producción en tu línea, es posible que tu menú sea demasiado para la instalación que tienes.

¿Cuál es el tiempo promedio de venta? Los tiempos de espera lentos indican varios problemas. Es posible que el flujo de la línea no esté muy bien planificado y que, como resultado, se produzcan muchos atascos en la línea (ya sean demasiadas estaciones o demasiados pasos hacia el plato final), lo que en última instancia retrasaría el servicio.

El problema puede estar en los propios miembros del equipo, si tienen pocas habilidades, una formación insuficiente o falta de liderazgo. ¿Qué nivel de formación tiene el personal? ¿Tienes personal con experiencia o empleas a más trabajadores novatos? Tu menú sólo puede ir tan rápido como el equipo.

Los Datos dicen la Verdad

Tus datos sobre el punto de venta contienen una gran cantidad de información que, una vez extraída, analizada y aplicada, puede ser muy rentable. Es necesario confiar en ese proceso. Al igual que un piloto que está entrenado para volar por instrumentos y no confiar en lo que ven sus ojos, muchos restaurantes cerraron sus puertas porque los propietarios ignoraron las señales de advertencia de sus informes sobre la mezcla de productos.

Tus informes o datos te dicen exactamente en qué gastan su dinero tus clientes. Escúchalos y crea menús que concuerden con los más populares. Deja de pensar más o de pensar más en la dinámica de tu menú. Las pruebas están ahí, en los datos de los puntos de venta: deja de lado el ego y presta atención.

Tu menú debería ser como la frase de aquella vieja canción de los Commodores: "Easy like Sunday morning". Si todos los días te cuesta gestionar la producción de la preparación, los pedidos y la duración de los tickets, es hora de que te preguntes: " ¿Tu menú es demasiado agresivo para tu mercado?". Si tu respuesta es sí, entonces toma medidas y haz algunos cambios.

El Juego de los Precios

Estrategias Para Fijar el Precio de los Elementos del Menú

Poner precio a un menú debería ser sencillo, pero no lo es tanto. Son muchos los elementos que debe tener en cuenta a la hora de establecer el precio de un menú. Vamos a analizar la dinámica de la fijación de precios de los menús.

Costos Reales de los Alimentos

Muchos operadores viven en el país de la teoría. Piensan que las compras divididas por las ventas indican el costo de los alimentos. Es una ecuación parcial. Sin embargo, el problema es que este proceso no ofrece parámetros de rendimiento para medir lo que ocurre bajo la apariencia del menú.

Es aquí donde se esconden los ingresos.

Tener conocimiento del costo de los alimentos no es un lujo; es un requisito si quieres tener la oportunidad de ganar dinero en una industria conocida por sus márgenes estrechos. Para ello, necesitas una de las siguientes cosas:

- Un programa de costos de alimentos (esto puede ser tan fácil como una hoja de cálculo Excel)
- Un sistema para gestionar restaurantes (como HotSchedules Restaurant Management Platform)
- Un sistema de punto de venta todo en uno como el de Toast

Si quieres participar en el juego de los precios de los menús, tienes que aumentar las probabilidades a tu favor. Eso empieza desde cero: hay que conocer los costos. Precisamente.

Modelo de Precios de las Materias Primas

Otro gran error es establecer los precios de tu menú en función de los de la competencia. ¿Cómo sabes que ellos saben lo que hacen? Quizá tengan el restaurante siempre lleno. Pero, ¿están ganando dinero?

Si puedes ofrecer un servicio y unos productos mejores, ¿por qué fijar el precio de tu menú para competir? La creación de valor es más importante que el precio. Mucha gente se equivoca. Creen que el valor depende únicamente del precio, pero no es así. La creación de valor se produce cuando se ofrecen los elementos intangibles que aumentan la percepción de valor.

Un servicio excepcional, unas instalaciones excelentes, un personal profesional y la presentación de la comida forman parte de la experiencia gastronómica.

Si compites en precios con otros restaurantes, eres un producto básico. Los precios de los productos básicos son una batalla interminable por bajar los precios. Es un juego que no se puede ganar a largo plazo. La única forma de competir es bajar los precios. Si tu competencia hace lo mismo, ambos seguirán bajando sus precios hasta que quiebren.

Crear valor adoptando el espíritu de la hospitalidad.

Aprovecha al Máximo tus Puntos Fuertes

Tu menú tiene que representar lo que mejor sabes hacer. Imagínate tu menú como tu álbum de grandes éxitos. Los Rolling Stones grabaron 439 canciones. Cuando asistes a un concierto de los Stone, ¿quieres escuchar las canciones del "lado B" o sólo los éxitos?

Tu menú debe incluir todos tus éxitos. Estos son los elementos que te permitirán destacar entre los demás. Así se crea la diferencia entre marcas. Si tienes elementos que te diferencian de los demás, el precio de tu menú puede ser diferente. La diferencia es buena. Pongámonos en el caso de Apple. Venden computadoras, laptops y teléfonos, como muchas otras empresas. Ser diferentes es lo que les permite destacar, establecer diferencias entre sus marcas y cobrar un precio superior por sus productos.

Lo Que Soportará el Mercado

Es necesario que investigues un poco y analices los precios de la competencia. Busca menús de tu mercado y anota cuál es el precio de un plato similar que figure en tu menú.

Recopila datos de entre 5 y 7 restaurantes similares de tu mercado. Busca el precio más alto, el más bajo y después calcula el promedio. En función del "valor" que aportes, ¿cuál puede ser el precio de tu artículo?

Si compras una hamburguesa en Albuquerque (Nuevo México), vas a Santa Fe (a 72 km) y puedes cobrar entre 2 y 3 dólares más porque el precio en Santa Fe te lo permite. Recuerda cuándo fue la última vez que estuviste en el aeropuerto y pagaste 5 dólares por una botella de agua y 7 por un yogur. Si tienes un público cautivo, siempre puedes cobrar lo que quieras... hasta cierto punto. Si les pones un precio excesivo y no creen que haya valido la pena, los perderás rápidamente.

Balance del Menú

La clave para ganar en el juego de los precios de los menús consiste en equilibrar los elementos más caros y los más baratos. De nuevo, puedes equilibrar los precios a tu favor aprovechando los principios de la ingeniería de menús y la psicología del consumidor moderno. La ubicación del menú es esencial para conseguir ese equilibrio. Imagínate el menú como un inmueble. Tienes zonas bonitas de la ciudad y lugares a los que no vas después de medianoche. Tu menú es igual.

Hallar el equilibrio perfecto no es un proceso que se haga de la noche a la mañana. Se necesita tiempo para configurar un menú y conseguir el equilibrio adecuado. Como mínimo, necesitarás:

- Para que el precio de la comida sea exacto.
- Un sistema de punto de venta
- Mucha paciencia y concentración

Un nuevo diseño del menú puede aumentar las ventas. ¡Un menú correctamente diseñado aumentará tus ganancias! Las ventas que no se ajustan a los precios llevan al fracaso en el mundo de los restaurantes.

Lo cierto es que no existe una estrategia de precios única para todos los menús. Tienes que considerar tu marca, las condiciones de tu mercado, tus gastos fijos, tu personal y, lo más importante, tus clientes. Al final, serán tus clientes los que te dirán si quieres que gasten su dinero en el precio de tu menú.

Escúchalos.

Guía Para Calcular Los Verdaderos Asesinos de Costo

Cuando se trata de fijar el precio de tu menú, ¿cómo lo hiciste? ¿Has elegido de la nada el precio que te ha **parecido** adecuado? ¿Llamaste a un amigo que tiene un restaurante y le preguntaste? ¿Miraste el menú de otro restaurante y pensaste "me parece justo"? Si lo hiciste, no pasa nada. La policía de los precios de los menús no te arrestará *(aunque debería hacerlo)*.

Determinar el precio de un menú es en parte marketing (lo que se llama posicionamiento) y al mismo tiempo ciencia (conocer los números). Cuando ambas cosas se combinan, se obtiene una combinación que hará que tu menú supere a los de la competencia. Si solo eliges uno, más te vale ser capaz de aguantar la paliza. Los verdaderos asesinos de los costos de los alimentos en tu menú no se esconden en la cocina donde puedas verlos. Los desperdicios, el inventario y la producción son los elementos más fáciles de eliminar en la batalla de los costos de los alimentos. Ganancias fáciles.

Para eliminar a esos asesinos, tendrás que ir a lugares que quizá no habías considerado antes.

No Hay Comparación de Mercados

Si no analizas el mercado, estás un paso más cerca de pasar a formar parte de las estadísticas anuales de restaurantes que deciden cerrar sus puertas. El motivo por el que muchos fracasan en este importante paso es lo que los psicólogos denominan **superioridad ilusoria**. Es un sesgo cognitivo que muchos tienen y que explica por qué muchos sobrestiman sus propias capacidades. Crees que eres más inteligente que el mercado y que puedes poner precio a tu menú sin necesidad de datos que respalden tus decisiones. *Lo siento, pero no eres tan inteligente.*

Investiga. Busca un producto que puedas compartir. Si tu restaurante es italiano, probablemente tengas lasaña en tu menú. Crea cinco columnas y, en la parte superior, escribe los nombres de los restaurantes. A la izquierda, escribe los platos del menú y después empieza a poner los precios. *¿Cómo queda tu lasaña? ¿Es la de precio más alto, más bajo o está en el medio?*

Sea cual sea tu posición, no saques conclusiones precipitadas. No tomes ninguna decisión todavía porque hace falta algo más de información. **No hay que decidir solo por el precio**. Estamos buscando esa cosa difícil de alcanzar en marketing que se conoce como posicionamiento.

Posicionar el Menú para Lograr el Éxito

Posicionar tu marca en el mercado implica tener un conocimiento del mismo. Específicamente, hay dos elementos en los que debe pensar: ¿el mercado se rige por la demanda o por el precio?

Mercado Regido por la Demanda: Si tu mercado es pequeño, es posible que el concepto de tu restaurante sea único. Ahora, si tienes un menú que destaca de verdad y hay poca competencia, estarás en condiciones de poner un precio más alto a tu menú si también eres capaz de ofrecer lo que tu cliente considera como valor (donde el servicio y la calidad de la comida coinciden). Entonces tendrás más control sobre la dinámica de los precios. La regla de oro: el que tiene el oro manda, o en términos económicos: la oferta y la demanda.

Si eres el único restaurante de tu mercado que vende hamburguesas Akaushi y "si" tus clientes buscan hamburguesas gourmet, eres el oro.

Mercado Regido por los Precios: Vendes hamburguesas gourmet, y lo mismo hacen muchos otros. Estudias el mercado de la competencia y ves que la hamburguesa más cara de tu mercado cuesta 11 $. Como hay bastante competencia, será difícil que pidas 14 $. La pregunta aquí es: *¿qué soportará tu mercado?*

Volviendo al Precio de la Lasaña

- Para continuar con nuestro acertijo sobre el precio de la lasaña del ejemplo anterior. Te das cuenta de que tu lasaña, comparada con otras de tu mercado, tiene un precio medio de 14 $. Te gustaría ponerle un precio de 16 $. ¿Crees que deberías hacerlo? Entonces responde a estas preguntas con sinceridad:

- *¿Utilizas mejores ingredientes?* Papa John's logró que su marca se diferenciara del resto de pizzerías con su famoso eslogan "mejores ingredientes, mejor pizza". Si utilizas el mejor producto que puedas conseguir, te pagarán más. Pero el truco está en que hay que promocionarlo. Sabes que utilizas lo mejor. Tu personal lo sabe.

  ¿Pero tus clientes también?

- *¿De qué trata tu marca?* ¿Eres un restaurante de lujo, de comida rápida, de servicios rápidos? Todos estos tipos de restaurantes implican una percepción del precio. No importa si tu lasaña es la mejor del mercado (todos los restaurantes piensan que la suya lo es), pero si eres un restaurante de servicio rápido en una zona de comidas, no podrás conseguir el mismo precio que un restaurante de lujo con servicio completo y manteles.

- *¿Has calculado el costo de cada porción del plato?* Por ejemplo, un plato común, como la lasaña. Tú o tu chef lo ven en el plato y empiezan a hacer ajustes en la presentación. Crees que la ración es demasiado pequeña. ¿Quizás necesita un adorno fresco? ¿Qué tal un poco de aceite de espinacas y albahaca frita? Le hace falta más queso fresco por encima. Rápidamente, ese asombroso precio teórico de la comida se ve afectado por un montón de costos ocultos que nunca incluiste en la receta, y ahora tu precio se convierte en un asesino para tus ganancias.

El marketing puede ayudarte a mejorar el posicionamiento de precios si eres capaz de demostrar "por qué" eres diferente. Si te ves obligado a posicionarte en el extremo inferior de la escala de precios, prepárate para la "guerra de productos básicos" que te espera. Los restaurantes situados en el centro del mercado *(también conocidos como medios)* participan en guerras de precios que devalúan sus marcas. El ser humano tiende de forma muy natural a ser competitivo, y en cuanto las emociones intervienen a la hora de poner precio a su menú, ahí concluye todo.

Los verdaderos asesinos de los costos alimentarios no se esconden a plena vista. Acechan en las sombras de la ignorancia del marketing, la determinación de precios por instinto (no por datos), el mal posicionamiento de la marca y la falta de atención a todos esos "extras" que se ponen en el plato.

Si no tienes ni siquiera los fundamentos (como calcular el costo de tu menú por completo), no deberías intentar calcular el precio de tu menú y esperar ganar dinero. Si lo haces, felicidades, tienes un pasatiempo y no un negocio.

El Reto del Menú: Pide los Productos con la Menor Mezcla de Ventas.

La mayoría de los líderes de restaurantes prueban las novedades del menú y tienen platos favoritos que siempre piden. Sin embargo, degustar algunos de los productos menos populares del menú nos da una idea de cómo es un producto cuando los ingredientes ya llevan un tiempo en el mercado y nos permite preguntarnos por qué este producto es el menos popular. ¿Quieres participar en este reto? Anota tus observaciones en las notas.

Las 3 Cosas que los Menús Exitosos Deben Tener

Tu menú es muchas cosas. Es una herramienta de marketing. Es una tarjeta de presentación. Es tu marca. A menudo, los menús no se respetan como es debido.

Tu menú es mucho más poderoso de lo que crees. Es la única cosa de la que puedes estar casi seguro que se verá cuando alguien visite tu restaurante. El menú define las expectativas y la experiencia de los clientes. Junto con el ambiente y el equipo, el menú es prácticamente el protagonista, y el resto son solo actores secundarios.

A la hora de diseñar el menú, debes tener en cuenta numerosas opciones. Existen tres reglas de oro que todo menú exitoso debe seguir. Si quieres que tu negocio tenga el impacto que puede tener un gran menú, sigue estas tres reglas.

1. ACCESIBLE

El menú debe ser accesible desde el punto de vista del cliente.

Es fantástico tener en tu carta platos emblemáticos. Son necesarios. Serán la diferencia de tu marca dentro de un mercado saturado.

Que esté en inglés. Si el cliente no sabe qué pedir, disminuyen drásticamente las posibilidades de que lo pida. Claro que tendrás clientes atrevidos que harán preguntas al equipo de servicio y que estarán ansiosos por explorar los ingredientes exóticos de tu menú. Pero la mayoría de los restaurantes no pueden subsistir limitándose a un pequeño nicho de mercado. A no ser, claro está, que seas un chef famoso y puedas pedir 100 dólares o más por uno de tus menús de degustación. Si eres uno de esos chefs, entonces deja de leer y vuelve a la cocina con tu bote de espuma.

2. CONTENIBLE

Numerosos chefs y dueños de restaurantes son capaces de diseñar menús sofisticados que atraen a clientes hambrientos. El problema viene a la hora de elaborar esos menús. Hasta que los clientes no prueban el primer bocado, el restaurante sólo habla por hablar.

Los menús deben diseñarse para que el equipo culinario pueda elaborar cada elemento del plato a la perfección. Los grandes menús con complejos elementos de emplatado (como tres infusiones de aceite diferentes, hilos de zanahoria y microgreens como guarnición) suelen retrasar las cocinas. Tampoco hay que prestar atención al número de elementos del menú que salen de cada estación. Si el menú tiene diez platos para saltear y sólo se cuenta con una cocina de cuatro fuegos (a menos que el cocinero encargado de los salteados sea como Flash), es probable que los platos se alarguen. No hay nada que perjudique más a un menú que una mala sincronización en la cocina. Todos los platos tienen que llegar a la vitrina lo más pronto posible. No hay nada más revelador que el hecho de servir la mitad de la mesa y retrasar el resto de la comida otros 15 minutos.

Cada vez que se diseña un menú, hay que tener muy en cuenta la funcionalidad y la fluidez.

3. RENTABLE

Para que tu menú genere ganancias, tienes que saber cuánto cuesta cada plato del mismo. Es imposible evitarlo.

Con la tecnología moderna, no hay excusa para que no puedas controlar y gestionar el costo de tu comida. HotSchedules tiene una plataforma completa de gestión de restaurantes que incluye programas para ayudarte a gestionar el inventario, controlar los costos, programar, reclutar, capacitar, mantener formularios en línea, un libro de registro del gerente, e incluso analizar la información de tu sistema POS.

Upserve POS es otro de los pioneros del sector en lo que respecta a la capacidad de analizar los datos de su sistema de punto de venta con sistemas integrados en su software. Las tarjetas regalo, los programas de fidelización, la gestión de pedidos en línea y el software de gestión de relaciones con los clientes están todos integrados en un único sistema.

La rentabilidad de los menús no surge de la nada. Se diseñan, analizan e implementan cuidadosamente y con una precisión y responsabilidad implacables. Una vez que el menú está listo y en funcionamiento, la cuestión no acaba ahí. Hay que analizar constantemente los datos y tomar decisiones inteligentes sobre qué productos añadir o quitar. Tu menú es tu principal herramienta de marketing y de rentabilidad. *Trátalo con respeto.*

Esta historia está relacionada con el diseño de menús:

El Viejo, el Niño y el Burro

Déjeme explicarte una historia que describe a la perfección la forma en que la mayoría de los restaurantes diseñan sus menús.

Un viejo, un niño y un burro iban a la ciudad: El niño montaba en el burro y el viejo caminaba a su lado. Cuando iban de camino, se cruzaron con algunas personas que comentaron que era una pena que el viejo caminara y el niño estuviera a caballo. El hombre y el niño pensaron que tal vez las críticas eran ciertas, así que cambiaron de posición.

Más tarde, se cruzaron con algunas personas que comentaron, *"¡Qué vergüenza! Hace caminar a ese niño".* Entonces decidieron que ambos caminarían.

No tardaron en cruzarse con otras personas que pensaban que era **estúpido ir a pie** cuando tenían un burro en condiciones para montar. Así que los dos montaron en el burro.

Después, se encontraron con unas personas que los **avergonzaron** diciéndoles que era horrible cargar tanto a un pobre burro. El niño y el hombre dijeron que tal vez tuvieran razón, por lo que decidieron cargar con el burro. Al cruzar el puente en dirección a la ciudad, perdieron el control del animal, que cayó al río y se ahogó.

¿La moraleja de la historia? *Si intentas satisfacer a todo el mundo, será mejor que te despidas.*

Eso se aplica también a tu menú, si intentas serlo todo para todos.

MARKETING

"El objetivo del marketing no es vender. Es mantener tu marca en lo más alto de la mente".

–Donald Burns, The Restaurant Coach™

Los 10 Mandamientos del Branding para Restaurantes

Hay muchos elementos en juego que conforman un gran restaurante. Un excelente servicio y comida forman parte de esa misma fórmula. Pero el elemento más difícil de alcanzar, el branding o la marca, es fundamental para que los profesionales de los restaurantes de todo el mundo sigan teniendo clientes.

Consideremos los elementos de un restaurante como si fueran el cuerpo humano. Como dueño, tú eres el cerebro. Envías señales al resto del cuerpo para que siga funcionando. Tu equipo es el corazón de tu restaurante. Es posible que tu corazón no esté al 100%, y aún así puedes sobrevivir (durante un tiempo). La rentabilidad es la sangre; tu restaurante necesita de ella para seguir vivo. Tu marca es como el aire. No se puede vivir mucho tiempo sin aire.

Considera los siguientes 10 Mandamientos del branding o de la marca para restaurantes y piensa en ellos como si el propio Moisés los hubiera bajado de la montaña tallados en tablas de piedra. Si violas estas reglas sagradas, te arriesgas a la ira de los dioses de los restaurantes y de tus clientes.

1. PROTEGE TU MARCA SIEMPRE

Esta es una lección muy importante que aprendí trabajando para Wolfgang Puck. En cada decisión empresarial que tomes con respecto a tu restaurante tienes que preguntarte siempre lo siguiente: "¿Esto mejora o perjudica a mi marca?".

¿Quieres añadir un nuevo plato al menú? ¿Encaja con tu marca? ¿Contratas a nuevos empleados? ¿Encaja con la cultura de nuestra marca?

Si quieres mejores resultados, tienes que hacer preguntas de mejor calidad.

2. LAS MARCAS QUE NO APORTAN VALOR O NO PRESTAN SERVICIOS NO DURAN.

Tu marca tiene que estar "centrada en los demás". Hay demasiados restaurantes que trabajan pensando en lo que es más fácil para los dueños y los empleados y no pensando en lo que es mejor para los clientes. Tal vez tengas la mejor comida del mundo, y quizá también consigas clientes por ello. Tu restaurante no estará en el corazón de tus clientes hasta que te centres en ellos.

3. NUNCA DEVALÚES TU MARCA.

Recuerda las palabras de El Guasón en El Caballero Oscuro: *"Si eres bueno en algo, ¡jamás lo hagas gratis!"*.

Cuando te subes al "tren de los descuentos", estás condenando a tu restaurante al fracaso.

Los descuentos también obligan a tus clientes a pensar que estás dispuesto a devaluar tus productos. ¿Por qué los clientes querrían pagar 9 dólares por unos calamares cuando pueden conseguir el mismo plato a 4 dólares en la happy hour? Si quieres conseguir más clientes en los diferentes horarios de las comidas, entonces prepara platos que tengan un precio más bajo y que se adapten a ese horario.

Ofrecer todos los aperitivos a mitad de precio durante la happy hour devalúa tu menú de siempre. Un menú de platos pequeños especialmente diseñado para la happy hour, con platos creativos que no suelen estar en el menú, atraerá clientes a tu local.

4. TU MARCA NECESITA UNA HISTORIA: UNA MALDITA HISTORIA BUENA.

A las personas les encantan las historias. Las marcas grandes cuentan su historia a todo el mundo. ¿Quién no sabe que Apple empezó en el garaje de Steve Job? ¿Tu receta de pastel de carne es heredada de tu tatarabuela? ¿Sólo utilizas aceite de oliva español para terminar tu pasta, debido a un viaje que hiciste a Europa? Las historias aportan el elemento humano de una marca.

5. ROMA NO SE CONSTRUYÓ EN UN DÍA, Y TAMPOCO UNA GRAN MARCA.

Cuesta cierto tiempo crear una marca, y aquí es donde muchos dueños fracasan. Esperan que todo el mundo se enamore de su marca tan rápido como ellos. Lo cierto es que muy pocas marcas triunfan de la noche a la mañana.

Tienes que confiar en tu marca aunque los tiempos sean difíciles. Créeme: cuestionarás tu marca. Todos los días no van a ser felices. Y aquí es donde muchos dueños de restaurantes se desorientan. Cuando la situación se pone difícil, se alejan de la marca que han creado. Comienzan a aceptar consejos de otros (muchos no tienen experiencia en restaurantes), y la marca se "diluye".

Esta es la pregunta que debes recordar: "Si no sabes cuál es tu marca, ¿cómo esperas que tus clientes lo sepan?".

En la película de los 80 Top Gun, el personaje de Tom Cruise pierde la fe en quién es. Es demasiado confiado. Cuando se ve enfrentado a pilotos de talla mundial, empieza a dudar de sí mismo. Enseguida se da cuenta de que hay reglas que tiene que cumplir para aceptar la cultura de la excelencia que necesitan los pilotos de combate para convertirse en lo mejor de lo mejor. Crea un dicho que él mismo se repite una y otra vez: "¡No voy a dejar a mi compañero de equipo!". Tú necesitas desarrollar un mantra similar: "**¡No voy a dejar mi marca!**".

6. TU MARCA DEBE REPRESENTAR ALGO. SI NO REPRESENTAS ALGO, TE CREERÁS CUALQUIER COSA.

Las marcas que tienen en común una causa descubren un nicho que conecta rápidamente con los clientes. A la gente le gusta lo que es como ellos. Tomemos el ejemplo de un restaurante que tiene un patio al aire libre y admite perros. Tienen cuencos de agua y "galletas para perros" hechas en casa para los clientes. Así conectan con un grupo que ha demostrado que si tú quieres a mi perro, yo querré tu marca.

7. LAS GRANDES MARCAS TRIUNFAN GRACIAS A LA COHERENCIA.

La incoherencia provoca la muerte de cualquier empresa. Si permites que tu equipo se comporte con indiferencia, que no te sorprenda cuando traten a tus clientes con la misma indiferencia. Si permites que tus cocineros utilicen atajos y comprometan los estándares, no te sorprendas cuando tus clientes escriban críticas en Internet sobre la inconsistencia de la comida.

8. TU MARCA TIENE QUE CONECTAR CON EL LADO EMOCIONAL DE LAS PERSONAS.

Los expertos en conducta dicen que somos criaturas sociales por naturaleza. Las marcas exitosas entienden y aprovechan lo que antes se mencionaba como "el elemento humano". Fíjate en los anuncios de perfumes o colonias. Es imposible que viendo un anuncio de televisión sepas qué olor tendrá ese producto. Muestran imágenes de gente guapa, haciendo cosas maravillosas en lugares maravillosos. Estas imágenes despiertan emociones. Las emociones venden cosas. Y punto.

Las marcas de restaurantes saben explotar una gran variedad de emociones humanas, como el romanticismo, la aventura o el estilo. Un restaurante pequeño y privado podría decir: "Nuestro restaurante ha sido elegido el número uno con las vistas más románticas de la ciudad". Aviva esa chispa y haz una reservación para cenar esta noche en Chez Paris".

El humor es otra gran emoción que los restaurantes pueden aprovechar. ¿Qué tal una pizzería que publica en las redes sociales: "Me has convencido con la mozzarella", o un personal que lleva camisetas que dicen: "Legalicen la Marinara"? La gente se relaciona con las marcas que no se toman demasiado en serio a sí mismas. Parafraseando una famosa cita de Marilyn Monroe: "Si puedes hacer reír a alguien, puedes hacer que haga cualquier cosa".

9. TU MARCA TIENE QUE EXPLICAR "POR QUÉ" LO HACES.

Simon Sinek tiene un libro increíble titulado *Empieza con el Porqué*. En él analiza el concepto de que la mayoría de las marcas se concentran en decir lo que hacen y cómo lo hacen. Sinek explica que las grandes marcas cuentan sus motivos. A los expertos en marketing les gusta utilizar las palabras "diferencia de marca" o "propuesta única de venta". La mayoría de los restaurantes saben describir adecuadamente qué hacen y cómo lo hacen para destacar dentro del mercado. Las grandes marcas de restaurantes conectan al nivel emocional del "porqué".

Así lo hace Chipotle. "Creemos que la comida no sólo debe ser fresca, sino que además no debe contener hormonas, antibióticos ni transgénicos. Creemos que la comida debe prepararse a la vista para que puedas ver nuestro compromiso de utilizar productos frescos, locales y sostenibles. Además, preparamos un burrito buenísimo". Cuando explicas el porqué de lo que motiva tu restaurante, destacarás tanto en el mercado que los demás tendrán que ponerse al día.

10. SI NO DESTACAS ENTRE LA MULTITUD, PASARÁS A SER PARTE DE ELLA.

Si has seguido atentamente los 9 Mandamientos anteriores, entonces este es el broche de oro. Ten una gran historia que explique tu porqué. Conecta con el lado emocional de la gente y aporta valor. Sé coherente con tu promesa de marca y enfócate en el cliente. En tiempos difíciles, tienes que creer en tu marca. Si sigues estos mandamientos del branding, descubrirás que tu restaurante destaca definitivamente entre la multitud.

Cómo Están Cambiando las Redes Sociales para los Restaurantes

A menos que vivas en una cueva o en una isla desierta, ya habrás visto el impacto que las redes sociales han tenido en el mundo. Para un restaurante independiente, las redes sociales se han convertido en un arma de destrucción masiva con la que puede competir con las grandes marcas. No es necesario un presupuesto multimillonario para ser eficaz en las redes sociales. Sin embargo, hay que ser listo, inteligente y tener un plan de acción.

Hay demasiados restaurantes que se limitan a hacer publicaciones al azar en las redes sociales, pensando que eso es el marketing en redes sociales. Pero no es tan fácil. Es necesario tener algunas piezas en su lugar si quieres ser capaz de comercializar contra los Chipotles de la industria.

Otros Modelos

Si quieres evitarte problemas con el marketing en redes sociales, lo mejor es que sigas el modelo de los negocios que están obteniendo resultados. Observa algunos de los restaurantes que obtienen grandes cifras en tu mercado, investiga a fondo lo que hacen y haz algo parecido. ¿Pero eso no significa que los imites? Significa que debes mirar más allá de la superficie.

¿Qué factores emocionales utilizan? En el fondo, el marketing consiste en provocar emociones. Si lo entiendes, conseguirás más "me gusta", "compartidos" y "comentarios". La gente desea que la motiven a actuar. Si pones los mismos mensajes aburridos sobre tu comida o cena diaria, sólo conseguirás perderte entre los miles de restaurantes de tu mercado que hacen lo mismo todos los días. Tienes que dar un paso más allá de la sensación de hambre.

Aprovechar las diferentes emociones es vital para conseguir el éxito en el marketing de los restaurantes en las redes sociales. Necesitas tener un repertorio de emociones que puedas aprovechar. Considéralo como el sazón para una receta. No basta con sal y pimienta para todas las recetas. A veces hay que añadir azafrán y cayena.

Numerosos restaurantes juegan con el humor y, para algunas marcas, es una buena opción. Analiza detenidamente tu perfil de mercado (también conocido como tu avatar) para encontrar más estímulos emocionales.

Tu avatar es un proceso en el que debes profundizar para crear un personaje imaginario que compre tu producto. Cuanto más detallado seas sobre esa persona ideal que deseas que visite tu negocio, más eficaces serán tus redes sociales".

Ahora, es posible que tu restaurante tenga un avatar principal, y tendrás también otros secundarios. Lo más importante es que te des cuenta de que tu restaurante no puede ser de todo para todos. Es una receta para el fracaso. Es mejor ser algo para alguien. Lo ideal es estar en un nicho específico. Dominar ese nicho es tu objetivo.

Comprender la Jerarquía

Siempre hay una jerarquía social. Así son las cosas en el mundo. Las redes sociales no son diferentes, ya que no todas las publicaciones en redes sociales son iguales para tus seguidores. Si sabes lo que quieren tus invitados y les das más de lo que quieren (no lo que tú crees que quieren), descubrirás la segunda clave del éxito en las redes sociales.

Palabras Escrita

Las publicaciones simples con texto y sin nada más se encuentran en la parte inferior de la jerarquía. Al principio de las redes sociales, esto era lo único que se tenía. Pero los tiempos están cambiando y, aunque las palabras pueden seguir siendo poderosas, por lo general se pasan por alto.

Incluso Facebook se dio cuenta de esto y dispone de una nueva función que hace que las publicaciones con palabras cortas (35 caracteres o menos) sean mucho más grandes que el texto normal. Facebook llama a esta función "texto dinámico", y atraerá la atención hacia las publicaciones de palabras sencillas. Es todo un reto transmitir lo que quieres decir en sólo 35 caracteres.

Imágenes

Dicen que una imagen vale más que mil palabras. Es cierto si es la imagen adecuada la que refuerza el mensaje. Asegúrate que las imágenes que publiques despierten emociones o muestren elementos emocionales. Las fotos de la comida son estupendas si están bien hechas. Pero, por desgracia, muchos restaurantes publican fotos de su comida que están por debajo de lo deseable. Una de las mejores fotos que puedes publicar es una en la que aparezcan tus clientes disfrutando de tu restaurante. Nada transmite un mensaje tan positivo como una foto de gente divirtiéndose.

Además, puedes ir entre bastidores y ofrecer a tus seguidores en línea un vistazo al equipo culinario en acción durante el servicio. Al público le encanta poder observar "detrás del telón" los secretos del sector de los restaurantes, de los que tanto presumen libros infames como *Kitchen Confidential*, del difunto Anthony Bourdain. Cuando publiques fotos de este tipo, prueba a usar un filtro de blanco y negro para realzar el tono.

Imágenes con Palabras

El siguiente nivel es añadir texto a las fotos. *Feliz Cumpleaños, Feliz Aniversario* o hasta el nombre del plato sirven de mucho para potenciar una foto normal y conseguir más visitas. La gente se está volviendo un poco perezosa a la hora de leer los posts, y esto ayuda a que tomen una decisión mucho más rápida sobre si quieren seguir leyendo o no.

GIFs

Oh, el GIF (o archivo de formato de intercambio de gráficos). A no ser que sigas escondido en esa cueva de la que hablábamos antes, seguro que ya los conoces. En pocas palabras, son imágenes que se mueven. Si crees que una imagen es buena, a veces un GIF es mejor. Incluso Apple ha facilitado el uso de los GIF permitiéndote buscar y añadir uno en iMessage.

A lo mejor te encantan, o a lo mejor los odias. Pero la cosa es así: a los millennials les gustan. ¿Por qué? Porque nos conectan con nuestra forma de comunicarnos: no verbalmente. Según estudios, el 55% de nuestra comunicación es no verbal. Los GIF lo hacen posible. ¿Dices que estás entusiasmado con tu nueva carta de postres? Añade un GIF de una chica brincando y ahora entenderán la emoción que hay detrás de las palabras. Eso es poderoso.

Vídeos

Si una imagen vale más que mil palabras, entonces un vídeo vale más que un millón. Ahora que la mayoría de la gente tiene un teléfonos inteligentes, todo el mundo puede publicar vídeos en Internet. Antes tenías que contratar a un equipo para que viniera, grabara y editara el vídeo para publicarlo en Internet. Ahora sólo tienes que pulsar el botón, grabar y compartir.

Es una herramienta enorme para igualar el terreno de juego con las grandes cadenas de restaurantes. Si eres lo suficientemente creativo y atrevido, podrás crear un vídeo para tu marca con opciones de convertirse en viral. ¿Qué fuerza tendría capturar un acontecimiento único en la vida, como el compromiso de una pareja en tu restaurante? ¿Qué tal grabar un vídeo del chef en el mercado agrícola local hablando de los increíbles productos?

Por desgracia, el vídeo no es utilizado por muchos restaurantes para hacer llegar su mensaje al mercado. Pero si quiere que su marca domine y no sólo compita, tiene que publicar más vídeos.

Saber que la Demografía está Cambiando

Cuando surgieron las redes sociales, la gente era muy selectiva con lo que publicaba. Sólo compartían las fotos en las que se veían mejor. Pasamos de coleccionar recuerdos a compartir el momento.

En la actualidad, las publicaciones en las redes sociales se realizan de forma mucho más espontánea. Los millennials compartirán en Snapchat vídeos cortos aleatorios de su desayuno, o se pondrán orejas de perro y lengua con un filtro. Sin duda, las redes sociales están cambiando y nosotros, como sector, debemos adaptarnos a ellas. Necesitamos hablar en las redes sociales de la misma forma en que se comunican nuestros clientes.

Eso significa dejar de lado la fachada y ser realistas. Explotar las emociones humanas y dejar que la gente conozca las caras que hay detrás de tu marca.

- *Sé accesible.*
- *Sé realista.*
- *Defiende una causa.*
- *Apoya a una organización benéfica.*
- *Siéntete orgulloso de tu equipo.*
- *Sé miembro de tu comunidad.*
- *Sé divertido.*
- *Sé una autoridad.*
- *Sé un icono.*

Sé humano.

4 Consejos para Llevar las Redes Sociales de tu Restaurante a un Nuevo Nivel

Si estás en una cafetería o restaurante, observa a tu alrededor. Verás a gente con sus teléfonos inteligentes, tablets y laptops.

Conectarse a Internet y a las redes sociales es nuestra nueva adicción. Se dice que el estadounidense promedio pasa alrededor del 19% de su día, o alrededor de 4,7 horas, en alguna de las redes sociales.

Esto es muy emocionante para los restaurantes.

Sí, está comprobado que pasamos más tiempo mirando el teléfono que a personas reales. Pero lo bueno es que tu restaurante tiene un público muy cautivo. Están sentados ahí, pendientes de ser atraídos por tus publicaciones en las redes sociales. Tienes que alejarte de las mismas cosas de siempre que has estado publicando y salir del montón.

Aquí tienes cuatro consejos para mejorar las redes sociales de tu restaurante y empezar a impresionar a tus clientes (y atraer a muchos clientes nuevos).

1. EN DIRECTO

Si quieres alcanzar niveles altos en tus redes sociales, tienes que conocer dos palabras: Transmisión en directo.

Conforme las redes sociales crecen y se vuelven más dinámicas, necesitarás hacer mucho más que publicar cosas que llamen la atención. Tienes que hacer que se compartan. Las transmisiones en directo son el medio para dar a conocer tu marca. Una gran plataforma que causa furor es Facebook Live. También puedes transmitir en directo en Instagram, Twitter y LinkedIn. **Es un mundo en directo y tienes que formar parte de él.**

Los vídeos son más espontáneos y te permiten mostrar lo que ocurre tras bambalinas. Mientras que para las fotos de comida hay que tomarse más tiempo, para el vídeo hay que ser un poco más espontáneo. Podrías tener preparada una pregunta para tus empleados, como "Dinos por qué te gusta trabajar en Joe's Diner". Luego pulsa el botón y ¡en directo!

¿Va a ser perfecto? Probablemente no. ¿Será real? **Por supuesto**. La transmisión en directo te permite compartir lo que ocurre en tiempo real, y eso es lo que atrae a la gente. Si estás nervioso por la idea de hacerlo en directo, puedes hacerlo "semivivo" en plataformas como Snapchat.

Anímate.

Quizá puedas transmitir en directo una clase de cocina o ver tras bastidores una sesión de planificación de menús con el equipo culinario. Deja que la gente vea la diversión. Que vean el caos. Que formen parte de la experiencia.

Utiliza una llamada a la acción.
Pon el vídeo y dile a la gente que venga a verlo por sí misma. Muchas publicaciones en las redes sociales resultan aburridas, en el sentido de que nunca piden al cliente que haga algo. Si ofreces un servicio y una comida excepcionales, no tengas miedo de pedirles que se acerquen y te acompañen. Además, si utilizas Snapchat o Instagram Stories, estos mensajes funcionarán hasta 24 horas después de su publicación.

Sé coherente.
Gracias a la transmisión de vídeo en directo, tendrás un canal para comunicarte en directo con tus invitados. Hasta puedes ponerle un nombre para darle credibilidad y conseguir seguidores. ¿Quizás haya una **transmisión en directo de Chef's Table** en el futuro? Sólo tienes que asegurarte de que sigues con él y de que haces transmisiones con regularidad. No hay nada peor que ilusionar a la gente con algo y luego abandonarlo.

Es cómodo actuar. Como dice la famosa frase de Nike... ¡Sólo hazlo! Hay que dar el primer paso y actuar. Si tus hijos adolescentes pueden hacerlo, ¡tú también puedes!

2. POR FAVOR, MEJORES FOTOS

Cada vez son más las expectativas de los usuarios de teléfonos inteligentes en cuanto a nuevas funciones, y algunos fabricantes como Apple y Samsung se han encargado de cumplirlas.

Sácales provecho para dotar a las fotografías de tu restaurante de una gran profundidad.

Por ejemplo, los iPhone 10 y 11 disponen de una función de retrato en el modo de cámara que te permite enfocar detenidamente un sujeto mientras desenfoca el fondo para darle más textura y contraste. Esto te permite mostrar realmente el ambiente de tu restaurante.

Observa los colores del plato. En las redes sociales hay muchas fotos monocromáticas en las que los colores parecen planos y sin vida. Quieres fotos que provoquen sensaciones y justifiquen volver a mirarlas. Un filete con papas asadas y un Demi glacé marrón tienen colores demasiado parecidos para que el ojo se fije en ellos. Por tanto, suelen pasarse por alto en las redes sociales con mucha facilidad.

Usa luz natural cuando sea posible porque es la que proporciona el mejor aspecto general a las fotos. Es posible que un comedor oscuro con luz fluorescente cree un buen ambiente para una cena, pero tiende a empañar las fotos de la comida y las personas con un tono amarillento. No, gracias.

3. PUBLICA MÁS

Es posible que esto sea contradictorio con lo que dirían algunos "expertos en redes sociales". Pero hay que tener en cuenta la inmensidad de Internet y entender que, para crear interés en tu restaurante, tienes que ser el primero en las redes sociales. Eso significa incrementar el número de publicaciones diarias.

El típico restaurante publica una vez al día. Eso es como lanzar una piedra al océano y pensar que vas a hacer una ola.

Y no lo conseguirás así.

Tienes que explotar el verdadero poder de las redes sociales mediante la sinergia de tres plataformas: Facebook, Twitter e Instagram. Si no estás utilizando las tres y las utilizas de forma coherente, entonces toma un cubo lleno de piedras y empieza a lanzarlas al océano de las redes sociales. Invertirás mucho esfuerzo para obtener muy pocos resultados.

Usa una herramienta de gestión de redes sociales como Buffer que te ayude a analizar los datos. Utilizas tu sistema POS para que te ayude a llevar mejor y más rentablemente tu restaurante, ¿verdad? ¿Y por qué no utilizar los datos de una herramienta de gestión de redes sociales para ser más eficaz a la hora de publicar en las redes sociales?

Sin gestión de las redes sociales, sólo estarías adivinando y esperando a que lo que estás haciendo funcione. Recuerda que tener esperanzas no es una estrategia.

Los datos te dirán en qué momento tus publicaciones consiguen más seguidores y visitas. Del mismo modo que los datos de tu sistema de punto de venta, toma esa información y crea más cosas por el estilo.

No te asombres cuando veas los resultados de los datos. Tal vez pienses que publicar a las 4 de la tarde es un buen momento para informar a la gente sobre tus funciones de la noche, y entonces los datos te dicen que ¡más gente ve tus publicaciones a las 10:30 de la noche! Adapta la estrategia de tu restaurante en las redes sociales y publica cosas de noche para que tengan más visitas y más "me gusta".

Las redes sociales no sirven para vender. Es necesario repetirlo: *las redes sociales no sirven para vender*. Lo importante es que tu marca esté en boca de todos.

Quieres que te consideren "la opción" en el mercado. Toma ejemplo de las grandes marcas que anuncian en formatos tradicionales como la televisión. ¿Ves un solo anuncio de Little Caesar's Pizza a la semana? Pues no. Ese anuncio llega a tu subconsciente hasta que cantas el eslogan "Pizza, Pizza" como si fueras un loro.

Esta es una buena manera de empezar: lo que sea que estés publicando ahora, **¡duplícalo!**

4. USA LOS HASHTAGS CON FERVOR

Los hashtag se utilizan como un sistema de archivo para Internet. Es necesario que estén adjuntos a cada publicación que hagas.

Tres reglas sobre los hashtags:

- Tienen que ser relevantes
- Deben identificar tu marca
- No te pases: demasiados hashtags saturan una publicación y hacen que parezca una divagación excesiva.

Controla los hashtags hasta un máximo de tres por publicación, porque si no puedes tener una publicación como ésta.

"Asegúrate de pasar por la pizzería Donald's para cenar esta noche. Es la noche del BOGO: ¡compra una pizza grande y llévate otra por solo 5 $! #hashtag #restaurant #chef #dinner #eat #pizza #foodislife #Boston #myrestaurant #chefsname #beer #feature #wickedfood #whynot #getdownhere #DonaldsPizza #onemorehashtag"

¿Entiendes lo que quiero decir?

De ser posible, también investiga tus hashtags. Cuando escribas un hashtag en Twitter o Instagram, el sistema te dirá cuántas veces se ha utilizado. Debes tener al menos un hashtag que sea muy popular, para que tu publicación aparezca en esa búsqueda. Cuando tengas un hashtag popular, crea uno único para tu marca si eres un concepto de tacos, tal vez algo como #CarpeTaco para mostrar tu pasión por ¡aprovechar el taco!

El último hashtag siempre debe ser el nombre de tu marca. Sí, tu nombre está en la cuenta de usuario. Sin embargo, quieres empezar a construir tu nombre en Internet como una etiqueta de búsqueda. Eso significa que cada publicación lleva tu nombre de marca.

¡A trabajar!

Llevar tu estrategia en las redes sociales a un nivel superior es más fácil cuando subes las exigencias y te comprometes a ir más allá de tu zona de confort.

Ir por lo seguro puede ser bueno para el restaurante promedio. Los restaurantes promedio no se hacen notar y no consiguen que se hable de ellos.

Las redes sociales son una poderosa herramienta para los restaurantes que se atreven a aprovecharla. Puedes hacer ruido y ser visto, o permanecer en la sombra con la mayoría. Como ocurre con tantas cosas en la vida, puedes elegir.

¿Qué estás dispuesto a hacer para que se fijen en tu restaurante?

4 Formas en que los Restaurantes Independientes Pueden Superar a las Grandes Cadenas

¡Vienen las cadenas! ¡Vienen las cadenas! Bien, respire hondo, no es tan grave. Para muchos restaurantes independientes, la entrada de una gran cadena de restaurantes en su mercado es motivo de miedo y pánico. En realidad, deberían verlo como una oportunidad para marcar las diferencias con las grandes empresas.

Mientras que las cadenas tienen las de ganar cuando se trata de un gran presupuesto de marketing, existen algunas formas inteligentes de contrarrestar esta amenaza. Aprovecha tus puntos fuertes. Enseña lo que te hace diferente. Las cadenas de restaurantes cuentan con un complejo sistema de cambios que es su talón de Aquiles. La guerra entre cadenas y restaurantes independientes puede asemejarse a la épica historia de David contra Goliat. Todos sabemos cómo le fue a Goliat.

Estas son cuatro claves para superar a las grandes cadenas:

1. JUEGA LA CARTA LOCAL.

A no ser que la cadena de grandes empresas se haya fundado en tu ciudad, esto es una gran ventaja. Deberías aprovecharla todos los días. Tú eres local, ellos no. Los restaurantes tienden a utilizar ingredientes locales. Hay que llevar esa filosofía más allá para que las comunidades apoyen a los restaurantes locales.

Cuando los ingresos se producen y se gastan en la misma comunidad, las economías locales prosperan. Es una estructura económica sostenible. Aprovéchala a tu favor.

Por otra parte, ser un negocio pequeño te permite hacer cambios mucho más rápido que las grandes empresas. ¿Existe alguna tendencia que crees que tiene potencial en tu mercado? Como independiente, no tienes que esperar a un consejo de administración o a un comité para introducir cambios. Ser pequeño significa que puedes moverte más rápido.

2. ENCUENTRA UNA ORGANIZACIÓN BENÉFICA QUE PUEDAS APOYAR.

Una forma más de destacar en tu mercado es encontrar una organización benéfica local a la que puedas apoyar. Actualmente, muchas grandes cadenas también apoyan a organizaciones benéficas... grandes organizaciones benéficas. Los equipos locales de softball, los bancos de alimentos o los refugios de animales son organizaciones locales que buscan el apoyo de su comunidad. Anímate y conviértete en su fan, y la comunidad, a su vez, apoyará tu restaurante.

Recuerda buscar organizaciones de carácter comunitario y no las que se centran en la religión o en los prejuicios morales. Ya hemos visto en Internet las reacciones de los restaurantes que se niegan a hacer un pastel para una pareja gay (uno de Indianápolis cerró sus puertas y otro de Oregón fue condenado por un tribunal a pagar 135.000 dólares por daños y perjuicios). Hay que recordar que, con Internet, ahora la publicidad es "de boca en boca". No todas las relaciones públicas son buenas relaciones públicas.

3. INTERACTÚA EN LAS REDES SOCIALES.

Cuando los visitantes comenten una de tus publicaciones, ¡diles algo! Síguelos en Instagram y dale a "Me gusta" en alguna de sus publicaciones. Las redes sociales deberían seguir la regla 80:20. El 80% de tu actividad debería consistir en comentar y compartir sus publicaciones. El otro 20% debe ser sobre tu restaurante.

Hay una aplicación llamada Wisely (www.getwisely.com) que te notifica cuando un cliente VIP entra en tu restaurante. Esta aplicación utiliza tu programa de fidelización habitual y lo convierte en un éxito. Imagínate recibir una notificación cuando un cliente VIP atraviesa la puerta principal. Ahora puedes saludar al cliente por su nombre o avisarle al personal de que ha llegado. Puedes establecer un nivel de estatus preferente, al igual que hacen las aerolíneas y los hoteles. Cuando el cliente acumule puntos, puedes ofrecerle servicios exclusivos, como asientos preferentes, happy hours ampliadas, aperitivos de cortesía y menús de degustación del chef.

Eso es hospitalidad.

4. CREA UNA FIRMA.

Lo que menos quieres es competir cara a cara con una gran cadena en uno de sus productos estrella. Sólo porque Buffalo Wild Wings llegue a la ciudad, no significa que ahora necesites alitas de pollo en tu menú.

Lo mejor es crear productos exclusivos. Una buena receta para crear un producto estrella es la siguiente:

- **1 parte Historia de Marca** - una receta familiar o algún elemento de tu menú original.
- **1 parte Local** - incluye un ingrediente local o algún nombre o lugar histórico.
- **1 parte Sabor** - todos los productos que crees tienen que ser sabrosos.
- Mézclalo bien y transmítelo a través de las redes sociales.

Publica imágenes de gente disfrutando de tu creación (eso se llama prueba social), haz que los invitados escriban reseñas, muéstrate y cuéntaselo a tu comunidad.

Cuando consigas un ganador, presúmelo.

La flexibilidad para hacer cambios será tu arma secreta. Tu toque personal es ser local. Crear firmas que nadie más tiene es tu arma secreta para superar a las grandes cadenas cuando lleguen a tu mercado.

Ser independiente es tu poder.

La Alteración de la Comunicación en las Redes Sociales

Según las estimaciones, en 2020 las redes sociales contarán con unos 3.280 millones de usuarios en todo el mundo. Se estima que una persona promedio pasa unas dos horas al día en las redes sociales. Es necesario saber cómo llegar a ellos.

Si quieres tener éxito en este mundo obsesionado por las redes sociales, tienes que hablar este idioma. Son tiempos de cambio, y si quieres dejar de quedarte en medio (de todas formas, en medio siempre hay demasiada gente), veamos la evolución de las redes sociales y la alteración de su uso.

El Facebook de tus Padres

El 24 de octubre de 2003, Mark Zuckerberg ideó una especie de juego "sexy o no" para estudiantes de Harvard con el que comparar a estudiantes de residencias rivales. Lo llamó Facemash. Por desgracia, la universidad lo cerró a los pocos días de su lanzamiento argumentando una violación de los derechos de autor, de la seguridad y de la intimidad de las personas por robar las fotos de los estudiantes (pirateó las páginas web de sus residencias), que utilizaba en el sitio.

Tan sólo cuatro meses después, en febrero de 2004, Mark Zuckerberg relanzó una nueva plataforma de redes sociales para estudiantes de la Universidad de Harvard a la que llamó facebook. Enseguida la ofreció a otras universidades de la "Ivy League", y el sitio despegó prácticamente de la noche a la mañana y no ha parado desde entonces.

En aquel entonces, Facebook se comunicaba mediante texto y fotos. Los teléfonos no eran tan compatibles con Internet como ahora, así que la mayoría de las veces se posteaba a través de una computadora. Recopilábamos fotos y seleccionábamos cuidadosamente cuáles compartir. Entonces las redes sociales eran más "deliberadas".

Cómo puedes aprovechar al máximo esta plataforma:

- **Siempre incluye una foto con una publicación.** Nuestro cerebro está diseñado para captar señales visuales. Así fue como la mayoría de nuestros ancestros lograron evitar ser devorados por animales salvajes. Ahora bien, tu foto tiene que destacar. Añade palabras que capten las emociones que quieres transmitir. ¡Bam! ¡Guau! ¡Sí! Estas son palabras que atraerán la atención del seguidor.

- **Incrementa el número de publicaciones.** A la mayoría de la gente teme que es demasiado publicar una o dos veces por semana. Pero no es así. Las redes sociales son como el océano, y si publicas un par de veces a la semana sería como tirar una piedra al agua y esperar una gran ola. En ese caso, buena suerte. Hay que experimentar y ver cuál es el punto de inflexión para tu grupo demográfico. Eso se consigue sobrepasando los límites y, cuando se recibe alguna respuesta, ¡se va un poco más allá! No te preocupes si pierdes algunos seguidores por el camino. Del mismo modo que tu marca no puede ser todo para todos, tampoco puede serlo tu estrategia en las redes sociales. Debes centrarte en el centro y no preocuparte tanto por los valores atípicos.

- **Sé sociable.** Asegúrate de hacer un seguimiento del porcentaje de respuesta de tu página y esfuérzate por que supere el 90%. Recuerda que el verdadero secreto de las redes sociales es ser sociable. Responde a los comentarios. Felicita a tus seguidores si son amigos tuyos. No te centres en ti mismo, sino en la gente a la que le gusta tu página.

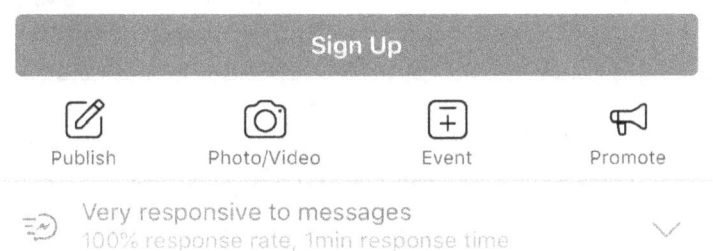

Saluda al Microblog

Al parecer, la gente estaba sedienta de mensajes más pequeños en las redes sociales, y el microblog experimentó su verdadero despegue con el nacimiento de Twitter en 2006.

Twitter y otros sitios de microblogs permiten que la gente se comunique rápidamente, que comparta noticias y que se conecte en un entorno muy cambiante. Gracias a Twitter, las redes sociales dieron un nuevo giro al convertirse en un medio de comunicación más instantáneo y personalizado entre marcas y clientes. Hoy en día, la mayoría de las grandes marcas están presentes en Twitter, y si tú no lo estás, aún estás a tiempo.

Wendy's ha llegado incluso a las noticias nacionales gracias a su Twitter. La empresa se centra en aquellos que no tienen buenas opiniones sobre la cadena de hamburgueserías y los "sorprende" con una respuesta ingeniosa y, a menudo, muy inteligente.

Kevin @NoblesGraphics   3 Jan
Your food is pretty good, i have to ask though, why are your burgers square as opposed to being circular? @Wendys

Wendy's ✓
@Wendys

@NoblesGraphics **We don't cut corners.**
4:21 PM · 3 Jan 2017

↩ ⇄ 1,057   ♥ 4,921

El Twitter tradicional era un reto para transmitir una idea en 140 caracteres (por suerte, ahora son 280). Para algunos, Twitter es realmente atractivo. Reducir tus ideas a lo esencial. Durante años, la plataforma se aferró a su norma del límite de caracteres, hasta que recientemente eliminó la restricción de adjuntar fotos y ahora no cuenta tu imagen en el número de palabras. Es una gran noticia para las marcas que quieren emplear el poder de los elementos visuales en su mensaje.

Cómo puedes aprovechar al máximo esta plataforma:

- **Usa una imagen.** Como hemos dicho anteriormente, una imagen vale más que mil palabras. Utilízala para que tu marca resalte.
- **Los retweets son oro.** Sí, aquí también tienes que ser sociable. Revisa los feeds de Twitter de tus seguidores, y si te gusta lo que publican, regálales un corazón al menos un retweet es lo que llaman la verdadera "moneda social". Cuando pasas una buena información o un tweet divertido, consigues que te reconozcan también por estar de moda o ser gracioso.
- **Ten un personaje para Twitter**. Tienes que tener una agenda y una voz para este medio. Como con tu menú, no puedes ser simplemente un montón de pensamientos al azar. Sé coherente. Si te apasionan las fuentes de alimentos sostenibles, sigue a los expertos que hablan del tema, síguelos y retweetea sus publicaciones. Usa la función "citar tweet" para añadir algunas palabras tuyas que lo respalden y refuercen tu personalidad.

¿Esa es una Foto de tu Desayuno?

Para aquellos a los que les gusta expresarse a través de fotos y vídeos cortos, Instagram es tu plataforma. Creada en octubre de 2010, Instagram encontró su hogar entre usuarios de varias generaciones. Ahora, Instagram es única porque sólo puedes subir y compartir fotos o vídeos desde tu teléfono. Podrás verlas a través de Internet en tu computadora; sin embargo, necesitarás la aplicación para publicarlas.

El encanto de Instagram es que es visual y muy rápido. Sólo tienes que tocar la foto dos veces para darle un corazón (que es lo mismo que chocar los cinco en Internet). También tienen 23 filtros de foto diferentes que puedes aplicar para que tu publicación tenga su propio estilo. Gracias a estos filtros, la comunicación ordinaria en las redes sociales se convirtió en algo extraordinario.

Instagram, igual que Twitter, se ha hecho muy popular entre los famosos, y permite que tengamos acceso a sus vidas y pensamientos incluso tras bambalinas. Ni siquiera hace falta ser amigo de un famoso para seguirlo. Profesionales del sector como Danny Meyers y Wolfgang Puck utilizan Instagram como plataforma para promocionar sus marcas. Tú también deberías aprovechar para promocionar tu marca.

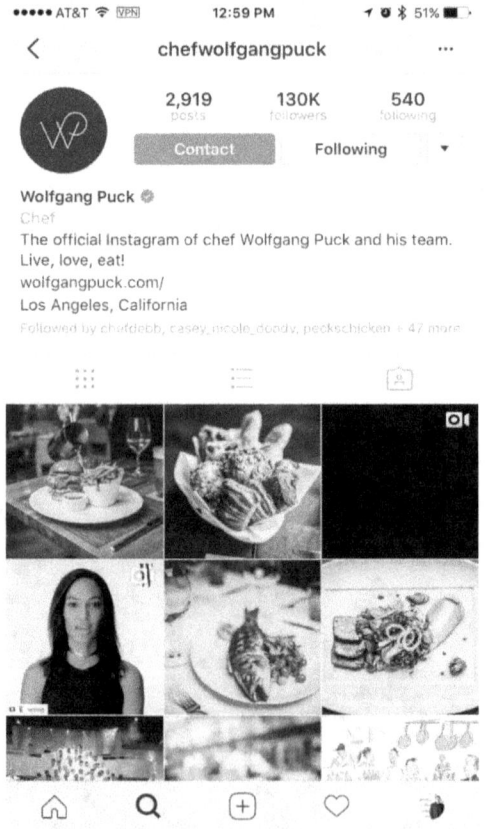

Cómo puedes aprovechar al máximo esta plataforma:

- **Muestra lo que hay tras bambalinas.** Sigue el ejemplo de los famosos y muestra tu restaurante por dentro. Usa diferentes filtros para aportar un toque dramático.

- **Muestra tu lado humano.** Las marcas en sí mismas pueden ser bastante frías, así que humanízalas mostrando al personal y a los clientes que visitan regularmente tu restaurante.

- **Diviértete haciéndolo.** Instagram tiene aplicaciones de vídeo geniales que pueden transformar un vídeo normal en algo divertido e interesante. **Hyperlapse** sirve para crear vídeos time-lapse muy profesionales. **Boomerang** toma una serie de fotos y las entrelaza para producir un pequeño minivídeo que se reproduce hacia delante y hacia atrás. **Layouts** te permite hacer un pequeño collage fotográfico de varias imágenes en un solo post. Puedes añadir de dos a nueve fotos.

¿Dónde están los Millennials?

Si te estás preguntando dónde están las nuevas generaciones en las redes sociales, tienes que visitar Snapchat. En 2016, esta plataforma causó furor entre los millennials y la Generación Z. Las redes sociales han experimentado cambios a lo largo de los años. De ser selectivos con lo que compartíamos (coleccionistas) hemos pasado a una era de expresión instantánea.

"Mira como ese idiota estacionó su auto". Snap. Toma una foto y publícala.
"¡Eh, mira estas botas tan bonitas!". Haz clic y comparte.
"¡Estos son los tacos más increíbles del mundo!". Hora del selfie.

Si a esto le añadimos que Snapchat te permite grabar vídeos cortos y crear lo que se conoce como una "historia" (cada snap desaparece al cabo de 24 horas), nos encontramos ante la última tendencia en redes sociales: *compartir tu vida a través de vídeo*s. ¡Snapchat es como una aplicación de mensajería mejorada!

Ahora, el resto de plataformas de redes sociales intentan alcanzar a Snapchat en el terreno de la mensajería instantánea y han introducido funciones de vídeo en directo. Instagram acaba de lanzar su propia función de "historias" (algunos dirán que es una imitación directa de Snapchat), además de Instagram Live. Facebook y Twitter también ofrecen funciones de vídeo en directo. Lo importante no es si te gustan o no los vídeos en directo. La cuestión es que a una gran parte de tus invitados les gustan las publicaciones en vídeo. Si quieres aprovechar esta oportunidad para llamar la atención hacia tu marca, tendrás que unirte a ellos. *NOTA: la nueva plataforma de redes sociales que está dando mucho que hablar es Tik Tok. Deberías visitarla y ver si encaja con tu marca.

Estos son algunos consejos para empezar a publicar vídeos:

- **Anímate a hacerlo.** Con las increíbles cámaras incluidas en la mayoría de los teléfonos inteligentes actuales, tienes un estudio de vídeo profesional al alcance de la mano. No necesitas contratar a un gran equipo de rodaje ni comprar material. Sólo tienes que sacar el teléfono, grabar y publicar. Y listo.
- **No será perfecto.** La clave para expresarse al instante es ser auténtico y un poco espontáneo. No intentes elaborar un monólogo de 20 minutos sobre por qué crees que los porcinis son los reyes de la familia de las setas. Sé breve. Sencillo. Limítate a un tema. Recuerda que estás tratando con una sociedad con déficit de atención, así que mantén tus vídeos como pequeños aperitivos.

Conforme las redes sociales evolucionan, nosotros también debemos hacerlo. Hay demasiados dueños de restaurantes que se aferran al pasado y hablan de "los viejos tiempos". Seamos realistas: los buenos tiempos ya pasaron, y probablemente no fueron tan buenos como crees. Nuestras mentes tienen una forma retorcida de almacenar la información. ¿Alguna vez has oído a alguien contar algo que pasó y has pensado: "Yo no lo recuerdo así"? Pues no te preocupes. Ocurre más a menudo de lo que crees.

Todo cambia.

Es la ley de la naturaleza. Puedes optar por adaptarte y hacer lo que mejor sabemos hacer como humanos, o quedarte en una burbuja de tiempo atrapado en el pasado. Es una nueva era en el marketing en redes sociales. Las cosas que funcionaban hace cinco años en estas plataformas apenas tienen impacto hoy en día. Tienes que actualizar constantemente tu estrategia y estar al día con lo que está de moda en el mercado. Las redes sociales funcionan si se utilizan de forma inteligente y coherente.

El vídeo marketing es la nueva frontera. Los que se atrevan a utilizarlo impulsarán su marca.

3 Razones Por Las Que Tu Restaurante Independiente Necesita Un Plan De Marketing — ¡Ya!

Marketing es una palabra de moda. Todo el mundo sabe que debe tener un plan de marketing. Pero, ¿saben qué? La mayoría de los restaurantes ni siquiera tienen uno, y eso es lo que está acabando con los restaurantes independientes. Así que, si es tan importante para que una marca tenga éxito a largo plazo, ¿por qué tan pocos tienen uno?

La razón principal es que no ven el valor de crear una.

Si tu marca es el corazón y la base de tu negocio, entonces el marketing sería el aire que necesitas. El marketing es más valioso de lo que crees. Analicemos por qué necesitas unirte al marketing hoy mismo.

1. EL MARKETING ES EL GRAN ECUALIZADOR

El marketing no siempre ha sido accesible para los pequeños restaurantes independientes. A menos que contaras con los presupuestos multimillonarios de las grandes cadenas, era muy complicado competir con los grandes. Luego llegó la revolución de las redes sociales y todo cambió. El marketing se convirtió en una herramienta mágica para luchar contra la competencia en un terreno de juego más fácil de conquistar.

Si eres creativo, captarás la atención de millones de personas en las redes sociales. ¿Es fácil? No. ¿Se puede hacer? Sí. La clave consiste en enfocar el marketing hacia las emociones.

Haz que el marketing sea multidimensional. Comprender el modo en que la gente consume contenidos. Jennifer Smith, directora de cuentas de

Restaurant Social+, empresa especializada en marketing para restaurantes, afirma que las redes sociales están evolucionando.

2. EL MARKETING ES RENTABLE

Los carteles, los anuncios impresos y el correo directo todavía existen. Sin embargo, han quedado obsoletos debido a la forma en que ahora se utiliza la información a través de plataformas móviles.

El dinero que supondría utilizar un cartel publicitario durante tres meses puede utilizarse de forma más eficaz con anuncios orientados en Facebook y, si se configuran correctamente, podrían atraer a la gente a tu restaurante hoy mismo. Imagínate cuántos carteles publicitarios recuerdas cuando vas al trabajo. Es probable que no recuerdes ninguno que te haya llamado la atención y te haya hecho desear ir a ese restaurante.

Pero hay aplicaciones como Waze (la aplicación de tráfico y navegación basada en la comunidad más grande del mundo) que pueden atraer a los clientes hasta la puerta de tu restaurante. Los anuncios geolocalizados de Waze se muestran cuando los clientes están cerca de tu negocio, les enseñan tus ofertas y, con solo pulsar un botón, les indican cómo llegar. Para los restaurantes adecuados. Puede ser una estrategia de marketing muy potente.

La mayor parte del marketing en redes sociales solo requiere tiempo para crearlo y publicarlo. La creatividad es la clave y salir de la misma mentalidad aburrida en la que se quedan la mayoría de los restaurantes. Así que, si el marketing en las redes sociales es tan bueno, ¿por qué la mayoría de los restaurantes hacen lo mismo? Están estancados en su zona de confort.

La gente se estanca porque escuchan esas voces dudosas en sus cabezas.

"Mis clientes no están en las redes sociales".
"Las redes sociales no son para mí".
"No necesito hacer marketing. Confío en la publicidad boca a boca".

Ahora, la publicidad de boca en boca es mundial con solo pulsar un botón. Tu restaurante puede llegar a más gente, con mayor frecuencia y con menos gastos que nunca. Tienes que zambullirte en la piscina y empezar a nadar.

3. EL MARKETING HACE QUE TU MARCA SEA RECORDADA

Todos los años se abren más y más restaurantes. Según algunos analistas, estamos ante una burbuja gastronómica que estallará en los próximos años. Con más restaurantes tratando de conquistar un trozo del mercado, no sólo tendrás que mantener altos los estándares de tu restaurante, sino también lo que se conoce como "ser prioridad".

Ese es realmente el objetivo del marketing: Mantener a sus clientes pendientes de ti y tu restaurante frente a la competencia. Por eso es tan importante utilizar varias plataformas de redes sociales en un plan de marketing bien diseñado. Hay que utilizar al menos tres plataformas para obtener lo que yo llamo el efecto tríada. El uso de varias plataformas genera sinergias.

Es posible que utilices Facebook como tu plataforma principal; sin embargo, puedes potenciarla incorporando también otras plataformas como Twitter e Instagram. Tendrás que investigar un poco para encontrar la tríada perfecta para tu restaurante y tu mercado. Cuando hayas encontrado tu "tríada de poder", puedes crear un plan de marketing cada año para transmitir tu mensaje al subconsciente de tu público objetivo (conocido como tu avatar). Esta es la única forma de que tu marca sobreviva al próximo estallido de la burbuja gastronómica.

El marketing, al igual que una comida y un servicio excepcionales, requiere dos cosas: compromiso y coherencia. No se puede tener un marketing eficaz sin un plan.

El Verdadero Negocio de los Restaurantes no es la Comida, Son las Emociones

¿Qué es lo que vendes? Piénsalo bien. ¿Qué es lo que mueve "una buena experiencia"? Es la emoción.

Por naturaleza, somos seres emocionales. Lo que nos hace humanos es la profundidad de nuestras emociones. Tenemos una amplia gama de emociones que podemos aprovechar. Nos pueden elevar a los niveles más altos o llevarnos a los más bajos.

No se puede ignorar el poder de la emoción del hambre. Puede ser uno de los principales motivos por el que los clientes visiten tu restaurante. Aunque tener ganas de comer es como tener un as bajo la manga en una partida de póquer, y a pesar de que es bueno contar con él, no hay que apostarlo todo a un solo as. Se necesitan jugadores de apoyo para poder ofrecer la mano ganadora en el juego de los restaurantes.

EMOCIÓN: CUIDAR

Los seres humanos somos emocionales y también muy sociales. Nos reunimos en grupos y comunidades para formar un vínculo colectivo que nos ayuda a atravesar los mejores y los peores momentos. Piensa en ciudades como Boston, que se llenan de aficionados cuando los Red Sox ganan las Series Mundiales. Mira cómo la ciudad se unió para un acontecimiento trágico como el atentado de Boston.

El sentimiento de comunidad une a la gente. Puedes aprovecharlo apoyando a la comunidad. Elige una organización benéfica local, un grupo juvenil o un refugio de animales (¡los amigos peludos también son familia!)

y haz algo de marketing para ayudar a alguno de ellos. Hay que ser un buen vecino antes de ser conocido como el restaurante del barrio.

EMOCIÓN: AVENTURA

Si eres como la mayoría de los restaurantes, no todos los de tu mercado son locales. Aprovecha la emoción de aventura que los clientes anhelan cuando exploran nuevos restaurantes, nuevos sabores e ingredientes locales. Cuando la mayoría de la gente viaja, quiere comer como si fuera de la zona.

¿Qué ingredientes o granjas locales podrías incluir en tu menú a través de las redes sociales para destacar en un mercado tan saturado? Nuevo México es famoso por su chile verde. Durante el otoño, los vendedores ambulantes encienden bombonas de butano y cestas llenas de chiles verdes recién cosechados que son asados al fuego justo delante de ti. Algunos turistas son tan adictos a estos sabores que buscan restaurantes y granjas dispuestos a llevárselos a casa.

EMOCIÓN: CONFIANZA

Aunque ya hemos hablado de que necesitamos aventura, también necesitamos confianza, algo que nos resulte familiar. Cuando aprovechas esto, tienes un plato que puede convertirse en uno de los más vendidos.

La comida reconfortante lo dice todo desde la primera palabra: reconfortante. En el fondo, guardamos recuerdos y sensaciones de la comida de nuestra infancia. Estos recuerdos están grabados en nuestro subconsciente y se activan cuando escuchamos ciertas palabras, como pastel de carne, maíz, pollo frito, estofado, pierogi, tamal, posole, picadillo o sopa de bolas de matzo. Dependiendo del lugar donde hayas crecido, algunas de estas palabras pueden desencadenar un sentimiento de estar en casa. El hogar es siempre una emoción que quieres aprovechar.

EMOCIÓN: ESCASEZ

Esta emoción ha sido utilizada por anunciantes durante décadas ya que funciona. "Sólo por tiempo limitado" es con frecuencia el eslogan utilizado. Perderse algo es una poderosa motivación que puedes utilizar en mayor medida en el diseño de tus menús.

Numerosos restaurantes utilizan menús "happy hour" para atraer a la gente antes de cenar. Estos menús están especialmente pensados para atraer a los clientes. Si bien es un gran concepto, la mayoría de los restaurantes lo aplican incorrectamente ofreciendo artículos del menú normal con descuento. Al hacer esto, el artículo se devalúa.

Si creas un menú especial para la "happy hour" con productos exclusivos que tus clientes sólo puedan conseguir durante ese tiempo, dispondrás de una oferta por tiempo limitado que impulsará las ventas y mantendrá intacto el valor de tu marca.

EMOCIÓN: SORPRESA

A veces, un detalle extra, un pequeño detalle que llega inesperadamente con la compra, puede resultar muy útil. Por ejemplo, al principio de la comida, con papas fritas y salsa, o un aperitivo servido por el chef. Además, puede trascender más allá de la comida, por ejemplo, colocando un estante para bolsos junto a la mesa para las damas. Incluso disponer de enjuague bucal en los aseos puede ser una sorpresa muy agradable.

Analiza el concepto de "marketing para llevar a casa". Ofrece un obsequio (galletas, trufas, etc.) que los invitados puedan llevarse a casa. Asegúrate de que la caja o bolsa lleve tu logotipo o marca. Así, esa misma noche o al día siguiente, el cliente lo verá y sentirá una emoción positiva hacia la marca (si superó las expectativas durante su estancia en el restaurante). Así es como se crean fans entusiasmados con sorpresas inesperadas.

EMOCIÓN: CONEXIÓN

Probablemente sea la más poderosa de todas las emociones del marketing. Cuando la gente se siente conectada con tu marca y parte de ella, obtienes algo que pocos pueden comprar: lealtad. La lealtad a la marca es la razón por la que la gente pasará por delante de otros restaurantes para cenar en el tuyo. Cuando los clientes se sienten conectados, dejas de competir con el resto.

Destacas.

Ahora tienes emociones a las que recurrir más allá del hambre. Cuando estés dispuesto a cambiar tu visión del marketing y la experiencia del cliente, abrirás tu marca a un mundo más grande.

Deja de competir y destacarás.

MENTALIDAD

"Una vez que cambias tu mentalidad, todo lo de fuera cambiará con ella".

-Steve Maraboli

3 Razones Por Las Que Tu Plan Para Tu Restaurante No Funciona

Todos los buenos dueños de restaurantes elaboran un plan para su restaurante, pero ¿qué pasa cuando ese plan no funciona?

Al abrir un nuevo restaurante, la gente irá corriendo a visitarlo. Tendrás ideas grandiosas de que tu restaurante será el nuevo lugar favorito para todo el mundo.

Después, lentamente, la gente deja de ir y las ventas empiezan a bajar. Empiezan las dudas.

Quien haya sido dueño de un restaurante, lo haya gestionado o incluso haya pensado en abrirlo, tiene que admitir que la duda surgirá cuando la situación se complique. Cuando las cosas no salen según lo planeado, a los críticos que tienes en la cabeza les encanta aparecer.

La vida es así y, aunque sea duro oírlo, hay un enorme obstáculo en el camino para que tu restaurante esté donde tú quieres que esté. Ese obstáculo está frente a ti cada mañana en el espejo.

Esto puede ser difícil de asimilar para algunos. Sin embargo, si de verdad quieres destacar en este sector y alcanzar tu potencial, toma un gran vaso de agua y prepárate para tragártelo.

El Plan de tu Restaurante Necesita Ajustes

tu mayor virtud es tu capacidad para cambiar. Si quieres continuar con los mismos resultados, sigue haciendo lo mismo. No es necesario ser Einstein para darse cuenta de que, cuando no se obtienen los resultados deseados, *hay que ajustar el plan de tu restaurante.*

La parte difícil es admitir que las cosas no van como van ahora. Tal vez, sólo *tal vez*, cometiste algunos errores en el plan de tu restaurante.

Pero no te desanimes: los errores son tu mayor oportunidad de crecimiento. Acéptalos.

AJUSTE #1: EL POSICIONAMIENTO DE LA MARCA

¿Tu marca está bien posicionada? El posicionamiento es fundamental para el éxito de la estrategia de marketing. Es cómo se sitúa tu restaurante en la mente del cliente. Para alcanzar el éxito es posible que tengas que ajustar la visión que tienes de tu marca en tu mercado actual.

Hay una visión de los restaurantes que tienes, y hay una visión de tu restaurante que tienen tus clientes. El restaurante en el que debe convertirse se encuentra en algún punto intermedio.

¿Tratas de encajar en un nicho que no es el tuyo? Claro, basta con dinero de marketing para forzar su posicionamiento en un mercado. Es mucho más fácil adaptarse al mercado que hacer que el mercado se adapte a ti.

Hay quienes consideran que tener éxito con un restaurante es tener suerte. Algunos lo logran cuando posicionan su marca adecuadamente y descubren que esta conecta con su mercado. Si tu restaurante no consigue las cifras que te gustaría, es hora de pensar en cómo percibe tu marca tu mercado.

AJUSTE #2: MEZCLA DE PRODUCTOS

El informe de mezcla de productos es un tesoro de información si se toma el tiempo necesario para extraer los datos.

Los restaurantes más inteligentes son siempre conscientes de cómo se venden los platos de su menú, ya que puede influir en la mezcla de productos. Supongamos que quieres que tu restaurante sea conocido por sus deliciosos filetes. Pero cuando consultas el informe de mezcla de productos de tu TPV, ves que la mayoría de los clientes compran pollo frito y pastel de carne. ¿Esto significa que debes dejar de vender filetes de calidad? No, no necesariamente. Pero significa que deberías analizar más detenidamente tu mezcla de productos.

A nadie le gusta oír que quizá haya que ajustar el plan de su restaurante. Esto hiere su orgullo y su ego. Pero, ¿prefieres tener razón o tener éxito?

"Hay una visión de los restaurantes que tienes, y hay una visión de tu restaurante que tienen tus clientes. El restaurante en el que debe convertirse se encuentra en algún punto intermedio".

Necesitas Reemplazar a tu Personal

El agua busca su propio nivel. Las cosas semejantes se atraen. Son muchas las metáforas que expresan este mensaje. También hay bastantes razones por las que tu equipo está frenando tu marca.

5. **No tienes una cultura que te permita atraer a los mejores talentos.** Este es otro de esos conceptos difíciles de escuchar para algunos dueños de restaurantes. ¿Tratas a tu equipo de la misma manera que quieres que traten a tus clientes? Tu equipo tratará a tus clientes de la misma manera que tú los trates a ellos. Esto se llama modelado y está en nuestro ADN. Todos aprendemos nuestro comportamiento de los demás. Como dueño o líder, tu comportamiento será el ejemplo que adoptará tu equipo.

6. **Has contratado mal y los has mantenido.** Ahora, si eres un buen líder y tu equipo sigue sin cumplir tus estándares, entonces tienes un miembro del equipo que tiene problemas de comportamiento. Puede resultar muy difícil cambiarlos. Ellos básicamente han aprendido algunos malos comportamientos y hábitos que los detienen y no importa lo grande que sea tu cultura y lo increíble que sea tu restaurante. Simplemente, algunas personas no encajan bien con tu negocio. Normalmente, en la mayoría de los mercados hay varias opciones y

es mejor dejar que los que no encajan bien se vayan a trabajar a otro restaurante que pueda ser mejor para ellos.

Despedir a alguien nunca es fácil. Especialmente en este negocio, acostumbramos a estar cerca de nuestro personal durante mucho tiempo. Los límites entre amigos y compañeros de trabajo pueden resultar borrosos. Eso hace que para algunos sea difícil imponer disciplina y hacer que se cumplan las normas. Si quieres triunfar de verdad en este negocio, necesitas separar ambas cosas. Es mejor dejar ir a un empleado que se ha convertido en amigo tuyo y que puede que no encaje bien en el equipo, que dejar que continúe el mal desempeño y arriesgar no sólo tu marca, sino también la amistad a largo plazo.

No todo el mundo encaja bien en el equipo. Debes entenderlo y respetar el bienestar de tu marca.

Necesitas Mejorar Tu Actitud

¿A qué le tienes miedo? La verdad te hará libre cuando, claro está, te haga enfadar. Muchos dueños y gerentes de restaurantes se exceden para evitar enfrentarse a sus miedos. Tus miedos pueden mantenerte estancado y evitar que alcances tu potencial. Hasta el sabio Yoda le recordó al joven Luke Skywalker que tenía que: "Un nombre debe tener tu miedo antes de que puedas desterrarlo".

Superar tus miedos es una de las lecciones más importantes que alguien debe aprender si quiere desarrollar al máximo su verdadero potencial. Un restaurante mejora cuando las personas que lo componen mejoran. Así que tómate un minuto para reflexionar y pensar a qué le tienes miedo. Este ejercicio puede ser aterrador y al mismo tiempo estimulante.

Es fácil quedarse estancado con una actitud negativa. Tal vez las ventas no sean las deseadas. Tal vez perdiste algunos empleados clave a manos de la competencia. O quizás tengas un par de malas reseñas en Internet que te ponen de mal humor. No importa de qué se trate, tienes que olvidarlo. La negatividad genera negatividad. Como líder de la organización, debes mantener una actitud positiva.

Tu actitud tiene un efecto positivo en la cultura de tu marca. Esa cultura tiene un efecto descendente en todo, desde el rendimiento del equipo, el ambiente y, con el tiempo, la experiencia del cliente. No hay que olvidar que en el mundo de los restaurantes no vendemos comida y bebida… Vendemos experiencias.

Si el plan de tu restaurante no te está funcionando como quieres, tienes que modificarlo y actualizarlo. Las cosas cambian. Los mercados cambian. Tu restaurante también debe cambiar. Pero recuerda que todo cambio empieza por ti.

De Gerente a Líder: 10 Pasos Fundamentales

Felicidades, ¡te ascendieron! Tanto si es gracias a tu duro trabajo, disciplina y tenacidad, como si se debe a que en una dura batalla el anterior gerente del restaurante se largó, a partir de ahora estás a cargo.

Pero lo más probable es que nadie te haya enseñado a *ser* un buen gerente para un restaurante. Muchas personas que se ven en esta situación se basan en el modelo de comportamiento de los anteriores gerentes con los que han trabajado... buenos y malos.

Si actúas como esos terribles gerentes de tu pasado, te volverás como ellos. Existe una forma mejor. Los gerentes de los restaurantes deberían tener un nivel más alto para poder contribuir a la cultura de tu restaurante y liderar al personal hacia objetivos más altos de servicio, rendimiento y positividad.

Estos son diez pasos necesarios para hacer el cambio no sólo en la gestión, sino también en el liderazgo.

1. ASUME TU RESPONSABILIDAD PERSONAL.

A partir de hoy, eres responsable de los resultados que logras. Así es: es hora de olvidar lo de "culpar a los demás". Los líderes asumen la responsabilidad de los resultados de su equipo.

Si alguien falla, un gerente puede preguntar: "¿De quién es la culpa?". Pero los líderes harán mejores preguntas en cuanto a la responsabilidad, como: "¿Cómo puedo formar mejor a esta persona para que no vuelva a ocurrir?". Cuando haces mejores preguntas, verás que obtienes mejores resultados.

2. **TUS VALORES FUNDAMENTALES SON TU GUÍA.**

Los valores fundamentales constituyen los cimientos de cualquier cultura empresarial. Ser consciente de tus valores fundamentales es un gran paso para llegar a ser un líder. Sin embargo, esta es la otra cara de la moneda: también hay que *vivir* los valores.

Los gerentes pueden ser muy hipócritas a la hora de "practicar lo que dicen". En cambio, los líderes hablan y hacen lo que dicen. Este elemento fundamental por sí solo te impulsará hacia el liderazgo, ya que genera confianza en tu equipo cuando haces exactamente lo que dices. No puedes comprar la integridad; es un valor fundamental que vives.

3. **DERRIBA LOS MUROS.**

En el mundo de los restaurantes es conocida la división entre la parte de atención al cliente (Front of the House, FOH) y la parte de producción (Back of the House, BOH). Los líderes entienden que todo trabajo consiste en trabajar en equipo, y los restaurantes necesitan que todos los miembros del equipo se centren en el objetivo general. Permitir que crezcan las actitudes mezquinas puede llevar al fracaso. Hay que acabar con esto y reforzar la cultura de lo que realmente significa la palabra "equipo": **Juntos Todos Logramos Más.**

4. **INVIERTE EN TU CRECIMIENTO PERSONAL.**

Es cierto: la escuela nunca termina para los profesionales. Todos los grandes líderes y personas exitosas se comprometen a seguir aprendiendo. El estadounidense promedio lee unos 17 libros al año. El ejecutivo promedio lee entre 4 y 5 libros al mes.

Puedes pensar que no hay relación entre aprender y ganar dinero, pero la realidad dice lo contrario. Lee estos libros imprescindibles sobre gestión de restaurantes. Y si no tienes tiempo para leer, hay otras formas de nutrir tu cerebro de cosas buenas, como escuchar audiolibros, tomar clases online o asistir a seminarios. Un líder se centra en mejorar para poder mejorar a su equipo.

5. **CUIDA TU CUERPO.**

Sabemos que el horario de trabajo en la industria de los restaurantes puede ser brutal. Si quieres liderar a la gente, necesitas energía para hacerlo. La energía proviene de cuidar de uno mismo. Es decir, comer mejor, beber mucha agua, dormir bien y hacer ejercicio.

Si quieres poner como excusa que "no tienes tiempo", te diré que tienes todo el tiempo que necesitas. No haces de ello una prioridad. Si algo es un "debería", sucederá si todos los elementos implicados coinciden. Si lo conviertes en un "debo", entonces harás que suceda. **Los gerentes se pasan el día diciendo "debería". Los líderes actúan y hacen que suceda.**

6. ENTRÉNATE SIEMPRE.

Los líderes son conscientes de que repetir es la clave para dominar cualquier habilidad. Malcolm Gladwell señala en su bestseller Outliers que existe una base de 10.000 horas de práctica que diferencia al aficionado del verdadero profesional. ¿Cuántos tiros libres de baloncesto crees que alguien como Michael Jordan ha hecho? Uno de los principales trabajos que realiza un líder es entrenar al equipo de forma constante. La forma en que entrenas es la forma en que desempeñarás tu trabajo.

7. EL DIABLO ESTÁ EN LOS DETALLES.

¿Cuál es la diferencia entre un gerente y un líder? Un gerente piensa y trabaja dos pasos por delante del equipo. Un líder piensa y trabaja 20 pasos por delante de los demás. Avanzar hacia el liderazgo significa también tomar ciertas medidas para estar seguro de que estás organizado, en el buen camino y dentro de los plazos previstos. Necesitas un sistema que te permita llevar un control de la información, tomar notas y estar al tanto de todos los pequeños detalles que implica ser un líder. Puedes recurrir a la vieja escuela con una agenda en papel o tener todo lo que necesitas en tu teléfono inteligente. Estas son algunas excelentes aplicaciones para empezar:

- Evernote: ¡una aplicación para tomar notas alojada en la nube y que lo hace todo!
- Things: es una aplicación que te permite organizar proyectos y crear los pasos necesarios para llevarlos a cabo.
- Dropbox - es un sitio web para guardar archivos en la nube que te ofrece un lugar donde poner todas las recetas, documentos, fotos, archivos MP3 y PDF que necesitas para llevar tu negocio. Puedes compartir estos archivos con un simple clic.

8. PASAR DE UNA DIMENSIÓN A CUATRO DIMENSIONES.

Ser líder significa entender lo que motiva a la gente. Muchos asumen que los demás actúan y están motivados de la misma manera que ellos. Pero esto no es cierto. Saber entender la dinámica del comportamiento es lo que diferencia a los líderes de los directivos. Hay que entender a las personas... a todos los tipos de personas. Lo primero que hay que hacer es analizar nuestro propio comportamiento. Antes de empezar a entender a los demás, hay que saber qué es lo que nos motiva. Después, podrás seguir con los miembros de tu equipo.

En el mercado existen varias encuestas de comportamiento que pueden enseñarte cosas sobre ti mismo y sobre los demás. La evaluación DiSC® es una de las más populares entre las empresas, y hay mucha información en Internet que explica los distintos rasgos de comportamiento. La Encuesta ProScan® es otra encuesta que no sólo mide las fortalezas naturales de una persona, sino que también te dice la energía cinética que tiene una persona. Piensa que la energía cinética es como tu batería natural; da una idea de la capacidad de una persona para manejar múltiples tareas y retos.

9. SÉ AGRADECIDO.

Los verdaderos líderes son agradecidos. Son conscientes de que, con un trabajo en equipo sincronizado, lo ordinario se convierte en extraordinario. Los líderes siempre le dicen al equipo y a sus clientes que los aprecian y que están agradecidos por lo que aportan al negocio. ¿Cuándo fue la última vez que le dijiste a alguien con sinceridad que estabas agradecido por esa persona? Los líderes saben que cuando transmiten energía positiva, reciben aún más de vuelta. Cultiva una actitud de agradecimiento y observa cómo cambia tu mundo.

10. CRUZA LA LÍNEA.

Cuando llegas a gerente, cruzas la línea imaginaria de ir de uno de los "trabajadores por hora" a uno de los asalariados. Cuando cruzas esa línea, sin darte cuenta haces un juramento para proteger los intereses del dueño. Muchos gerentes de restaurantes tienen un problema con esto y no quieren ser vistos como "el malo/la mala", tratando en cambio de mantener las mismas relaciones que tenían con otros miembros del equipo. Esto nunca funciona. Cuando te incorpores al puesto, tendrás que dar un paso adelante si quieres mantenerte en ese lado de la línea. La mejor manera de hacerlo es asumir el compromiso de convertirse en líder.

Los líderes nunca retroceden. Sólo avanzan.

Si estás dispuesto a convertirte en gerente de un restaurante, hazlo sólo si estás decidido a hacer los cambios necesarios para convertirte en un líder. La industria de los restaurantes necesita más líderes que vivan la vida según una serie de valores fundamentales, que sean íntegros, agradecidos y que se comprometan a ser más que simplemente corrientes.

El mejor ejemplo es este: un gerente se sitúa detrás de su equipo, señala y dice: "Vayan allá". Un líder se pone delante de su equipo y dice: "Síganme".

Una Historia de Restaurant Coach

Después de terminar el servicio, me ocurrió lo que a muchos jóvenes chefs... Iba de un restaurante a otro. Si aprendía, me quedaba. Si sentía que no tenían nada que enseñarme, me iba. Entonces, un día, estaba trabajando en un restaurante de Miami y el chef (Peter) me llamó para hablar. "Tienes un talento natural".

Mi padre me lo dijo muchas veces, pero yo siempre lo consideraba una forma de establecer lazos afectivos entre padre e hijo.

El chef Peter continuó: "Odio ver cómo se desperdicia el talento".

Yo: "¿Qué quiere decir, Chef?".

CP: "Tienes talento, pero no te esfuerzas. Si continúas, acabarás como Dave allí, sólo un CLC". (Un CLC es un Career Line Cook, el tipo más viejo de la cocina que no es más que un Mercenario culinario. Ya no tienen una verdadera pasión que los motive porque renunciaron a sus sueños. Ahora sólo vienen a trabajar y lo hacen a duras penas. Son muy buenos en lo que hacen. Sin embargo, ser bueno es una excusa para mantenerse cómodo).

Hay ocasiones en las que sabes lo que tienes que hacer, pero no lo haces. Luego llega ese momento en el que todo hace clic y ese interruptor se activa. Como cuando me apoyaba en la pared durante esos cambios tan repentinos que tenía. Las palabras del Chef Peter activaron ese interruptor.

Saber qué hacer es muy diferente a hacer lo que sabes. Puede que el talento y la habilidad te lleven a la cima; pero son la disciplina y el buen carácter los que te mantendrán allí. Mi entrenamiento en artes marciales me dio disciplina. Ser paracaidista forjó mi carácter. Tuve que volver a lo básico.

Mi formación militar en operaciones especiales hizo del negocio de los restaurantes una vocación natural. Aquel caótico ambiente durante el servicio, que puede llevar a muchos al límite, me tranquilizó. En una operación militar, cuando hay vidas en juego, te entrenan para mantener la calma y estar concentrado. Lo llaman concentración frontal. Eres consciente de toda la situación que te rodea, pero te concentras en un objetivo a la vez. Cuando el restaurante se llenó, me tranquilicé, casi como si estuviera viendo un vídeo a cámara lenta. La claridad y la concentración se convirtieron en mi punto fuerte.

Tras aquella conversación con el chef Peter, comencé a utilizar las herramientas que me enseñó el tiempo que pasé en Operaciones Especiales. Esas herramientas no sólo funcionan en operaciones militares especializadas, sino también en el mundo de los restaurantes.

Estas mismas Herramientas de Gestión Mental para Operaciones Especiales las comparto con mis clientes de coaching para restaurantes. Es posible que no lo sepan, pero están entrenando su mente para que trabaje a su favor en lugar de en su contra.

La Solución en 12 Pasos para la Caída de las Ventas

Es normal que una empresa tenga altibajos. Lo llamamos el ciclo del negocio y así lo aceptamos. Pero, ¿qué hay que hacer si las ventas de tu restaurante bajan y parecen estancadas?

Esto es lo que no hay que hacer

1. **ENTRAR EN PÁNICO**

Es difícil tranquilizarse cuando ves que tus ventas bajan sin dar señales de mejora. Cuando las ventas caen, lo último que quieres hacer es reaccionar. La reacción es pura emoción. No quieres que las emociones manejen tu negocio. Es un gran episodio de telerrealidad, pero no es bueno para la estabilidad de la marca.

2. **DESESPERARSE**

Es triste ver al dueño de un restaurante desesperado, porque puede poner en peligro la marca. Normalmente es en este estado de vulnerabilidad cuando un "amigo" sugiere probar esto o aquello. El problema es que este "amigo" jamás tuvo un restaurante, y la mayoría no son expertos en el tema, a excepción de que comen fuera a menudo. Pruebas sus ideas y quizá funcionen… durante unos días. Puede que pruebes otra idea, y que esta funcione durante unos días, y luego otra, y así sucesivamente.

Pero pronto te das cuenta de que los pocos clientes fieles que tienes no vuelven. Uno de ellos le ve por la calle. Le mencionas que no los has visto en el restaurante y entonces te sueltan la bomba diciéndote: "has cambiado". Bienvenido a una marca sin rumbo.

La marca se desvía cuando has cambiado tanto que los elementos originales que hacían grande a tu restaurante casi no se ven. Es el resultado de la desesperación. Te alejas de tu identidad de marca original y te pierdes. Si no sabes cuál es tu marca, ¿cómo esperas que lo sepan tus clientes?

Esto Es Lo Que Hay Que Hacer: El Proceso de 12 Pasos para Aumentar las Ventas en un Restaurante

Analiza la **anatomía de la experiencia del cliente**. Cada cliente que visita tu restaurante pasa por un proceso. Si analizas cada una de las piezas del rompecabezas, descubrirás las que necesitan un ajuste.

1. **La Preselección**: Lo primero que tienes que saber es que tus clientes utilizan los teléfonos y las redes sociales para comprobar si vales el dinero que tanto les ha costado ganar. Mirarán Facebook, Yelp, Tripadvisor y Google para tener una mejor idea de quién eres. Asegúrate de que tu menú está actualizado en tu sitio web y en todas las redes sociales en las que lo publiques. Los clientes que leen los menús en Internet pueden sentirse atraídos por la idea de degustar un determinado plato, pero cuando llegan al restaurante se llevan una gran decepción y descubren que el menú es diferente.

2. **La Entrada**: El servicio al cliente empieza desde el estacionamiento. Ten en cuenta que hay cosas que están fuera de tu control, como las colas en el estacionamiento. Para el cliente, estas pequeñas cosas provocan una reacción en cadena que puede perjudicarte si no las controlas. Cada turno, un miembro del personal debe hacer un recorrido completo de tu establecimiento para ver las cosas desde el punto de vista de los clientes, porque es el único punto de vista que importa.

3. **El Comedor**: Ahora vamos a crear el ambiente adecuado para que los clientes disfruten de su experiencia. Observa tu comedor e imagina que lo ves por primera vez. Trata de identificar algunas de las cosas que podrían desanimar a un cliente. La pintura estropeada, las alfombras desgastadas o una decoración anticuada transmiten

al cliente la señal de que no estás trabajando en serio. En la mente del cliente, la percepción es proyección. Si creen que es verdad, se convierte en verdad para ellos.

4. **La Bienvenida**: Esta es la primera verdadera interacción que el cliente tiene con alguien de tu equipo. Aunque parezca mentira, muchas de las experiencias negativas de los clientes se deben a este momento. *El recepcionista marca la diferencia.* El personal debe ser enérgico, extrovertido y simpático, y para eso es fundamental colocar a las personas adecuadas en el puesto adecuado. No es fácil capacitar a personas que no son felices y no sonríen de forma natural.

5. **El Servicio**: Este es otro cargo fundamental en el que debe contratarse más por la personalidad que por la destreza. *El servicio es algo que se puede enseñar:* es sólo la parte práctica de la experiencia gastronómica. Servir por la izquierda, recoger por la derecha, etcétera. El elemento que falta es la hospitalidad. Es la conexión humana. Es lo que eleva el servicio a un nivel superior. La hospitalidad es un sentimiento, y el mundo de los restaurantes es realmente un negocio de emociones. Si el recepcionista marca la diferencia, el camarero la refuerza.

6. **La Mesa**: Ahora que ya han hecho su pedido, los invitados empezarán a acomodarse. Independientemente del ambiente que se haya creado hasta ese momento, lo que el cliente verá mientras está sentado en su mesa lo intensificará. Si has establecido un ambiente negativo, empezarán a buscar pequeños detalles que contribuyan a reforzar la impresión que tienen de tu restaurante, como comida debajo de las mesas o mesas desordenadas. Lo triste es que ya hemos dado seis pasos en el ciclo de servicio y aún no han probado tu comida. Para algunos restaurantes, es difícil volver atrás, por muy buena que sea la comida.

7. **La Comida**: Llegó el momento de la verdad. Lo primero que notará el cliente es la presentación del plato. Nuestro cerebro está programado para procesar objetos agradables y atractivos. Dicen que comemos con los ojos y es verdad. ¿Te acuerdas del comentario anterior de que la percepción es proyección? Es cierto cuando la comida se coloca delante del cliente. Hay que hacer que la comida tenga buen aspecto, y luego hay que respaldarla con sabor.

8. **Comprobación**: Aquí es donde los restaurantes con mucho trabajo empiezan a perder puntos otra vez. Tener una buena presencia en la sala es fundamental para mejorar la experiencia de los clientes. Tu equipo debe entender la diferencia entre servicio y hospitalidad. La hospitalidad es un arte y requiere una atención constante a las necesidades del cliente.

9. **El Gerente o Dueño**: Los seres humanos necesitamos ser importantes. Queremos que se nos reconozca y se nos alabe, es algo que llevamos grabado en el ADN desde que nacemos. Nada como la interacción humana con los clientes, sobre todo si viene de una persona inesperada como el dueño, el chef o el gerente. Esto añade algo especial a su visita que no olvidará fácilmente.

10. **El Asistente de Servicios**: Sí, el asistente de servicios. Este cargo es fundamental para solidificar la experiencia de los clientes. Es una pena porque a menudo se descuida y no está bien capacitado. Muchas veces, el asistente de servicios tendrá una interacción directa con los clientes cuando hagan la pregunta más común: "¿Dónde está el baño?".

    Asegúrate de que tus asistentes de servicios estén bien vestidos con un uniforme limpio, ordenado y que cumpla con los estándares de la marca. Unos pantalones anchos colgando quizá los hagan ver cool ante sus amigos, pero causan una impresión negativa en la mayoría de los clientes de tu restaurante.

11. **El Baño**: Nada puede cambiar tanto una agradable experiencia gastronómica como unos baños sucios y mal abastecidos. Algunos clientes han salido furiosos de los baños en busca de un encargado porque no había papel higiénico. Hay muchas fotos en sitios web de reseñas sobre desastres en los baños: no dejes que tu negocio se convierta en uno de ellos.

12. **La Despedida**: Esta es tu última oportunidad para dejar una buena impresión en tus invitados. No hay nada tan poderoso para los seres humanos como esta sencilla palabra: gracias. Los estudios han demostrado que lo último que recuerda el cliente es lo que constituye

la base del recuerdo de su experiencia gastronómica. Se llama Efecto de Recencia. Termina la experiencia del cliente siempre con un elemento positivo, no con uno negativo.

¡Problema Resuelto!

Todos buscan nuevas formas de aumentar las ventas de los restaurantes e impulsar el negocio. Los grandes restaurantes se esfuerzan constantemente por mantener los fundamentos. Los auténticos profesionales nunca dejan de estudiar. Te formas, te sigues formando y te sigues formando.

Quizás tus ventas hayan caído porque has perdido de vista los fundamentos. La mejor forma de recuperarte de una caída en las ventas es examinar tu negocio paso a paso y asegurarte de que haces todo lo posible para que los clientes disfruten de una experiencia excepcional.

Este es el Verdadero Enemigo de tu Restaurante

A los seres humanos nos gustan los antagonistas. Es una historia clásica del bien contra el mal. Nos encanta en los libros y en el entretenimiento. Y también en el mundo de los restaurantes.

La parte del servicio contra la parte de atención al cliente. El personal de día contra el de noche. Tu restaurante contra el de enfrente. La lista es muy larga.

El hecho de señalar al malo sirve de excusa a la mayoría de las personas para explicar por qué no pueden alcanzar el nivel de éxito que desean. Tal vez hayas oído o incluso dicho alguna de las siguientes cosas:

- "Es por mis clientes. No entienden mi concepto".
- "Es mi ubicación".
- "Es mi personal. Al parecer no encuentro gente buena".
- Y el ganador del gran premio es: "Así es".

No, no es así. Es lo que tú permites que sea.

Hay un clásico proverbio africano que dice: "Si no hay un enemigo interior, el enemigo exterior no puede hacernos daño".

Traducción: Eres tu peor enemigo.

A algunos les costará aceptarlo. Sin embargo, es un gran comienzo. Como señala muy bien la cita del principio del libro: "La verdad te hará libre, pero primero te hará enfadar".

Lo único que detiene a tu restaurante eres tú. *El talento y la habilidad pueden hacerte llegar a la cima, pero son tu carácter y tu mentalidad los que te mantendrán ahí.*

Estas son algunas cosas sobre ti que debes cambiar si quieres ver un cambio positivo en tu restaurante.

1. EL CARÁCTER

Conocer tus valores fundamentales es imprescindible para saber quién eres, en qué crees y qué representas. Muchos restaurantes se fijan sobre todo en los sistemas.

Se necesitan listas de control, procesos y recetas estandarizadas para garantizar la coherencia y la precisión. Pero si las personas que utilizan los sistemas no tienen el carácter adecuado, todo es en vano.

Como líder, tu principal función es poner los estándares muy altos y reforzarlos a través de tus acciones y palabras. En caso contrario, la gente se dará cuenta enseguida de que no haces nada.

El lenguaje corporal representa el 55% de nuestra forma de comunicarnos. El viejo dicho: "No es lo que dices, sino cómo lo dices" es muy cierto. Somos conscientes de los indicios que nos dan las acciones no verbales. La norma que debe seguir tu personal es "haz lo que yo hago, no lo que yo digo". Si ves vagos o actitudes negativas, sabrás quién es el responsable.

2. INTEGRIDAD

Uno de los rasgos más importantes del carácter que puedes desarrollar es el de la integridad. Su falta es una de las principales causas de debilitamiento de una marca y de destrucción de un equipo. Para tener integridad, primero tienes que ser honesto y sincero contigo mismo. Debes cumplir la palabra dada y tus compromisos.

> *"La falta de integridad es una de las principales causas de debilitamiento de una marca y de destrucción de un equipo".*

¿Qué pasa cuando los clientes descubren que los han engañado? Te dices a ti mismo que tu personal es tu activo más valioso, pero los insultas y los humillas delante del equipo. ¿Sabes por qué tienes tantos cambios de personal? No paras de hablar a tu equipo de mantener los puestos limpios y organizados, y sin embargo tu oficina parece un episodio de "Hoarders".

Si cualquiera de estos es tu caso, ¿entiendes ahora por qué tu equipo no obedece las instrucciones?

Mucha gente cree que dirigir o gestionar es decir las cosas correctas, o que ser un gran líder de un restaurante es sólo inspirar y motivar al equipo. Las palabras tienen poder. Si se utilizan correctamente, pueden influir en los demás... durante un tiempo. Cuando tus palabras y tus acciones estén en sintonía, encontrarás al líder que llevas dentro.

3. MENTALIDAD

Considera tu mentalidad como el lente que utilizas para ver el mundo. Así que si quieres cambiar tu forma de ver el mundo, cambia esa lente y todo saldrá de maravilla, ¿verdad? Pero espera, no tan rápido. Aunque aparentemente es fácil hacer cambios, el verdadero desafío son esas cosas desagradables llamadas hábitos que te harán tropezar.

Dado que tus hábitos se encuentran en tu zona de confort, tienes que salir de ella si quieres cambiar tu mentalidad. Entiende esto: todo lo que quieres para tu restaurante y tu vida personal está más allá de tu zona de confort. Hay que tener valor para cambiar. Hay que esforzarse para cambiar. Y, sobre todo, hay que comprometerse a cambiar. Estas son algunas palabras sabias de Abraham Lincoln.

> *"El compromiso es lo que convierte una promesa en realidad. Son las palabras las que hablan con valentía sobre tus intenciones. Y las acciones hablan más que las palabras. Es hacer tiempo cuando no lo hay. Cumplir una y otra vez, año tras año tras año. El compromiso es la esencia del carácter; el poder de cambiar la apariencia de las cosas. Es el triunfo diario de la integridad sobre el escepticismo".*

- Abraham Lincoln

4. EL IMPULSO

Un cuerpo en movimiento permanece en movimiento. Un cuerpo acostado se queda acostado hasta que suena el despertador por décima vez.

La mejor manera de ganar impulso es actuar. Lleva tiempo cambiar los patrones de comportamiento y la fuerza de voluntad. Las pequeñas acciones diarias y constantes pueden ayudar a reconectar el cerebro para lograr el éxito.

A diferencia de las listas de tareas habituales (que no son muy eficaces), comprometerse sólidamente a hacer sólo **tres cosas** es la forma perfecta de crear el impulso que necesitas. La aplicación CommitTo3 sirve para crear equipos y tener compañeros que te ayuden a ser más responsable, lo que puede ser el empujón que necesitas para avanzar.

No existe nada mejor que el dulce sabor del éxito. Una vez que lo tienes, la mayoría quiere más. El éxito en cualquier cosa es una serie de pequeñas tareas, y las acciones que se realizan con constancia te permitirán mantenerte al frente.

Recuerda que el negocio de los restaurantes gira en torno a las personas. Consiste en conocer tus valores fundamentales. Consiste en la incongruencia entre tus palabras y tus acciones. Tu restaurante es un ser vivo que tú moldeas y al que das forma con las acciones que realizas cada día. Bueno o malo, ¡tu restaurante es un reflejo de ti!

Vencer al Enemigo Interior

Tu restaurante sólo progresará cuando esté al frente un verdadero líder, alguien que pueda admitir sus defectos y trabajar para corregirlos y mejorar por el bien de su personal, sus clientes y su negocio. Si cuentas con el carácter, la integridad, la mentalidad y el ímpetu adecuados de un verdadero líder de restaurante, derrotarás al verdadero enemigo de tu restaurante y verás enormes mejoras.

La Prueba para el Cinturón Negro

En 1981. Yo tenía 16 años.

Estaba allí con mi uniforme blanco de kárate cubierto de sangre... mi propia sangre. Casi terminaba mi prueba de cinturón negro de primer grado y me faltaba una ronda más. Había completado todos los katas, había demostrado las técnicas avanzadas, demostraciones de armas, ejercicios de sparring de tres pasos, chin-na, rompimiento de tablas, rondas de sparring libre con los 18 estudiantes que estaban haciendo la prueba ese día, sparring de dos y tres contra uno, y había hecho sparring con todos los cinturones negros que mi instructor invitó ese día especial (eran 8). Ahora, la última cosa que tenía que hacer era sparring con mi instructor, Terry L Bryan.

Sifu Bryan era un veterano de Vietnam. Un adiestrador de perros de la Fuerza Aérea que había crecido en Texas. El karate en el Estado de la Estrella Solitaria era muy duro. El combate allí en los años 70 era más una pelea callejera de cuerpo a cuerpo. No obtenías un cinturón negro si no te lo ganabas. Mi instructor mantendría esa tradición. En la mayoría de las escuelas de kárate, pagabas (a veces mucho) por tu prueba de cinturón negro. Pero en el estudio de Sifu Bryan no había que pagar; tenías que demostrar que eras digno de llevar ese cinturón negro.

Yo sabía que tenía que enfrentarme a todos los alumnos ese día, además de los combates de dos y tres contra uno. También esperaba a los otros cinturones negros que querían acabar conmigo en la competición. La estrategia que utilicé fue la de ir a mi ritmo y guardar mi energía para los cinturones negros que me esperaban. Combatir dos o incluso tres contra uno no es muy complicado; simplemente hay que utilizar a uno como escudo humano. No hay problema. Llegar hasta los cinturones negros con alguna que otra reserva de energía.

Llevábamos tres combates y yo estaba esquivando y jugando con los alumnos para no consumir demasiada energía. A una chica joven, Marie, que estaba haciendo la prueba para cinturón marrón, no le gustó mi táctica, pensando que la hacía quedar mal para su prueba. Me agarró la GI (camiseta de kárate), lo cual, por cierto, no debía hacer, y me dio un fuerte puñetazo en la nariz. Yo ya estaba sudando profusamente, y sólo pensaba que la sensación de calor en mi cara era transpiración. No lo era. Era sangre... mi sangre.

Usé mis mangas para limpiarme la cara, y enseguida se detuvo. Luego entró el siguiente alumno a entrenar, y ahora mi cara se convirtió en un objetivo fácil. La nariz volvía a sangrar, yo me la limpiaba con la manga y el proceso continuaba durante una hora. Al llegar a los cinturones negros, mi estrategia cambió rápidamente al modo de supervivencia. Se acabaron los planes mejor elaborados.

Cuando me enfrenté a Sifu Bryan, no podía mantener las manos arriba. Él había sido mi instructor durante los últimos cuatro años, y cuando miré al otro lado de la línea, él estaba de pie detrás (a tres pies de distancia), con una mirada de determinación pura en sus ojos. No era una mirada que quisieras tener enfrente. Nunca lo olvidaré.

Cuando el árbitro dijo "pelea", esperaba que viniera a atacarme con todas sus fuerzas. No esperaba que me diera una patada frontal en el pecho que me hizo caer de pie y estrellarme contra el público que estaba sentado en sillas a unos dos metros por detrás de mí. Recuerdo que me quedé tirado en el suelo pensando: "Qué bien, tendré un descanso durante un minuto". Oh no. Mi instructor estaba apartando a la gente para alcanzarme. Empezó a pisarme como si estuviera intentando apagar un incendio. Estaba exhausto, y entonces algo dentro de mí hizo clic. Encontré esa energía de reserva que se activa cuando dejas de jugar y luchas por tu vida. Sabía que tenía mal la rodilla, así que le di una patada justo ahí. Su pierna se torció, y luego le di una patada lo más fuerte que pude en la ingle. Lo levanté del suelo y cayó. Me puse de pie tan pronto como pude y volví a la zona de combate. Esta vez estaba preparado. Manos arriba. Ojos fijos - concentración total.

Entonces pensé: "Soy hombre muerto". Hice enojar a un campeón mundial de karate dándole una patada en las bolas tan fuerte como pude. Se levantó, y sí... aquella mirada suya al principio del combate era amable comparada con la rabia que tenía ahora en la cara. Me limpié la sangre con la manga una vez más. Lo miré directamente y le hice un gesto con la mano para que "viniera". Se acercó lenta y tranquilamente como un tigre que se prepara para destrozar a su presa. Y yo estaba listo. Me sentía confiado. Me olvidé del miedo. Era fácil esquivar su ataque. Contraataqué con un golpe en las costillas. Él contraatacó con un puño giratorio hacia atrás que esquivé a duras penas. Me aparté unos cuantos pasos para tomar distancia y determinar sus puntos débiles. Hmmm, esa patada en la rodilla debió de afectarlo, porque normalmente golpeaba con la pierna derecha y ahora lo hacía con la izquierda. No es su pierna más fuerte. Una patada corta a la pierna delantera me daría una oportunidad. Pensé: "Muy bien, es el momento. Todo listo, preparados...."

El árbitro intervino y dijo, "tiempo". Los combates son de sólo dos minutos cada uno. No sé cuánto tiempo estuve en el suelo defendiéndome de él. Seguramente me llevó más tiempo del que pensaba. Nos saludamos y él me abrazó para celebrarlo. Intenté abrazarlo también, pero me agarró con tanta fuerza que tenía los brazos prácticamente inmovilizados a los lados. Me dijo al oído: "Sabía que podías hacerlo. Siempre creeré en ti. Quería ver si podías ir a ese lado oscuro cuando ya no te quedaba nada".

Un mes antes de mi prueba de cinturón negro, Sifu Bryan y yo entrenábamos más duro que nunca. En una sesión de sparring, me golpeó fuerte con un derechazo cruzado que me metió la cabeza contra la pared del estudio. Me hizo un corte en el ojo izquierdo (aún tengo la cicatriz) y la sangre me corría por la cara. Yo quería parar, y él me dijo unas palabras que han sido un recordatorio constante para mí cuando las cosas se ponen feas y estoy indeciso. Tenía una toalla en la cara y estaba inclinado apoyado contra la pared. Sifu dijo: "Tenemos que terminar la ronda". Lo miré como si estuviera bromeando. Se inclinó hacia delante y dijo: "Habrá momentos en los que desearás rendirte... no lo hagas. Ve siempre un poco más allá. Supera el deseo de rendirte. Siempre tienes más de lo que crees".

Y tenía razón. Terminamos la ronda.

Volvimos a la prueba de cinturón negro.

Lo había logrado: mi cinturón negro de primer grado en Kempo Karate Americano. Mi padre, que asistió a mi prueba de cinturón negro, siempre había sido un hombre duro y de pocas palabras. Se acercó a mí con el uniforme manchado de sangre y me felicitó de la única manera que sabía: "Estoy orgulloso de ti. Si me hubieran pegado tanto, habría regresado con una pistola y les habría disparado". Gracias, padre.

Esa noche celebramos en casa de Sifu Bryan. Me senté en el sofá y me di cuenta de lo agotado que estaba mi cuerpo. Me dolía todo (hasta las pestañas). Marie se acercó y se disculpó por haberme golpeado en la nariz. Cocinamos hamburguesas a la parrilla y vimos nuestra película favorita, Operación Dragón con Bruce Lee (sinceramente, esa película la había visto más de 100 veces). Sifu se acercó a mí, me dio una cerveza y me dijo: "Esto te ayudará a aliviar un poco el dolor". Me senté y pensé en el examen y en el momento en que activé el interruptor dentro de mí. Allí recostado, con Sifu presionándome, tenía miedo. Estaba inmovilizado por el miedo. Algo dentro de mí gritaba: "

¡Pelea! ¡Dale una patada en la pierna!" Esa voz tenía razón. **A la mierda todo. Pelea. Levántate.**

Aquella voz se convirtió en mi aliada que aparece cuando el miedo o los pensamientos exagerados quieren impedirme avanzar. Algunos llaman a esta parte de ti, tu lado oscuro. Y si crees que no tienes un lado oscuro... créeme, todo el mundo tiene un lado oscuro. Es aquella voz que quiere, que desea, y que ansía más de ti mismo. Lo que no quieres que los demás sepan, lo que no quieres decir, esos pensamientos existen con tu lado oscuro.

Tu lado oscuro no necesariamente tiene que ser malo. Esta es la pregunta: *¿Tú controlas tu lado oscuro o él te controla a ti?*

Tu lado oscuro es tu alter ego. Superman tenía uno. Batman también tenía uno. Cuando controlas tu lado oscuro, puedes utilizar poderes que tienes en lo más profundo de tu ser y que ni siquiera sabías que existían. Están ahí, dormidos, esperando a ser liberados. Cuando lo controlas, eres imparable. Cuando te controla, eres imprudente y descontrolado (incluso hay quien diría que eres un desastre). El sol puede cegarte, o puedes enfocar esa energía sin procesar a través de un pedazo de cristal para crear un calor capaz de quemar la tierra. Tienes que aprender a aprovechar tu lado oscuro para crear un poder sin límites.

Muchas personas suprimen su lado oscuro. Eso es un error. Tiene una energía sin igual que no sólo puede hacerte llegar a la cima de algo, ¡sino que te mantendrá allí! Algunos permiten que salga su lado oscuro, pero no pueden controlarlo y se enfadan, gritan y hacen berrinches. Cuando tu lado oscuro te controla, tendrás problemas enseguida. Son tus valores fundamentales y tu moral los que controlan tu lado oscuro. Sin ellos, tu lado oscuro se convertirá en un monstruo que reinará el infierno sobre los que te rodean. Yo mismo lo he visto. En ocasiones he dejado salir mi lado oscuro y me ha controlado. Me costó algo más que dinero. Me costó amigos y familia.

Es fundamental tener formas de conectarte con tus valores fundamentales todos los días para controlar tu lado oscuro. No hay que dominar esa fuerza hasta el punto de no poder acudir a ella cuando se necesita. Hay demasiadas personas que suprimen su lado oscuro hasta que se convierte en un gatito en lugar de la bestia que es por naturaleza. Lo que quieres es que esté bien controlado. Lo controlan los valores y la moral que has establecido como tu plan de vida. Para tener éxito en algo, debes conocer las reglas o expectativas del juego. ¡Utilízalas para controlarte a TI!

Los 7 Pecados Capitales de los Restaurantes

Aunque parezca mentira, dirigir un restaurante es algo relativamente fácil. Cada día abren nuevos restaurantes. Se calcula que cada año abren más de 4.000 nuevos restaurantes. Si buscas una sencilla fórmula para tener éxito en tu restaurante, la receta sería algo así:

- Servir buena comida en un ambiente limpio y acogedor.
- Brindar un excelente servicio profesional y atento, enfocado a la satisfacción de los clientes.
- Promocionar la marca en distintas redes sociales.

Entonces, ¿por qué tantos restaurantes fracasan? Pues es muy sencillo: han ignorado los siete pecados capitales de los restaurantes, que acaban con sus grandes sueños culinarios.

Gestionar un restaurante es (en teoría) algo relativamente sencillo. Es la mentalidad del dueño u operador la que frena su crecimiento. Si tu restaurante no está funcionando a todo su potencial, entonces analiza lo siguiente y comprueba si eres culpable de alguno de estos pecados.

1. IGNORANCIA

Al contrario de lo que dice el dicho popular de que la ignorancia es felicidad, no es verdad. La ignorancia es sólo ignorancia. Gestionar un restaurante exitoso conlleva muchas tareas y detalles. Muchos operadores se dedican únicamente a las cosas que les gusta hacer. Se pueden identificar fácilmente las áreas con problemas en cualquier restaurante utilizando la palabra "debería".

"Sé que debería calcular el precio de mi menú".

"Sé que debería abrir una cuenta de Instagram".

"Sé que debería despedir al gerente que bebe en la oficina".

La mayoría de los responsables de restaurantes no hacen más que "debería". En un restaurante, el punto crítico es cuando el dueño o propietario convierte su "debería" en un "**debo**".

2. MEDIOCRIDAD

¿Recuerdas la curva de campana de la escuela? Pues se basa en la ley de los promedios. Muchos restaurantes en el mercado actual se encuentran en medio de esa curva de campana. Es la adicción al promedio lo que está matando a la mayoría de los restaurantes. Lo más triste es que la mayoría de los restaurantes pueden llegar a ser extraordinarios. Piénsalo. Todos los restaurantes tienen a su disposición los mismos productos, la misma mano de obra y los mismos canales de marketing.

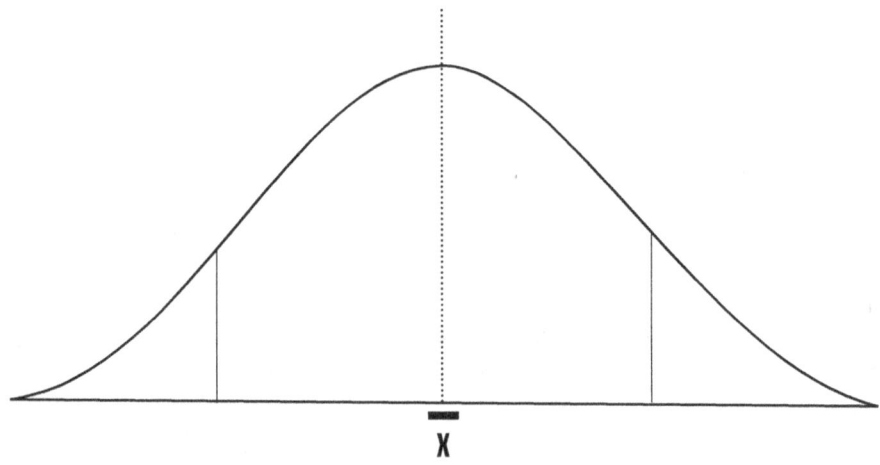

¿Por qué algunos prosperan y otros apenas sobreviven? Porque nadie abre un restaurante pensando: "Sólo quiero tener un negocio normal". No. Quieren ser grandes; quieren sobresalir; desean ser muy exitosos. Entonces, se toparon con algunos problemas. Se toparon con algunos obstáculos. Y luego, poco a poco, empezaron a comprometer sus estándares. Vendieron su integridad, y tras ello emprendieron el camino de la mediocridad.

Sencillamente, se conformaron y dejaron de esforzarse.

La forma más sencilla de detener ese proceso es elevar el nivel de exigencia. Cambia el nivel de lo que aceptas y de lo que no toleras. Deja de venderte tan barato.

"Lo más triste de venderse es lo barato que nos sale a la mayoría".

- James Bernard Frost

3. ORGULLO

Este podría ser el peor pecado que ha provocado que más restaurantes hayan cerrado más que una mala economía. La ignorancia es su aliada común. Juntos, estos dos trabajan para impedir el crecimiento del negocio. Muchos dueños de restaurantes cerraron sus puertas gracias al tonto orgullo.

Incluso la Biblia llama al orgullo uno de los Siete Pecados Capitales originales. Sí, es así de malo. Cuando dejas que tu orgullo se imponga sobre el crecimiento y la oportunidad, estás prácticamente acabado.

Los dueños y operadores de restaurantes exitosos siempre buscan la oportunidad para aumentar la producción, la calidad, la eficiencia, las operaciones y la rentabilidad. Eso exige convicción, confianza y respeto.

El orgullo, cuando está canalizado hacia dentro, tiene un impacto negativo en tu negocio. El orgullo, cuando se expresa hacia fuera, crea equipos y comunidades y une a las personas. El problema surge cuando utilizamos el orgullo para bloquear las oportunidades y el crecimiento.

4. MIEDO

Si buscas en Wikipedia, verás que el miedo se define como "peligro o amenaza percibidos". Existe un acrónimo común para la palabra miedo:

Falso
Emociones
Aparente
Real

El miedo es otro pecado capital que no permite que los restaurantes crezcan. Incluso Luke Skywalker tuvo que afrontar sus miedos antes de convertirse en Jedi. Los dueños de restaurantes también deben afrontar sus miedos si desean aprovechar al máximo su potencial.

Estas son algunas frases que he oído de dueños de restaurantes motivadas por el miedo:

"No puedo despedir a esa persona porque no tendré a nadie que trabaje".
"No puedo cambiar mi menú y no perder clientes".

Hay que identificar y reconocer el miedo. ¿Dices que no puedes despedir a esa persona que perjudica a tu equipo y ahuyenta a tus clientes? Sí, sí puedes. Entra en Internet y recluta hasta que tengas diez entrevistas fijadas para mañana. Es preferible tener dos empleados superestrella que una docena de perdedores.

Cuando te entregas al miedo, este se convierte en tu amo. Controlará todas las decisiones empresariales que tomes o que tengas miedo de tomar. Recuerda que aunque el peligro es muy real (fuego, tornado, etc.).... el miedo es una elección.

5. ENVIDIA

Algunos dueños de restaurantes permiten que este pecado los consuma por completo. Están tan pendientes de lo que hacen los demás restaurantes de su mercado que se olvidan de lo que ocurre en sus propios negocios.

Por supuesto, hay que entender lo que ocurre en el mercado. Sin embargo, obsesionarse con lo que hace el restaurante de la calle de abajo de forma que cada vez que hacen un cambio en el menú, sientes que tienes que añadir un elemento similar al tuyo... quizá sea un poco exagerado.

Que en todos los restaurantes de la ciudad haya un aperitivo de panecillos no significa que tú también necesites uno. A veces, ir un poco por fuera es una forma estupenda de diferenciarse en el mercado.

6. CODICIA

Con todo lo que se ha dicho sobre el aumento del salario mínimo, tenemos una gran oportunidad para hablar del pecado de la codicia. Los dueños y operadores de restaurantes exitosos entienden que realmente obtienes lo que pagas, tanto en producto como en talento.

Si tu restaurante está bien gestionado, puedes pagar los gastos generales, a tu equipo y a tus proveedores, y aun así obtener un buen margen de ganancias. Los restaurantes que pagan al personal sueldos superiores al promedio tienen menos tasa de cambio de personal, mayor productividad, mejores puntuaciones de satisfacción de los clientes y menos pérdidas y robos.

Los dueños de restaurantes inteligentes elaboran presupuestos anuales y luego gestionan el equipo para alcanzar esos resultados financieros. Como dice el refrán, "si no haces planes, estás haciendo planes para fracasar".

7. CONTRATACIÓN INADECUADA

Sólo a este pecado podríamos dedicarle un libro completo. A quién permites que forme parte de tu equipo para manipular tus productos frescos e interactuar con tus clientes es una de las decisiones más importantes que tienen que tomar los dueños y operadores de restaurantes.

Estos son algunos de los subpecados más frecuentes a la hora de contratar:

- **Pánico al Contratar** - permitiste que el pecado del miedo te dominara, y contrataste a la primera persona que llegó y solicitó el trabajo.
- **Gestión Dificultada** - También en este caso se suele relacionar con el pecado del miedo. El personal maneja el restaurante y por lo general no muy bien.

En ocasiones es importante recordar que lo que destruye un restaurante no es la persona que no se contrata, sino la que no se despide.

Sí, gestionar un restaurante es algo relativamente fácil. Lo complejo es el rompecabezas de las personas, con todas las emociones y sesgos psicológicos que los seres humanos llevan dentro del cerebro, creando un fascinante rompecabezas.

En pocas palabras, son las personas las que hacen que un restaurante funcione.

¿Adónde Se Han Ido Las Ganancias De Tu Restaurante?

Si estás atento a las noticias, sabrás que esta industria sigue creciendo. Bruce Grindy, Economista Principal de la NRA, dice en este artículo: "El crecimiento del empleo en los restaurantes está previsto que supere al de la economía en general en 2016, y el sector añadirá más de 300.000 puestos de trabajo por sexto año natural consecutivo." ¡Es una noticia increíble!

Sin embargo, parece que los márgenes de ganancia de los restaurantes se están reduciendo cada vez más.

¿Por qué tantos restaurantes tienen problemas? Si todo va tan bien y el negocio está en auge, ¿por qué hay tantos que no obtienen los beneficios que deberían?

Es muy sencillo: una mala planificación.

La industria de los restaurantes presenta un doble rasgo único. Por un lado, es un negocio de emociones. La pasión, el servicio, la hospitalidad, el placer, la indulgencia y el entretenimiento son factores emocionales comunes. Pero también es un negocio de control. Inventario, sistemas, atención minuciosa, precisión y coherencia son necesarios para que un restaurante se mantenga en el mercado. Estos dos elementos son como el yin y el yang. Se requieren el uno al otro para prosperar. Los problemas se producen cuando nos centramos demasiado en uno y no en el otro.

Estas son cuatro áreas comunes que acabarán con los ingresos de tu restaurante. Mejóralas para aumentar el margen de ganancias de tu restaurante.

1. MALA ESTRATEGIA DE PRECIOS

Cuando te igualas a otros restaurantes en cuanto a los platos del menú y luego bajas los precios para competir con ellos, estás perdiendo. Tu restaurante se convierte en un producto básico. Es posible que consigas clientes a corto plazo, pero esas ventas rápidas no son tan buenas cuando analizas los resultados finales.

No quieres competir en precio. Quieres destacar en valor.
¿Y cómo lo haces?

1. **Formar a tu personal para que proporcione un mejor servicio.** Invierte en programas, libros e incluso audios que ayuden a tu personal a mejorar. Recuerda: los restaurantes mejoran cuando mejoran sus empleados.
2. **Crear menús exclusivos.** Tienes que ser capaz de responder a esta pregunta: ¿Por qué quiero ir a tu restaurante? Si no destacas en el mercado, te estás convirtiendo en una mera sombra.
3. **No caigas en una guerra de precios con otros restaurantes.** Algunas veces el ego interviene a la hora de fijar los precios, ya que los rivales prefieren vender algo más barato para quitar clientes a otro restaurante. Esto destruirá el margen de ganancias de tu restaurante.

2. MALA DELEGACIÓN

Muchos dueños de restaurantes sueñan con un gran negocio. Pero muchos se quedan estancados trabajando en su negocio en lugar de dedicarse a él. No es difícil acabar atrapado en él. Tú quieres que tu negocio sea exitoso, y eso es comprensible. El problema es que la mayoría están haciendo un trabajo que podrían delegar fácilmente en otros empleados.

"Muchos dueños de restaurantes están estancados trabajando en su negocio en lugar de dedicarse a él".

Así de sencillo: Tu negocio no crecerá mientras no te centres en las cosas que pueden hacerlo crecer. ¿Utilizas tu tiempo de forma inteligente, sentado en la oficina elaborando horarios (algo que podría hacer un gerente), o lo aprovecharías mejor creando contactos y asegurándote de que tu restaurante está en boca de todos? ¿Estás utilizando bien el tiempo yendo a la tienda a comprar productos o formando a tu equipo para que gestione mejor el inventario? ¿Estas actividades mejoran el margen de beneficios de tu restaurante?

3. CONTRATACIÓN INADECUADA

Sabemos que es importante contar con las personas correctas en nuestro equipo. La persona a la que permites relacionarse con tus clientes es una de las principales decisiones que deben tomar los dueños o gerentes. Algunas veces, no es la persona a la que contratas quien perjudica tu restaurante... es a la que no despides.

Los malos empleados son la principal razón por la que tus ganancias no son buenas. No les importa, y desperdician productos. No les importa, y ahuyentan a tus clientes. No les importa y hacen enojar a los buenos empleados que tienen que hacer el trabajo extra que ellos no hacen. Llegan temprano y se van tarde para controlar el tiempo y aumentar los costos de mano de obra. Arrojan los cubiertos porque les da pereza recogerlos cuando caen accidentalmente a la basura. Estas personas te **roban** de una forma mucho peor que llevándose el producto. Te roban tiempo y energía y ahuyentan a los buenos clientes y a los demás empleados. Además, se deshacen del margen de ganancias de tu restaurante.

Si descubres a estas personas, aléjalas de tu plantilla y evítalas a toda costa.

4. MALA GESTIÓN

La mayoría de los dueños de restaurantes saben lo que deben hacer. Tienen que calcular el coste de su menú. Tienen que crear un calendario de marketing anual. Tienen que arreglar las sillas rotas. Tienen que tener un presupuesto y una declaración de pérdidas y ganancias. Deben seguir el plan de negocios de su restaurante.

... Deberían estar por todos lados.

Ya sé que lo mencioné varias veces en este libro. Si sabes que hay algo que deberías hacer en tu restaurante para mejorar los resultados y no lo estás haciendo, entonces tienes que transformar ese "deberías" en un "debes". Olvídate de las excusas de por qué no puedes hacer esas cosas. ¿No tienes el personal adecuado? Contrata a las personas adecuadas. ¿No tienes tiempo? Haz tiempo. ¿No sabes cómo hacerlo? Pues contrata a alguien que sepa. **Podemos estar así todo el día....**

La razón por la que tu restaurante no genera las ganancias que quieres es precisamente la historia que te sigues contando a ti mismo sobre por qué no puedes alcanzar tus metas. Deshazte de esa historia y céntrate en la verdad.

Vas a tener que hacer un compromiso real para conseguir el margen de ganancias del restaurante que deseas - un compromiso real. Hablar es barato. Las acciones y los resultados son las únicas medidas que importan.

Margen de Ganancias de los Restaurantes - 100% Todo o Nada

En 1519, Hernán Cortés decidió que quería los tesoros de los aztecas, así que llevó 500 soldados, 100 marineros y 11 barcos a las costas de Yucatán. Cortés era consciente de que sus hombres eran inferiores en número. También sabía que, en 600 años, nadie había logrado conquistar a los aztecas. Algunos de sus hombres dudaban de las posibilidades de éxito. Incluso algunos intentaron tomar algunos barcos y marcharse a Cuba. Cuando Cortés se enteró y quiso asegurarse de que sus hombres se comprometían con el plan de conquistar el imperio azteca, ordenó a sus hombres que quemaran los barcos. Eso sí que es ir con una mentalidad del 100% de todo o nada.

Demasiados dueños de restaurantes trabajan con una actitud sin compromiso. Tu restaurante nunca obtendrá los ingresos que deseas hasta que te comprometas a hacer todo lo necesario para tener éxito. Cuando el fracaso es una opción, existe falta de compromiso. El cambio es difícil. El negocio de los restaurantes puede ser complicado. Busca ayuda de un asesor, un mentor o un coach. Haz algo que te permita recuperar el control de tu restaurante. Desarrolla una estrategia de fijación de precios que te convierta en un líder de marca, no en una mercancía. Delega las tareas que te impiden desarrollar tu negocio. Deshazte de esos malos empleados que acaban con la rentabilidad de tu negocio. No pongas más excusas y empieza a buscar soluciones.

Ah, y quema los malditos barcos.

Un Consejo de Restaurant Coach™: Los Malos Días

Si tienes un mal día (*sí, de vez en cuando pasa*), recuerda esto:

Si No Puedes Cambiarlo, Cambia Tu Actitud.

Claro, puede que un compañero de trabajo sea un imbécil contigo.
Los clientes quizá no sean razonables.
Las cosas no siempre van como tú quieres.
Hay cosas que ocurren en un momento inoportuno.
Sin embargo, ¿cómo reaccionas ante esas cosas?
Todo depende de ti.

If you find yourself starting to react and not respond (we'll talk about this more on your coaching call if we haven't already), here's my 3 Step Process:

1. **Pide un descanso.** Puedes tomarte un tiempo para reflexionar y dejar de pensar de forma reaccionaria (cerebro de lagarto o sistema límbico) para hacerlo de forma más racional (neocórtex). Simplemente di: "Con todo respeto, necesito 3 minutos para descansar y procesar esto".

2. **Aléjate de la situación.** Hay algo en alejarte de la situación que hace que tu cerebro se enfríe más rápido para salir del estado de "lucha o huida" en el que estaba.

3. **Respira.** Sí. Respira profundo tres veces. Respira profundo y llena tus pulmones. Luego exhala lentamente hasta expulsar todo el aire. Haz esto por lo menos dos veces más. Además, puedes decir algo para cambiar tu estado (otro tema del que se habla en las sesiones de coaching), yo digo lo siguiente, y después de decirlo unas cuantas veces siempre veo que mi estado cambia (me hace reír). Cuando inhalo digo: "Inhala con ira (frustración o lo que sea que estés sintiendo)". Luego, cuando exhalo, digo: "Sal con amor". Imagino que mi cuerpo es un filtro que depura la mala energía y cuando exhalo son buenas energías.

> Si crees que empiezas a reaccionar y no a responder (ya hablaremos de esto en tu sesión de coaching, si aún no lo hemos hecho), este es mi proceso de 3 pasos:
>
> O eres víctima de las circunstancias y dejas que te controlen O puedes tomar el control de tus emociones. La elección (como tantas otras) está en tu poder.

¿Saboteando Tu Éxito?

Tu restaurante funciona muy bien. Entonces algo malo sucede. Tal vez una reseña de una estrella en Yelp. Luego tu chef se va. Luego algo más. Y más. Ahora estás estancado. No importa lo que hagas, parece que no puedes salir de este problema. Estás en arenas movedizas, y cuanto más luchas, más te hundes.

Pero no te preocupes. Esto también pasará. Es una situación bastante común. Esto ocurre principalmente por las siguientes razones:

1. Tienes una forma de pensar inadecuada.
2. Te enfocas en las cosas incorrectas.

La Mentalidad lo es Todo

Esta es una pregunta sencilla: ¿Sabes que vas a tener éxito o esperas tenerlo?

Saber y esperar son dos mentalidades diferentes. La confianza (y el saber) es una emoción fuerte que puede ayudarte a sobrellevar los momentos difíciles. La esperanza es más bien una forma de mendigar.

En 1964, Victor H. Vroom, de la Yale School of Management, investigó las motivaciones que hay detrás de la toma de decisiones y elaboró lo que se conoce como Teoría de la Expectativa. La expectativa es la creencia en que los propios esfuerzos conducirán a la consecución del objetivo deseado.

Para entender mejor esta teoría, debemos tener en cuenta sus tres componentes.

1. La autoeficacia: ¿Te acuerdas de la pregunta anterior ¿Sabes que vas a tener éxito o esperas tenerlo? Los ganadores confían en alcanzar su objetivo.

2. La dificultad de los objetivos: Cuando los objetivos son demasiado ambiciosos o las expectativas de resultados demasiado exigentes, las expectativas son bajas.
3. Control percibido: Esta variable fue descubierta en los años 50 por Julian Rotter en una teoría llamada Locus de Control. Si tienes un locus de control interno, piensas que puedes influir en los acontecimientos y los resultados. Por el contrario, si tienes un locus de control externo, culpas a fuerzas externas de todo lo que ocurre.

Entonces, ¿cómo puedes salir de una mentalidad negativa? Se necesita tiempo, energía y esfuerzo para superar una situación negativa. Así que ten paciencia. Prepárate para pequeños éxitos. En la guerra con tu subconsciente, es mejor ganar las pequeñas batallas que intentar acabar con la negatividad de una sola vez.

Prepárate Para Ganar

Aprovecha Tus Fortalezas. Sólo podrás destacar si aprovechas al máximo tus fortalezas innatas. Si no te gustan las hojas de cálculo y la contabilidad, realizarlas tú mismo es utilizar mal tus fortalezas. Además, si no eres muy bueno en ello, ¿qué posibilidades hay de que esa información sea correcta? Por ejemplo, el dueño de un restaurante que cree que sabe calcular el costo de su menú y obtiene un costo teórico del 21%, cuando un análisis más detallado revela que el costo de la comida se acerca más a la marca del 42%.

Gestionar un restaurante es como jugar al ajedrez. Cada pieza del juego tiene sus fortalezas. Tu trabajo es colocar cada pieza en una posición en la que sus fortalezas innatas se conviertan en una ventaja.

El Mentor. Si el dueño y el gerente tienen influencia sobre el personal y el personal tiene influencia sobre la experiencia del cliente, ¿quién tiene influencia sobre el dueño y el gerente? El mentor.

Hasta los empresarios más exitosos, como Mark Zuckerberg, de Facebook, han contado con un mentor (él era Steve Jobs). Los mentores te permiten aprovechar la experiencia de otro más allá de tu restaurante. Einstein era famoso por decir que un problema no puede solucionarse en el nivel en que se creó. Y es cierto. A veces, contar con un mentor puede aportar una perspectiva nueva con la que mirar un problema.

En Lo Que Te Enfocas Se Convierte En Realidad. No, no estoy elogiando el libro "El Secreto". Sin embargo, lo cierto es que tu energía te seguirá allá donde pongas tu atención. ¿Has leído alguna vez un artículo sobre el equilibrio entre trabajo y vida privada? Pues bien, ¡eso es un mito! Si trabajas en la industria de los restaurantes, es como encontrar a Pie Grande. Todos queremos creer que es real.

La vida nunca está realmente equilibrada. Cuando te enfocas en un área, las cosas suelen mejorar en esa área. Si te enfocas en tu relación, esta tiende a mejorar. Enfócate en el marketing, y las ventas aumentarán. El verdadero truco es equilibrar el tiempo que le dedicas a cada área. Ese es el verdadero equilibrio. Se dice que el tiempo es dinero. No, el dinero es dinero. La verdadera relación con el tiempo es saber dónde pones tu atención. En el mundo hiperdistraído de hoy en día, los que pueden concentrarse tienen verdadero poder.

Gestiona Tu Agenda. Abre tu agenda. Casi todos tenemos unas cuantas citas, y ya. Tu agenda es probablemente una de las herramientas de concentración más infrautilizadas que tienes a tu disposición. Todo ese hueco entre las citas se llama espacio en blanco. Para los ultraproductivos y exitosos, el espacio en blanco es su enemigo.

Si no tienes el control de tu tiempo y tu concentración, otro lo controlará por ti. Necesitas programar todo lo que puedas en tu agenda. El gimnasio, el tiempo en las redes sociales, las citas nocturnas, la capacitación con el personal, el almuerzo, antes del turno, la cena, el marketing, la investigación y el desarrollo... todo. Utiliza tu agenda como el guardián de tu tiempo.

La mejor forma de evitar sentirse agobiado y estar demasiado comprometido es aprender esta sencilla palabra: no. Si tuvieras una reunión de trabajo muy importante el martes a las 15.00 y otra persona te pidiera reunirse contigo a esa misma hora, no tendrías ningún problema en decirle que tienes otro compromiso. Utiliza la misma mentalidad para todas las citas de tu agenda. Si tienes programados 45 minutos para trabajar en el marketing de tu negocio, no los canceles. Piensa en cada cita de tu agenda como si se tratara de la reunión de negocios más importante a la que vas a asistir.

Sé un Auténtico Líder. A veces hay que saber que *uno mismo es el que impide el crecimiento de nuestro negocio*. La cultura fluye de los duelos/líderes al equipo.

Tu actitud y tu comportamiento influyen directamente en tu equipo. Es un ciclo conocido como La Caja de Betari.

The Betari Box

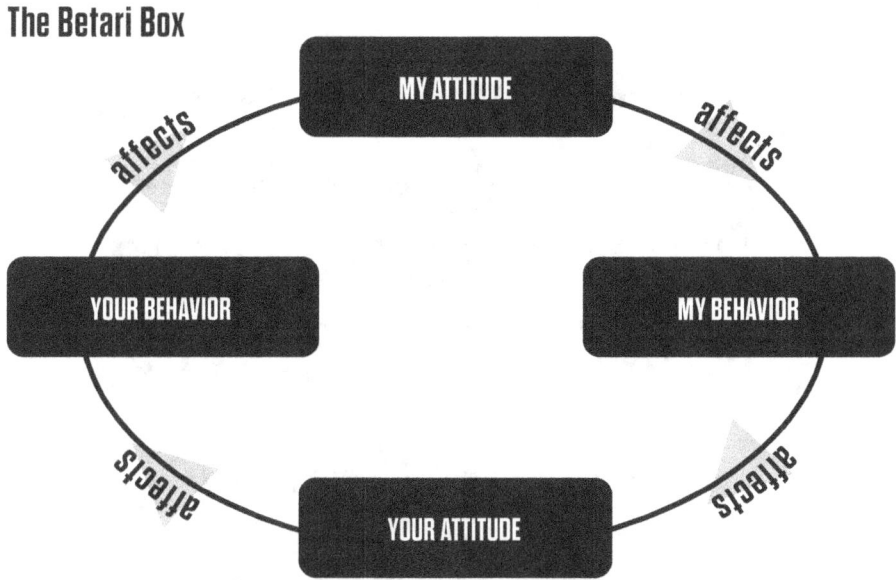

Esto demuestra una correlación de cómo la actitud y el comportamiento van de la mano. Nuestro comportamiento es un reflejo de nuestras actitudes, que, al mismo tiempo, influyen en el comportamiento de los demás. Se convierte en un círculo de causa y efecto. Tu forma de actuar (tu actitud) influye en tu comportamiento, lo cual repercute en la actitud de los demás, lo cual repercute en el comportamiento de ellos, lo cual repercute en tu actitud.

¿Cómo podemos detener el círculo? Muy sencillo, asegúrate de que tu actitud está controlada. Si crees que el hecho de poner apodos a tu equipo no afecta a su rendimiento, te equivocas. Incluso si no les dices a la cara el nombre que tienes para ellos, eso tiene un impacto en tu actitud. Esa actitud se reflejará en tu comportamiento y en tu comunicación no verbal (que es el 55%).

Ser un auténtico líder implica ser un profesional. Esto significa que tus pensamientos y acciones actúan como tal. Ser coherente con tus valores fundamentales y actuar con integridad son características de liderazgo imprescindibles. El liderazgo no es algo que se pueda simular. Los auténticos líderes canalizan una fuerza interior y una confianza que se reflejan en sus acciones.

Recuerda esto: El talento y la habilidad pueden llevarte a la cima, pero lo que te mantiene en ella es tu carácter y tu mentalidad.

Las 12 MENTIRAS DE MIERDA Que Te Dices A Ti Mismo Y Que No Permiten Que Tu Restaurante Tenga Éxito

Seguro que el pegadizo título llamó tu atención. Es posible que ahora mismo te estés diciendo:

¿Mentiras de mierda? ¿Quién, yo?
¡Sí, tú!

No lo tomes como algo personal, ya que todos nos mentimos a nosotros mismos de vez en cuando. *Sí, incluso yo también lo he hecho, así que ¡bienvenido al club!* Una vez que lo admites y no permites que te controle, entonces puedes hacer algo al respecto, ¡y para eso estamos aquí tú y yo! *No voy a dejarte en paz con tus mierdas, estoy aquí para ayudarte a manejar esas mentiras.* ¡Lo asombroso es que en sólo un párrafo he sido capaz de decir la palabra mentiras de mierda ahora cinco veces (incluyendo el título)! ¡Boom!

Sujétate a algo porque esto se va a poner un poco feo.

Tú y yo coincidimos en que nos hemos estado mintiendo a nosotros mismos durante años. Yo sé que lo hice, y si eres sincero contigo mismo, sabes que tú también lo has hecho. Lo primero que hay que hacer es admitirlo. Lo segundo es perdonarte a ti mismo. Lo tercero es **dejar de hacerlo**.

Si lees mis libros, mis blogs o escuchas mi podcast, seguramente ya me habrás oído decir esto antes (si formas parte de mi grupo de clientes privados que reciben sesiones de coaching para restaurantes, lo oirás mucho)... **la conciencia precede a la elección y la elección precede al cambio**. ¡Primero debes ser consciente del problema para poder cambiarlo! Sólo hace falta una letra para pasar de la **oportunidad al cambio**.

Mentira #1: No tengo tiempo.

¿Sabías que el 26% de las personas creen que no tienen suficiente tiempo?
¿Qué pasó?
¿Alguien te quitó tiempo?
No, tú tienes las mismas 24 horas que los demás. Entonces, ¿qué lógica hay detrás de esta mentira? No quieres admitir que no administras tu tiempo con eficacia. Ahí está el verdadero problema. Fuiste a comprar tiempo regalándolo como si fueran paletas gratis de supermercado, y ahora no te queda nada para las cosas importantes.

¡Deja de perder el tiempo desperdiciándolo en cosas que no te hacen avanzar ni en tu vida ni en tu restaurante! Normalmente estás atrapado por una o dos de las cuatro dimensiones del tiempo: principalmente por distracción o por exigencia. Evitas las cosas difíciles y te dedicas a hacer cosas fáciles que requieren muy poca energía (distracción). O bien, le dices que sí a todo el mundo y vas de un lado para otro a petición (orden) de los demás. No hay nada malo en hacer cosas por los demás, siempre y cuando también dejes tiempo para ti. Los psicólogos llaman a esto tener "límites saludables". Otros lo llaman "crecer un poco". Siempre debes reservar tiempo para hacer que TU vida avance mientras ayudas a los demás.

Esto comienza por comprender que el tiempo no es dinero. El dinero es dinero. Siempre puedes ganar más dinero. Siento darte la mala noticia, pero no puedes convertir 24 horas en 25 horas.

Mentira #2: No hay gente buena por ahí para contratar.

Si fuera verdad, los restaurantes no existirían. En los restaurantes trabajan todos los días personas increíbles. Quizá te hayas cansado un poco de tratar con algunos de los empleados menos recomendables. Bueno, aquí viene lo peor: ¡tú los contrataste!

Las malas decisiones a la hora de contratar son la principal causa de tener malos empleados en tu equipo. Desesperarse no significa rebajar los estándares para cubrir una vacante. Esto se conoce comúnmente como "contratación por pánico", y causa más problemas de los que crees.

No sólo dejas que una persona tóxica y de bajo rendimiento entre en tu cultura, sino que también le permites contagiar a los demás miembros de tu equipo con su negatividad. Un virus no mata al principio. Más bien se infiltra lentamente en el sistema y luego destruye las células sanas. Lo que queda es un cascarón vacío de lo que una vez fue grande.

La mejor defensa es tener altos estándares para saber quién encaja en tu cultura. Hay que conocer los valores fundamentales y preguntárselo a los nuevos candidatos. No contrates por experiencia y enfócate más en la personalidad. Las habilidades pueden desarrollarse (si son entrenables), pero la personalidad no se puede cambiar fácilmente (aunque la mayoría piense que sí).

Mentira #3: No puedo hacerlo.

Ok, esta es una mentira que se dice cuando se supone que se debería decir: "**No haré eso**". Siempre es mejor ser honesto. Si no quieres hacer algo, por favor, ¡no digas que sí y luego lo dejes a medias! Ese es probablemente el mayor pecado que existe: .... caer en un rendimiento mediocre debido a un compromiso deficiente.

No puedo y no quiero dicen algo que se esconde en el fondo y de lo que quizá no te des cuenta. No puedo dice que no está bajo tu control o poder. No lo haré dice que va en contra de tus valores fundamentales y tu sentido de la moral. ¿Qué diría una persona segura de sí misma? No lo haré suele ser un factor de poder a tu favor. Defendiste algo en lo que crees. El mundo necesita más gente dispuesta a defender aquello en lo que cree.

Mentira #4: Me estoy esforzando mucho.

¿Por qué pensamos que la vida se basa en esforzarse o trabajar duro? Te voy a decir una gran verdad: *no te premian por trabajar duro, te premian por tus resultados.*

Si trabajas muchas horas durante mucho tiempo, estás en una de estas dos situaciones:

Eres malísimo gestionando el tiempo.

O

Eres malísimo contratando, capacitando y liderando al personal.

Sé que trabajar muchas horas es imprescindible para empezar un restaurante o hacerse cargo de un nuevo equipo. Si después de un año sigues trabajando un montón de horas, entonces, amigo mío, eres adicto al drama y necesitas una intervención.

Tu autoestima depende de cuánto te necesita tu equipo. Tu trabajo debería consistir siempre en reemplazarte a ti mismo. Recuerda que si no puedes ser reemplazado, no puedes ser ascendido. Esto también es válido para las marcas de restaurantes que quieren expandirse a varios locales. Gestionar uno o dos restaurantes es fácil. Cuando pasas de tres, no puedes dirigir tantos restaurantes con la misma mentalidad que cuando tenías menos.

No me importa si trabajas 80 o 40 horas a la semana. Todo depende de estas cuestiones:

¿Obtienes resultados?
¿Creces personalmente?
¿Tu marca está creciendo?
¿Tu equipo está creciendo?

El número de horas que trabajas o las quejas de que trabajas mucho no son más que una forma de llamar la atención. Deja de hacer eso. El drama es bueno para las películas y malo para los restaurantes. El drama empieza y termina con el líder del restaurante. ¡Todo lo que toleras, lo recibes!

No me digas lo mucho que trabajas o te esfuerzas. Dime qué diablos has hecho esta semana para que tu vida y tu restaurante progresen. Hasta que no seas honesto contigo mismo, estarás perdiendo el tiempo llamando la atención. Los perdedores quieren atención. Los ganadores quieren resultados.

Mentira #5: Es lo que hay.

El dicho "es lo que hay" es una estupidez. Es justo lo que tú aceptas que sea. Si te parece bien la mediocridad, admítelo; simplemente no pongas como excusa que "es lo que hay".

Yo siempre digo que si quieres una vida o un restaurante mejor, ¡entonces haz mejores preguntas y de mejor calidad! "Es lo que hay" es una excusa que te lleva directamente a la mediocridad.

¿Qué vas a hacer al respecto?
¿Qué estás dispuesto hacer para cambiar esta mierda?
¿Qué mierda quieres de esto?
¿Cuál es tu resultado?

Contesta a estas preguntas cuando vuelvas a buscar la solución fácil del "es lo que hay", y verás cómo tu vida cambia radicalmente a mejor.

Recuerda que las excusas generan más excusas.

Mentira #6: Eso no me pasará a mí.

La negación es una poderosa droga. Tal vez más poderosa que todos y cada uno de los opiáceos juntos. ¿Por qué? Porque te roba la posibilidad de un futuro mejor. La negación te roba la oportunidad de mejorar. Te deja en un estado llamado impotencia aprendida. Te quedas ahí pensando que no te pasará a ti.

Este año van a cerrar muchos restaurantes, y eso es un hecho en la economía. Pero no digas que no te puede pasar a ti. Tú eres un negocio como cualquier otro, ¡y todos corren el riesgo de desaparecer! A veces los mercados cambian rápidamente. Si te niegas a creer que no te va a pasar... ¡es muy probable que sí te pase!

Después de la negación suele venir su pariente, el estúpido orgullo. Y el siguiente en aparecer es el Fracaso. Seguramente, los restaurantes que cerraron el mes pasado nunca pensaron que les pasaría a ellos también. Probablemente muchos podrían haberse salvado si hubieran pedido ayuda.

Con frecuencia me encuentro con restaurantes en apuros más que con otros que están dando todo su potencial. Es una situación triste que antes me molestaba. ¿Por qué alguien que está llevando su restaurante a la ruina no extiende la mano y toma el salvavidas que alguien le ofrece? Por ese maldito orgullo estúpido que tienen. Prefieren hundirse con el barco rumbo al naufragio.

Yo no puedo ayudar a un restaurante a menos que esté dispuesto a hacer tres cosas:

1. **Debes escuchar.** Normalmente iniciamos esta conversación con la pregunta: " ¿Sabes cuál es la diferencia entre un consejo y una opinión?". Todo el mundo tiene una opinión sobre cómo gestionar un restaurante. El consejo es el de un profesional que ya ha pasado por lo mismo y te dice más o menos que este es el camino que debes seguir ahora. Yo sólo doy consejos.
2. **Debes actuar.** Lo que te ha metido en esta situación es que no has actuado y no has hecho las cosas bien. Cuando te doy una fecha límite, es mejor que tengas una maldita razón por la cual no lo hiciste, o no vamos a trabajar juntos por mucho tiempo. ¡Estoy contratado para darte el restaurante y la vida que quieres! Puedes ser mediocre sin mí.
3. **Debes tener paciencia.** Te costó un tiempo acabar en este embrollo en el que estás metido, y tardarás la mitad de ese tiempo en volver a estar preparado para triunfar. Así que si llevas dos años perdiendo el tiempo, tardarás al menos un año en recomponerte. Ah, y eso si sigues las reglas uno y dos anteriores.

Muchos restaurantes me piden asesoramiento. Me dicen que quieren cambiar. Me dicen que quieren aumentar sus ganancias. Dicen que quieren controlar el mercado. Dicen que quieren un negocio que no consuma su vida personal. Entonces, inician mi programa. En un mes la mayoría de ellos ponen alguna excusa de mierda para abandonar el programa.

Asegúrate de que lo quieres porque estoy dedicado a conseguirlo para ti, pero vas a tener que esforzarte. Me esforzaré tanto como tú por tu marca. No trabajaré más duro que tú por tu marca. ***Demuéstrame que lo quieres y te lo daré.***

Mentira #7: Puedo cambiar a esa persona.

Esta es otra mentira disfrazada de negación. **Analiza por un momento lo difícil que es cambiarte a ti mismo, y finalmente verás las pocas posibilidades que tienes de cambiar a los demás.**

Esto es lo otro de lo que quizás no te des cuenta... ¡la mayoría de la gente está a gusto donde está! La zona de confort está llena de gente perezosa y sin inspiración que más bien son zombis viviendo una vida de mediocridad. Claro que se quejan todo el tiempo y acusan a los demás de la mierda de vida que tienen (por cierto, nunca se culpan a sí mismos). Pero no hacen nada para mejorar esa situación. Esta es la dura realidad: Si no te preocupas lo suficiente como para cambiar tu vida entonces nunca lo harás. Por lo tanto, si crees que vas a cambiar a otra persona que no quiere cambiar, es como si dijeras que vas a convertir el día en noche sólo porque crees que sería mejor para el día. No sucederá.

Antes de emprender un viaje para cambiar a alguien, tienes que preguntarte si esa persona quiere cambiar.

Si de verdad quieres influir en la gente que te rodea, primero cámbiate a ti mismo. Sé el ejemplo y marca la pauta. Las personas son más propensas a cambiar cuando ven a alguien que los inspira. Toda mejora empieza por la mejora personal.

Mentira #8: No juzgo a nadie.

Por favor, discúlpame mientras me aclaro la garganta... *¡mentira!*

Tú, yo y todo el mundo juzgamos a la gente hasta cierto punto. No me importa lo santo o recto que creas que eres. Todos, en el fondo, somos hipócritas. Llevamos una máscara que queremos que el mundo vea. Pretendemos que somos geniales cuando en el fondo sufrimos. Sonreímos cuando queremos gritar al cielo. Reímos cuando queremos llorar. Yo también lo he hecho, así que no pienses que eres el único.

Para liberarte de esto tienes que decidir que no tienes nada que demostrar a los demás. Sólo necesitas ser honesto y sincero contigo mismo. Y para ello hay que empezar por un pequeño valor fundamental llamado integridad. Verás, cuando traicionamos nuestro sentido de la moral, es fácil dejarse llevar por más compromisos. Es más fácil mentir y engañarnos a nosotros mismos. Esa voz en tu cabeza diciendo tonterías te impide ser sincero. Es la supresión de tu alma.

¿Por qué juzgamos a los demás? Es muy sencillo: nuestro ego, codicia y envidia nos controlan. Ellos nos ponen celosos y nos hacen juzgar a los demás. Sentimos miedo y criticamos las cosas que nos amenazan. El miedo mata la mente. Ora en esa parte débil de tu subconsciente que siempre busca protegerte de... bueno, ¡de todo! Puedes darle las gracias a nuestros antepasados primitivos por eso. Por supuesto, le sirvió a la raza humana durante millones de años, y nos mantiene a salvo de los depredadores que querían comernos. Ahora, a la mayoría le impide conseguir el restaurante y la vida que desean.

Dejemos algo claro: el peligro es real; el miedo es una elección.

Mentira nº #9: Mañana lo hago.

¡La falacia de la planificación! Creemos siempre que nos va a proteger la promesa del mañana. ¿Y si mañana no llega? ¿Alguna vez has pensado en eso? Probablemente, no piensas demasiado en eso (o hasta que alguien que conoces fallece inesperadamente). Y es que eso de la mortalidad es una auténtica mierda. Déjame decirte por experiencia propia que la muerte vendrá por ti algún día. Quizás, si tienes mucha suerte puedas tener otra oportunidad en la vida (como me pasó a mí cuando tuve un paro cardíaco en septiembre de 2018).

La muerte cambia de forma bastante drástica y muy rápida tu perspectiva. Me di cuenta de que me quedaban muchas cosas por hacer, y quería causar un impacto en la industria (¡Sí, he dicho un impacto! ¡Todo el mundo quiere tener un impacto! ¿Qué tan normal es eso?). Tener una segunda oportunidad me sirvió para despertarme. Me gustaría ofrecerte esto como una advertencia antes de que se te acabe el tiempo. Lo que quieras hacer, haz un plan y ¡hazlo, maldición! Hazlo ya.

Saca tu agenda y empieza a programar todo lo que puedas para cada día. Tienes que empezar a vivir cada día teniendo en cuenta que el tiempo avanza y que no tienes tiempo ilimitado. El tiempo es la única cosa del universo entero que no discrimina. No importa dónde vivas, de qué religión seas, de qué raza seas... el tiempo sigue pasando. Todos tenemos las mismas 24 horas al día. La gran diferencia entre los que viven la vida que quieren es cómo utilizan esas

24 horas. ¿Las inviertes en ser mejor o las malgastas distrayéndote haciendo actividades que no tienen ningún beneficio? Deja de jugar con poco y de perder el tiempo. Créeme que no te sobra.

Mentira #10: Si puedo tener (inserte lo que sea), entonces seré feliz.

Quien busca lo material es el ego. Un hombre que ha disfrutado de las cosas buenas de la vida sabe que estas cosas no te hacen feliz durante mucho tiempo. Claro, manejar un auto deportivo es divertido hasta que tiene problemas con su mantenimiento. La piscina en el jardín causará buena impresión a tus amigos hasta que tengas que limpiar el vómito de la fiesta. El compañero que parece una supermodelo es divertido hasta que intentas conversar con él de forma inteligente.

No persigas cosas que no te aportan felicidad a largo plazo. ¿Qué es lo que sí aporta? Convertirte en un ser humano mejor. Empieza a ser compasivo. Enseña o asesora a alguien. Sé voluntario en un banco de alimentos. Dona a un refugio parte de esa ropa que nunca volverás a ponerte. Disfruta de la naturaleza y aprecia lo maravilloso que es el mundo. Disfruta de una puesta de sol o contempla las estrellas con un ser querido.

No estoy diciendo que te conviertas en un monje y renuncies a todas las posesiones materiales. Lo que digo es que no hagas de ellas las cosas que crees que te harán feliz. Empieza a ser feliz ahora.

Este es un pequeño secreto para el éxito: sé feliz con lo que eres. Ama lo que haces. Haz que tu objetivo sea servir a los demás y mejorar sus vidas, y descubrirás que el dinero y las recompensas llegarán a ti. Buscamos las cosas equivocadas. Deja de buscar las cosas y empieza a llenar tu corazón de servicio a los demás.

Mentira #11: Es que no tengo suerte.

Esto es lo que ocurre con el universo y la energía... una vez que te lo propones, el universo trabaja para que lo consigas. Llámalo profecía autocumplida. Realmente recibes aquello en lo que te concentras.

Si afirmas que no tienes suerte, ¿adivina qué? Descubrirás que la suerte se aleja de ti. Si dices que eres un desastre en el amor, tu vida sentimental también lo será. Declara que tus empleados son unos idiotas, y verás que estás rodeado de ellos. Las palabras que utilizas habitualmente (hábito) se convierten en la experiencia de la que hablas.

Esto no significa que si empiezas a decir cosas positivas mañana, todo vaya a ir bien en unos días. Tendrás que respaldar tus palabras con una cosita llamada creencia. Podrás decir lo que quieras, pero si no crees en ello en lo más profundo de tu ser, no se materializará.

Si lo dices, lo compartes, lo crees y actúas para conseguirlo, puedo decirte con confianza que lo más probable es que lo consigas. Yo he recorrido este camino muchas veces, y a diferencia de las tonterías propagadas en el libro de moda El Secreto, no puedes desear que suceda. Tú también vas a tener que avanzar para conseguirlo.

Cuida las palabras y las cosas que dices porque forman tu realidad. #historiaverdadera

Lie #12: If I want anything done right, I have to do it myself.

¡Pobre de mí! Pobrecito, que haces todo el trabajo. Vamos a dejar las cosas claras. No confías en tu equipo y te niegas a entregar las riendas. Por eso haces la mayor parte del trabajo. Has transformado a tu equipo en un montón de trabajadores dependientes que tienen miedo incluso de su sombra porque no los has capacitado ni les permites cometer errores.

Por favor, no me salgas tampoco con que eres un perfeccionista. No eres un perfeccionista; sólo eres un líder débil que se niega tanto a sí mismo que no puedes ayudar a nadie y mucho menos a ti mismo. Las necesidades crean más necesidades. Cuando un equipo no está capacitado para cometer errores y aprender, el resultado es un equipo mediocre. No mejoran nunca.

No buscan crecer. Estás atrapado junto a ellos en un eterno sufrimiento, viviendo el mismo día una y otra vez.

No trates a tu equipo como si fuera incompetente. No lo son. Los tienes encerrados en una situación de impotencia y luego te quejas de todo el trabajo que haces. Déjalo porque, sinceramente, a nadie le importa cuántas horas trabajas ni lo mucho que dices que trabajas. Te estás mintiendo a ti mismo.

Sin confianza, las relaciones mueren. Sin errores, no hay crecimiento. Sin oportunidades, la gente se va. No intentes cargar con todo el restaurante a tus espaldas. Comparte algunas de las responsabilidades. Comparte algunas de las tareas en las que no eres bueno. Comparte parte de la gloria. Crea esa cultura en la que es más "nosotros" que "yo". No tienes que hacerlo todo tú solo a menos que así lo decidas. Recuerda que siempre puedes elegir.

Ahora tal vez meditres sobre esta lista y, por fin, actúes para cambiarte a ti mismo. Si leíste hasta aquí, yo diría que empezarás a hacer algunos cambios. Esto es lo que hay que hacer: sé amable contigo mismo y tómate un descanso. Si te presentas cada día con una nueva actitud, empezarás a ver algunos cambios. No son los grandes cambios los que tienen un mayor impacto en tu vida. Son los pequeños cambios cotidianos y constantes los que lo hacen.

Empieza poco a poco. Sé constante. Comprométete. Mantén el rumbo. Cambia tus hábitos para obtener los resultados que deseas. ***Obsesiónate por convertirte en una mejor versión de ti mismo.***

TENDENCIAS

"¡No sigas tendencias, inícialas!".

-Frank Capra

Tu Obsesión Por Las Reseñas En Línea Te Están Matando

Sitios de reseñas en línea. Nos encanta cuando son amables y los odiamos cuando dicen cosas poco favorecedoras de nuestro restaurante. Estudios realizados en Harvard indican que las reseñas pueden influir en las ventas. Si consigues una estrella más, las ventas pueden aumentar entre un 5 y un 9%. Resulta fácil entender por qué queremos tener buenas reseñas en Internet. El problema es cuando nos obsesionamos con ellas.

Obsesionarse con ellas es un arma de doble filo que puede ser mortal en ambos sentidos. Cuando estás motivado y obsesionado con mejorar cada día o lo que los japoneses llaman Kaizen, es una filosofía de mejora constante e infinita que puede hacer que tu restaurante tenga éxito a largo plazo. Es más, en el mercado actual es necesario tener un poco de Kaizen en los valores fundamentales y en la misión. Si no mejoras, estarás estancado. No es bueno estancarse mientras la competencia está innovando, mejorando y creando planes estratégicos para arrebatarte parte del mercado. Obsesionarse es bueno cuando nos impulsa a querer hacer más y ser más. Esto es obsesión interna. Quieres más de esto.

El otro lado de la moneda de la obsesión es cuando nos enfocamos en lo que hacen los demás y en lo que tienen. Esta obsesión nace de las emociones básicas de la codicia, la envidia y los celos. Estas emociones apartan tu atención de tu restaurante y de lo que puedes controlar, y la dirigen hacia los demás y hacia lo que están haciendo. Claro que conviene estar al tanto de lo que ocurre en el mercado. En contra de la creencia popular, la ignorancia no es la felicidad cuando se dirige un restaurante. La ignorancia es sólo ignorancia. La obsesión se convierte en algo desagradable cuando consume nuestra atención y nuestra energía. Es una obsesión externa. Y tú no quieres que sea así.

Para evitar que el monstruo de la obsesión externa se apodere de ti, debes tener en cuenta un par de cosas:

1. **EL 20% DE LAS RESEÑAS EN LÍNEA SON FALSAS.**

Cuando Harvard publicó aquel estudio en el que se decía que un incremento de una estrella era bueno para un aumento del 9% en las ventas, ahí empezó el problema. Comenzó una "fiebre del oro" en Internet de dueños de restaurantes poco reputados que llenaban los sitios de reseñas en línea con reseñas falsas, tanto buenas como malas.

Así, hacían crecer su marca con buenas reseñas y criticaban a sus competidores con reseñas negativas. Este tipo de individuos son los que desacreditan nuestro sector. Sus campañas de marketing (si es que se les puede llamar así) son más parecidas a las de los candidatos a la presidencia de los Estados Unidos... se convierten en una tormenta de negatividad en los medios de comunicación. Es una tormenta que hay que evitar.

2. **DESDE LUEGO, VAS A RECIBIR ALGUNAS MALAS RESEÑAS**

No puedes hacer feliz a todo el mundo cuando recibes una mala reseña (y ocurrirá). Debes preguntarte lo siguiente: ¿Será verdad?

Si puedes decir con un 100% de seguridad que no es verdad, entonces tómala como lo que es... una opinión personal. Todo el mundo tiene derecho a opinar. Eso es lo que hace que este país sea grande.

Pero, si hay algo de verdad en ello, entonces tienes que ser honesto contigo mismo y admitir que puede que no todo en tu restaurante sea perfecto. Para eso hay que tomar un gran vaso de agua y tragarse tres pastillas llamadas ego, orgullo y negación. Una de estas tres, o todas ellas, son normalmente las razones por las que los dueños y operadores de restaurantes se quedan estancados. Si te las tragas, podrás convertirte en el restaurante que crees que puedes llegar a ser.

Responsabilizarse es liberador y necesario para que tu marca crezca y prospere. Estas son algunas preguntas que debes preguntarte si te encuentras ante una mala crítica que podría ser cierta::

- *¿Tienes estándares claros que están grabados en piedra como si estuvieran tallados en una tabla como un mandamiento?*
- *¿Tienes una lista de los valores fundamentales por escrito que guían al equipo con sus acciones? ¿Hablas de tus valores fundamentales todos los días con tu equipo?*
- *¿Estás comprometido con el aprendizaje diario? ¿Capacitas, enseñas y desarrollas a tu equipo a diario?*

Si eres honesto, tal vez veas algunas oportunidades en las que necesitas trabajar. Incluso si respondiste "sí" a todas esas preguntas, entonces pregúntate: "¿Podrías pasar al siguiente nivel? ¿Podrías hacer más y ser aún mejor?". Si respondiste "no" a esas preguntas, por favor, vuelve a buscar ese vaso de agua y a tragarte las tres pastillas antes mencionadas.

Ahora, si recibes una mala reseña, hay algunos pasos a seguir:

A. Discúlpate por no cumplir las expectativas. Esta es una manera estupenda de expresar tu compasión por el cliente. Di algo como: "Siento mucho no haber estado a la altura de sus expectativas, esa no es la experiencia por la que trabajamos".

B. Pide una oportunidad para volver a atraer a tu cliente. La mayoría de la gente te dará otra oportunidad si la pides. Eso sí, la solicitud debe realizarse en las 24 horas siguientes a la mala reseña. Recuerda que la gente se queja en Internet porque piensa que la situación no se resolvió en el restaurante.

Cuanto más tardes en responder (*fíjate en la palabra responder, no reaccionar*), más te costará recuperar la confianza. Eso es lo que ocurre en una mala reseña: *la confianza entre el cliente y tu marca se pierde.* Cuando rompes una promesa de marca, te resultará difícil recuperarte, especialmente si lo evitas. Pregúntale a Chipotle sobre el daño que puede tener perder la confianza de los clientes.

Di algo como "Me gustaría tener la oportunidad de volver a ganarme su confianza y mostrarle la verdadera experiencia de [INSERTA AQUÍ TU RESTAURANTE]. Me llamo [SU NOMBRE AQUÍ] y, por favor, cuando vengan, pregunten por mí para que pueda pasar personalmente a darles las gracias por darme la oportunidad de arreglar esto."

C. Evitar las excusas. No querrás empezar a poner excusas para explicar por qué fallaste. Recuerda que el objetivo al responder a las malas reseñas en línea es recuperar la confianza y conseguir que el cliente vuelva. No pongas excusas ni discutas con el cliente en Internet. "Bueno, nos faltaba personal e hicimos lo que pudimos" o "¡Te comiste más de la mitad del filete antes de quejarte!". Este es uno de mis favoritos: "Nadie de nuestro personal tiene el mismo color de pelo que usted encontró en su comida". ¡Qué asco!

D. Escribe un borrador siempre en otra aplicación y pídele a otra persona que lo lea. Un par de pasos más te pueden evitar reaccionar y no responder con profesionalidad. Sólo hay que fijarse en los que envían un tweet y luego lo borran, pero no antes de que otros hayan hecho capturas de pantalla del mismo para convertirlo en un meme que circula por Internet. No es buena idea convertirse en un meme.

Recuerda que la publicidad boca a boca ha evolucionado y se ha convertido en un fenómeno con sólo pulsar un botón. ¿Sabes algo de Amy's Baking Company en Scottsdale, Arizona? Aparecieron hace unos años en un episodio de Kitchen Nightmares con el chef Gordon Ramsey. La pareja propietaria del restaurante era famosa por discutir con los clientes a través de Internet y dejar que la situación llegara a niveles de locura. Ahora el negocio está cerrado.

Donde nos Concentramos, Es Donde la Energía Fluye

Esta es una excelente frase para anotarla y colocarla en un lugar donde puedas recordártela siempre. Donde nos concentramos, es donde la energía fluye. Lo que significa que donde pones tu atención es donde verás los resultados. No es ciencia exacta. *Lo que te interesa mejorará si actúas en consecuencia.* El problema con la obsesión externa es que te alejas de tu negocio. Ahora, ser consciente de tu mercado es importante. Cuando tu tiempo, tu energía y tu atención se concentran en lo que hacen los demás, en cuántos vehículos hay en su estacionamiento y en todos los "me gusta" que tienen en Facebook... entonces tienes un problema. **Estar informado está muy bien. Estar obsesionado no lo es.**

La obsesión interior es fundamental para aprovechar al máximo tus recursos. Tienes que aprovechar tus fortalezas y las de tu equipo para sobresalir en un mercado repleto de restaurantes. Si sobresalir fuera fácil, la cantidad de restaurantes mediocres sería mucho menor.

Por desgracia, el promedio es la nueva norma en el negocio de los restaurantes. El promedio es una fórmula que fracasa para el éxito a largo plazo. La mayor parte de los restaurantes que buscan un coach empresarial se encuentran en un momento tanto de desesperación como de inspiración. Los restaurantes desesperados tienen dificultades y están buscando a alguien que los ayude a recuperar el camino rápidamente. Los restaurantes inspirados van muy bien y tienen un motor interno y saben que podrían hacer aún más y expandir su marca.

Los restaurantes que se encuentran en una posición intermedia, que están en el promedio, nunca se esfuerzan por mejorar porque se sienten cómodos. Sentirse cómodo no es más que estar satisfecho, y estar satisfecho provoca la muerte de un restaurante. Es como si estuvieran flotando río abajo, felices y despreocupados. Y entonces se dan cuenta de que más adelante están las Cataratas del Niágara y de que su marca está a punto de caer por el precipicio. Sólo unos pocos son capaces de cambiar de rumbo y remar lo bastante rápido como para evitar caer por las cataratas. Tener un coach o asesor te ayuda a pensar en el futuro y a crear un plan estratégico para el éxito a largo plazo. Además, pueden ayudarte a liberarte de obsesiones poco saludables que están perjudicando a tu negocio. Las reseñas en línea son una de las obsesiones que pueden perjudicar al restaurante cuando dicha obsesión se transforma y consume tu atención. Comienza por canalizarla de nuevo haciéndote mejores preguntas como:

- *¿Qué puedes hacer para que tu menú mejore?*
- *¿Qué puedes hacer para que tu servicio se distinga en el mercado?*
- *¿Qué puedes hacer para convertirte en un mejor líder?*
- *¿Qué puedes hacer para que tu equipo mejore?*

Estas son las preguntas a las que debes prestar atención, dedicarles tiempo y energía.

Estas son las preguntas que construyen mejores restaurantes.

Controla tus obsesiones, o ellas te controlarán a ti.

La Lenta Muerte de los Restaurantes

Lo quieras admitir o no, se aproxima una tormenta. No será nada bueno para muchos restaurantes principiantes que creen que la fama y la fortuna los esperan en este negocio.

Por ejemplo, en 2016 existían 620.807 restaurantes en todo el país, un 1,6% menos en comparación con el año anterior. Es el mayor descenso desde 1998. Dicho descenso equivale a unos 9.998 restaurantes cerrados de un año a otro, y la mayoría de ellos eran restaurantes independientes. La cuenta total incluyó 221.810 restaurantes independientes de servicio completo en el otoño de 2016, lo que representa una disminución del 3,7% año tras año para ese segmento específicamente. Esto significa que se perdieron 9.784 restaurantes independientes.

Para los operadores más inteligentes, esta es una oportunidad perfecta para salir a flote, ya que en los próximos dos años se cerrarán más restaurantes que nunca. Estamos a punto de que estalle la burbuja de los restaurantes, así que es importante que tu marca esté preparada para la tormenta. Solo sobrevivirán los más fuertes.

¿Cómo llegamos hasta aquí? ¿Qué es lo que ha provocado este cambio en el sector?

No Se Necesita Experiencia

¿Tienes una chequera? Entonces puedes abrir un restaurante. Hay pocos negocios en los que no haya requisitos para entrar como en el de los restaurantes. Todo el mundo es capaz de abrir un restaurante con lo único que tiene. Abrir un restaurante no es lo más difícil. Lo más difícil es ganar dinero.

Quizá algunos tengan una idea brillante, pero nunca se preparan para alcanzar el éxito a largo plazo. Para prosperar en este mercado tan competitivo se necesitan sistemas y una estrategia empresarial sólida. Ofrecer buena comida y buen servicio es el estándar que todos esperan. Hasta los conceptos de comida rápida ofrecen "bueno". Ahí está el problema. Esas cadenas han disminuido el nivel de lo que espera el cliente moderno. Nos estamos insensibilizando a lo que realmente es "bueno".

Hoy en día, ser suficientemente bueno no es nada bueno. Es estar en el montón. Estar en el montón significa fracasar. Bueno, seamos honestos aquí... ser del montón apesta. Aunque ganes lo suficiente para cubrir gastos o, por casualidad, obtengas beneficios uno o dos meses, tu negocio nunca prosperará. Es como si la mayoría de los restaurantes cayeran en coma, y la única razón por la que nadie los desconecta es porque todavía se aferran a la esperanza. La esperanza no es una estrategia para dirigir un restaurante.

Una Gestión Desactualizada

Hoy en día, la mayoría de los restaurantes se gestionan de forma muy similar a como se venía haciendo en los últimos 20 años. Por supuesto, es posible que tengamos nuevas tecnologías que nos ayuden a programar nuestro equipo en línea, programas interesantes que nos permitan pedir comida sin llamar a un representante de ventas e incluso sistemas de punto de venta increíbles que nos digan quiénes son nuestros mejores clientes y cuánto gastan en promedio.

Pero seguimos tratando a la gente de la misma manera.

Tenemos la tecnología, pero nos **limitamos** a hablar con el equipo en lugar de dirigirnos a ellos. Hacemos pedidos por Internet y nos molestamos porque nuestro proveedor dejó de "atender" nuestra cuenta. Ahora sabemos más que nunca sobre nuestros clientes, pero no nos comprometemos con ellos.

Utilizamos incentivos y amenazas para que nuestro equipo cumpla con sus obligaciones. Utilizamos técnicas y teorías de gestión que hay que enterrar. Los trabajadores han evolucionado y el sector no lo ha hecho. No hemos aprendido ni nos hemos actualizado para lidiar con los millennials y la problemática Generación Z. Somos los capitanes de un barco que se ha amotinado y nos ha dejado hablando solos. Perdimos la comunicación con las personas que trabajan con nosotros y los culpamos del dolor que experimentamos.

Tendrás que esforzarte más si quieres conservar a tus talentos.

El Culto a los Chefs Famosos

Durante los últimos 15 años hemos visto el auge y el culto al chef de televisión. Algunos chefs famosos son grandes cocineros y líderes empresariales. ¿En qué se centró The Food Network cuando empezó?

En la cocina.

Al igual que MTV, que emitía vídeos musicales, Food Network se obsesionó con los índices de audiencia y trató de captar un mayor número de telespectadores. A lo largo del camino, necesitaron programas más grandes y descarados, y antes de que nos diéramos cuenta, los reality shows de cocina llegaron, y con ellos las ideas de grandeza de las jóvenes esponjas culinarias que buscaban ser la próxima estrella de la cocina.

Las nuevas generaciones no ven los años que los profesionales han tenido que pasar para llegar a la cima. No es que haya mucho sitio en la cima... por eso se llama "la cima". Esta nueva generación no conoce la verdadera "realidad" de la industria porque gran parte de su perspectiva ha sido contaminada por la telerrealidad. Gordon Ramsey grita y llama "burro" a la gente, y eso es lo que creen que hacen los chefs. ¿Los chefs pueden ser unos imbéciles? Sí. ¿También pueden ser tutores con compasión? Sí.

Prensa Negativa

¿Cómo podemos hacer frente a la prensa negativa? Hay que compartir el lado positivo de este negocio. No publiques sobre comida y ofertas especiales, sino sobre el lado humano. Haz que tu equipo se lo pase bien. Haz que tus clientes lo disfruten. Muéstrate a ti mismo divirtiéndote.

Ahora hay muchos memes en Internet que se burlan del negocio y, en el fondo, lo que hacen es perpetuar los profundos problemas que afectan a nuestro sector: la parte encargada de la cocina frente a la parte de servicio. Claro que a mí, que soy chef, también me resultan graciosos. Sin embargo, si los comparto, ¿estoy ayudando al sector o simplemente manteniendo viva la energía y los sentimientos negativos? Puedes ser gracioso y no denigrar a la gente. En eso consiste ser creativo y no ser cruel. Ser cruel es fácil. Lo fácil no es la forma de construir el puente hacia las generaciones futuras que quieren hacer de nuestro negocio su negocio.

A mucha gente le encanta hablar de la guerra **POR** el talento. Lo que tenemos es una guerra **CON** el talento. Creemos que somos nosotros contra ellos. Y no es así. Somos nosotros contra las otras industrias que luchan por atraer a los trabajadores hacia ellos. ¿Qué tenemos que hacer como industria para atraer a la nueva generación? Acabar con la mentalidad y la prensa negativas que fomentan la idea de lo malo que es trabajar en un restaurante.

Se aproxima una tormenta. ¿Tú y tu restaurante están preparados? ¿Sobrevivirán? Sólo tú sabes la respuesta. Si tienes dudas, este sería un buen momento para buscar un asesor o coach empresarial que te ayude a prepararte.

Sólo tienes que hacer algo para asegurarte de que estás preparado. Puedes sentarte, continuar haciendo las mismas cosas y esperar que superes las dificultades. Pero ya sabes lo que pienso sobre las esperanzas. Si te niegas a actuar y a tomar una decisión, la decisión será tomada por ti.

Sea cual sea tu decisión, debes estar preparado para el resultado.

5 Obstáculos Que Te Impiden Obtener El Restaurante Que Deseas

Entra en la oficina y siéntate en el sofá. Hablemos de lo que ocurre en tu restaurante. **En realidad, hablemos de lo que pasa dentro de tu mente.**

El origen de todos los problemas de las empresas son los problemas con las personas. Estos problemas generalmente son provocados por nosotros mismos debido a nuestras propias percepciones. **A veces podemos ser nuestro peor enemigo**.

Pero no te sientas mal por eso. Eres humano, y parte de eso es comprender todos los defectos que nos hacen humanos. Cada Año Nuevo, hacemos una larga lista de "propósitos" que juramos que "este año" vamos a cumplir. Pero a finales de enero volvemos a caer en las viejas rutinas y ponemos excusas para no cumplirlos. Si quieres poner fin a esa locura, entonces presta atención a los siguientes cinco principios psicológicos que te impiden conseguir el restaurante y la vida que realmente deseas.

1. REPETIR HÁBITOS

El Problema: Eres producto de tus hábitos. La mayoría de ellos actúan en segundo plano, como un viejo sistema operativo en tu computadora que sigue haciendo lo que siempre ha hecho durante años. Incluso cuando tratas de actualizar tu software mental, sigue ejecutando los mismos hábitos que has hecho año tras año.

Tal vez digas que es tu forma de ser... **pero no**, *es la forma que elegiste*. De lo contrario, habrías hecho algo para cambiarlo. Tus hábitos son como una cálida manta que te llama en las frías noches. "Quédate aquí conmigo", susurra.

Y repites infinitamente estos hábitos. Indicio (desencadenante), ansia (deseo), respuesta (hábito), recompensa (resultado), se repite.

Ahora, si tu hábito es malo, no te da un resultado positivo, y te quedas estancado en el mismo bucle una y otra vez. Es como si estuvieras en la rueda de un hámster gigante. Sigues girando en círculos día tras día sin ningún progreso o cambio real en tu vida o en tu restaurante.

La Solución: Debes dejar de repetir ese hábito en el momento en que se produce la respuesta. Lo importante es que la nueva respuesta sea positiva. Muchas personas intentan cada año dejar de fumar. El problema es que reemplazan el hábito de fumar por un caramelo. Pronto se dan cuenta de que el hábito del cigarrillo ahora se ha reemplazado por el hábito del caramelo. Nos preguntamos por qué la diabetes es una epidemia. No se puede solucionar un mal hábito con otro mal hábito.

2. IDENTIDAD

El Problema: Eres quien crees que eres. Aunque suene simplista, es muy útil para entender la mayoría de tus acciones. Tal vez naciste con algunas cosas que no elegiste, como la familia, la raza y la genética. Pero sí puedes elegir cómo mostrarte en el mundo. Eso es tu identidad, y te controla más de lo que crees. Fíjate en una identidad común: muchos pueden relacionarla con los partidos políticos. Básicamente, hay republicanos y demócratas. No naces siendo uno u otro. Uno elige identificarse con un partido u otro. Cuando dices que eso es lo que eres (tu identidad), actúas de la manera que crees que debes estar de acuerdo con tu identidad. La gente puede llegar a extremos con tal de proteger su identidad. Cuando pierdes eso, pasas por lo que los psicólogos llaman crisis de identidad.

Solution: Elige tu identidad con mucho cuidado. *Muy cuidadosamente.* Analicemos un cargo común en un restaurante, como el de gerente o el de líder. El cargo con el que te identificas influye mucho en tus acciones y comportamiento, porque es tu identidad. Un gerente tiende a "gestionar" los turnos. Va de un problema a otro resolviendo los problemas. Utilizan teorías de gestión anticuadas que "presionan" a la gente para obtener resultados. En cambio, un líder se adelanta de verdad para liderar a su equipo. El líder lleva a su equipo por delante y "tira" de él hacia donde él quiere mediante valores fundamentales claros, respeto y aprecio.

3. SESGOS COGNITIVOS

El Problema: Tu cerebro recibe millones de bits de información cada minuto. Recibes tanta información al mismo tiempo que no serías capaz de gestionarla si no fuera por algunos atajos que has desarrollado gracias a la evolución. Estos atajos para resolver problemas se llaman heurísticos. Dentro de estos atajos hay un conjunto de códigos llamados sesgos cognitivos. Imagínate estos sesgos como una fórmula matemática. A + B = C.

En ocasiones, estos atajos nos ayudan a sobrevivir. Ver oso + miedo al oso = huir del oso. Pero otras veces también pueden encerrarnos en pensamientos maliciosos. Éstos son algunos de los 104 sesgos cognitivos (nombrados por Wikipedia) que nos pueden ayudar y también detener:

- **Sesgo de Confirmación**: solemos buscar pruebas que respalden nuestras creencias. Si entras en el baño al llegar a un restaurante y está todo desordenado, tu cerebro puede concluir fácilmente que la cocina también debe de estar sucia. ¿Y es cierto? Lo más probable es que no. Pero tus sesgos empiezan a buscar pruebas que respalden tu nuevo sistema de creencias. Si crees que no hay gente buena en la plantilla para contratar, empezarás a ver mal al que se presente. El viejo dicho de "busca y encontrarás" es totalmente exacto.
- **Sesgo de Punto Ciego**: no reconocer tus propios sesgos cognitivos supone un sesgo en sí mismo. La gente suele ver los defectos de los demás mucho más que los suyos propios.
- **Falacia de Planificación:** La falacia de planificación es un fenómeno por el cual las predicciones sobre el tiempo que será necesario para completar una tarea futura presentan un sesgo optimista y subestiman el tiempo necesario. ¡Solemos pensar que podemos terminar un proyecto mucho antes de lo que se necesita!

La Solución: Muéstrate abierto a la idea de que tu cerebro te engaña. Ser consciente es siempre el primer paso para mejorar tu vida. La conciencia precede a la elección, y la elección precede al cambio. La mejor forma de descubrir un sesgo cognitivo es ponerlo en duda. Pregúntate algo que te ayude a cambiar tus patrones de pensamiento. Una pregunta fácil es: "¿Qué tendría que creer para que esto fuera cierto? O "¿Qué puede significar esto en caso contrario?". Ahora la clave es que busques respuestas positivas; no te dejes llevar por la negatividad, el pesimismo y la desesperanza. Siempre hay un punto de vista positivo si lo buscas. A veces tendrás que buscar mucho lo positivo.

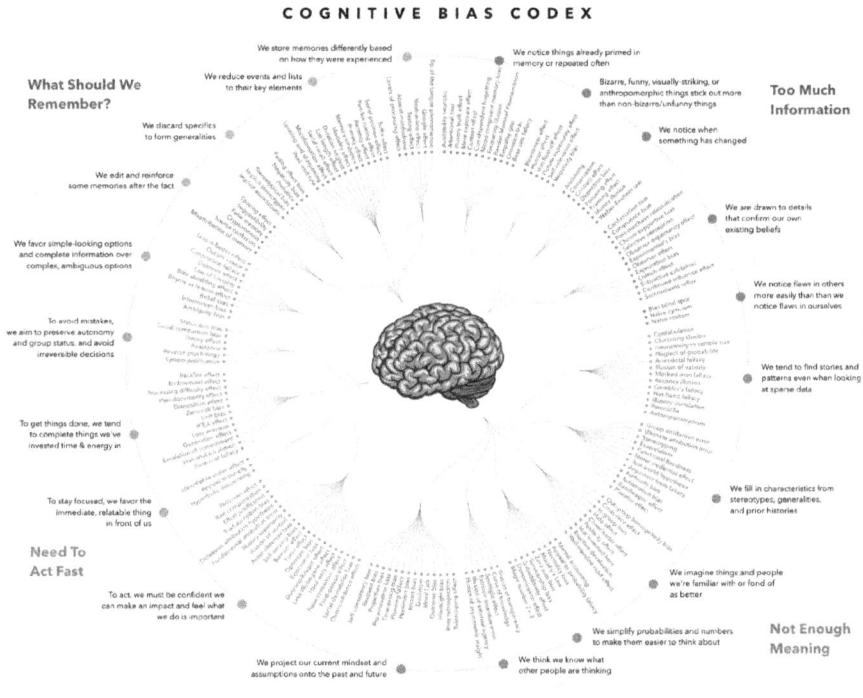

4. LOCUS DE CONTROL

El Problema: Esta es la pregunta del millón: ¿Crees que controlas los resultados de tu vida o simplemente dependes de la voluntad del universo? Esto se llama, en esencia, locus de control. Si tienes un locus de control externo, crees que los acontecimientos están fuera de tu control y que las cosas simplemente te ocurren. Cuando tienes un locus de control interno, sientes que las acciones que realizas tienen un impacto en tu vida.

La Solución: Si realmente quieres controlar tu vida, ¡todo empieza por controlar tu mentalidad! Olvídate de culpar a los demás y acepta la realidad de que tú eres quien decide cómo respondes a los acontecimientos de la vida. Fíjate que la última frase menciona la palabra "responder". Es aquí donde interviene el poder de las palabras. Si vas al médico y te dice que estás "reaccionando" a la medicación... eso es malo. Si te dicen que estás "respondiendo" a la medicación... ¡eso es genial! Cada día, cuando pasan cosas, puedes elegir entre reaccionar o responder.

Jamás podrás controlar los acontecimientos, las personas o el tiempo (por mucho que lo intentes). Lo que sí puedes controlar es cómo interpretas los acontecimientos. Para comprenderlo mejor, analicemos una famosa frase de Shakespeare: *"Nada es bueno ni malo, sino que el pensamiento humano hace que lo sea"*.

Nada tiene sentido hasta que tú se lo das. Si reaccionas, te emocionas y pierdes el control de tu mentalidad. Si eliges responder, tienes tu mente bajo control.

La otra manera de conseguir un locus de control interno es cambiar el significado de los acontecimientos. Si no hay nada que signifique algo hasta que le das un significado o sentido, entonces cambiar ese significado cambiará tu forma de verlo. Esto es fácil de ver a primera vista. Es un gran reto ponerlo en práctica. De nuevo, tienes algunos malos hábitos en la materia gris de la parte superior de tu cuerpo. A tu cerebro y a tus hábitos les gustan las cosas como son, y se resistirán. Acéptalo y comprométete a tomar mejores decisiones.

5. MOTIVACIÓN

El Problema: Seguramente te habrán dicho muchas veces que, como gerente, tienes que motivar a tu personal. Esta es la razón por la que eso nunca funciona como quieres. Los motivas por lo que te motiva a ti. Ahora bien, si ellos comparten tus mismos objetivos, valores y personalidad, quizá tengas una buena conexión y tus posibilidades de motivarlos sean bastante altas. A la gente le gusta la gente que es como ellos mismos. La realidad es que muchos de los miembros de tu equipo son diferentes y no están motivados por las cosas que te motivan a ti.

El otro factor clave que hay que conocer es la diferencia entre cumplimiento y compromiso. El cumplimiento es el modo por defecto del trabajador promedio. Ellos hacen el trabajo suficiente para seguir en su puesto. Ellos hacen las cosas en base a sus razones. No se sienten motivados por su trabajo, y la mayoría se limitan a hacer las cosas por puro procedimiento. No tienen pasión. Sin pasión. Sólo trabajan por el sueldo.

Cuando logras que tu equipo encuentre una razón que coincida con sus valores y les resulte personal, entonces consigues un compromiso. Ahora ellos hacen las cosas basándose en sus razones y no sólo en las tuyas. Esto nos permite ver que la verdadera motivación es un trabajo interno. Volviendo a nuestro debate sobre el compromiso y el cumplimiento... en psicología, estos dos conceptos son la motivación extrínseca (cumplimiento) y la motivación intrínseca (compromiso).

La Solución: ¡No intentes motivar a los demás con lo que te motiva a ti! Eso requiere una técnica que no se practica habitualmente en los restaurantes comunes... tienes que hablar con tu equipo. Nunca dije que fuera algo del otro mundo. La motivación es más bien algo humano. Tienes que hablar con tu equipo y averiguar qué es importante para ellos.

¿Cuáles son sus objetivos a corto y largo plazo? ¿Qué es lo que los motiva? ¿Algún pasatiempo? ¿Qué tal algún sueño (meta) loco que tengan? ¿Qué cosas son importantes para ellos?

Estas preguntas son fundamentales para que las personas se abran y hablen contigo. Ahora, una pequeña advertencia... si no has conversado con tu equipo, ellos pensarán que tienen problemas. Diles con certeza que deseas saber más sobre ellos. No es necesario asustar a la gente por querer tener una charla "para conocernos mejor". Cuando tu equipo se abra y hable contigo, ¡toma nota! Ahora toma esa información y utilízala para motivarlos. Si alguien valora la familia, ¿podrías ofrecerte a organizar una fiesta para celebrar su aniversario de boda? Tus opciones y tu mundo se abrirán cuando te abras a tu equipo.

Este tipo de problemas psicológicos no se limitan a tu restaurante. Todos los restaurantes del mundo tienen problemas similares. Estos problemas son la principal razón por la que los restaurantes sufren día tras día. Es fácil culpar a alguien y decir que es culpa de esa persona. Tu restaurante y tu vida nunca (quiero decir nunca jamás) mejorarán hasta que no des un paso al frente y te responsabilices totalmente de todo lo que ocurre en él y en tu vida personal.

¿Es fácil? *Por supuesto que no.* Vas a tener que esforzarte al máximo para superar los malos hábitos, conectar con tu verdadera identidad, ser consciente de los sesgos cognitivos que te limitan, desarrollar tu locus de control y saber qué motiva a tu equipo.

¿Valdrá la pena? *Por supuesto que sí.*

No pierdas la oportunidad de convertirte en la mejor versión de ti mismo. Pero para llegar hasta allí, ¡necesitas un mapa!

Para llegar a cualquier destino necesitas un **MAPA** y en tu caso ese mapa es un **Plan de Acción Masivo**. Tienes que saber dónde estás y exactamente adónde quieres ir. Luego, traza un plan de acción para llegar allí. No es posible ir en un solo día de Los Ángeles a Nueva York. Tienes que hacer paradas estratégicas por el camino para alcanzar tu objetivo final.

¿Qué es lo primero que tienes que hacer para empezar a avanzar en la dirección correcta? Al empezar, **enfócate en las acciones necesarias y no en el resultado final**. Un pequeño paso es más fácil que un salto. En cuanto se da el primer paso, es más fácil continuar por el camino correcto hacia el destino deseado.

Para que mis clientes puedan maximizar su potencial, **¡he creado un Plan de Acción Masivo** de Coaching que te permitirá pasar de la Mediocridad a la **Cima del Éxito!**

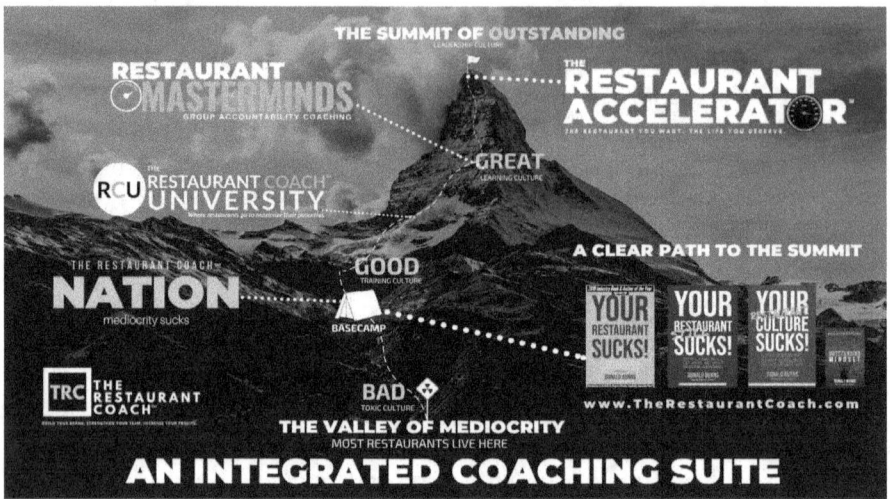

El primer paso es admitir en qué punto del camino estás. La mayoría empieza en la tierra del promedio o lo que yo llamo el **Valle de la Mediocridad**. Aquí prácticamente estás sobreviviendo. Las ventas suben y bajan, al igual que el dinero. El personal te gestiona a ti más que tú a ellos. Llevas una vida de estrés y agobio.

La forma más eficaz de salir de ese valle es rodearse de personas con ganas de triunfar y que estén en el mismo camino. **La Nación del Restaurante Coach™** es la primera parada. Este es un grupo de **Hermanas y Hermanos de la Industria** que están comprometidos a conseguir el restaurante que ellos desean y la vida que anhelan. Verás, hay otros ahí fuera que quieren tenerlo todo y este **Grupo Privado de Facebook** nos permite inspirarnos y ayudarnos mutuamente. TRC Nation dispone incluso de un **Programa de Mentores GRATUITO de 8 semanas** destinado a ayudarte a obtener resultados y dar ese primer gran paso hacia una vida mejor.

Si aún no eres miembro, inscríbete. Es GRATIS; todo lo que tienes que hacer es responder a un par de preguntas antes de obtener acceso al grupo privado. Si no eres aceptado, lo más probable es que sea porque no respondiste a las preguntas. Como ves, esa era la prueba número uno. Sólo queremos contar con personas dedicadas que sigan las instrucciones y se comprometan a ser mejores dentro de **Nación TRC**.

¡Entra en Facebook para participar!

CONCLUSIONES

Cliente: Tengo miedo del nuevo restaurante que abrirán al final de la calle.

Yo: Tienes que asustarte de la mediocridad.

Donald Burns, The Restaurant Coach™

Lo Fácil NO es una Opción

En ocasiones, la mejor opción no es la lógica. Los equipos de Pararrescate entrenan para operaciones de búsqueda y rescate en combate en una gran variedad de terrenos y condiciones difíciles. A veces, entre ellas se incluyen zonas bastante escarpadas y remotas en las que saltar en paracaídas sobre un terreno bonito, abierto y despejado no es una opción.

El entrenamiento de Pararrescate consiste en realizar saltos en paracaídas en situaciones que no son las ideales. Podrías hacer un "hop-n-pop" que es saltar del avión y abrir el paracaídas de inmediato con poca altura, un salto al agua con el equipo completo de buceo, o el salto al árbol. Espera, ¿quieres chocar contra un árbol a propósito?

Las zonas muy boscosas normalmente son el terreno en el que los civiles se meten en problemas durante una excursión de fin de semana. Aunque la misión de Pararrescate es principalmente la búsqueda y el rescate en combate, también prestan servicio en el ámbito civil.

Una pareja de edad madura se aleja del sendero para explorar. Uno de ellos tiene un ataque al corazón o un infarto y el otro está indefenso. La zona está densamente poblada de árboles y el tiempo es limitado. El terreno y el viento hacen que una operación de extracción en helicóptero sea demasiado arriesgada. ¿Qué hay que hacer? Hay que saltar.

El Sistema Paracaidista para Terrenos Abruptos (apodado "el traje de árbol") está diseñado con relleno y una correa especial diseñada para protegerte si por casualidad acabas encaramado a la rama de un árbol. Durante la Escuela de Pararrescate pusimos a prueba este sistema poniéndonos el traje y dejando que otros intentaran darnos una patada en los testículos (quizá no fue la prueba más inteligente, pero sí la más eficaz). Mi compañero Bryon Kelly lo probó una vez conmigo dando dos pasos atrás, preguntándome si estaba preparado y esperando el tiempo suficiente para que respirara hondo y asintiera con la cabeza. Entonces me pateó como si fuera a marcar un gol de campo de 60 yardas en la Super Bowl. La patada me levantó del suelo (sentí como si estuviera a medio metro de altura). ¿La buena noticia? El traje funcionó.

El traje es muy grueso. Tiene un bolsillo enorme en el costado de una pierna con una cuerda de repulsión en su interior. Cuando saltas en terreno muy boscoso, lo ideal es evitar quedarte colgado de un árbol (como ocurre normalmente). Una vez que el paracaídas está bastante enganchado a las ramas de los árboles, sacas la cuerda del bolsillo y la atas a las bandas del paracaídas, luego la pasas por un mosquetón de rescate para la emergencia, te liberas del paracaídas y desciendes hasta tierra firme.

Ahora, por lógica deberías mantenerte alejado de los árboles cuando saltas en paracaídas. A veces la opción lógica no es la mejor o no está disponible. Sin embargo, tendrás que tomar una decisión, o alguien la tomará por ti. Un consejo profesional: siempre tienes elección. Aunque no te gusten las opciones, las tienes.

Cuando tengas sólo dos opciones, obliga a tu cerebro a buscar una tercera. Cuando sólo tienes dos opciones, significa que estás en medio de un dilema: tus únicas opciones son esto o aquello. Cuando tienes tres opciones, entonces y sólo entonces estás tomando una decisión.

Es fácil escoger entre dos opciones, pero ya sabes lo que pienso de lo fácil: es el camino común que conduce a la mediocridad. Cuando realizas una misión táctica sobre el terreno, en el mundo de las Operaciones Especiales evitas los caminos y rutas comunes. En un ejercicio de entrenamiento táctico en Inglaterra, mi equipo de entrenamiento sufrió una emboscada por parte de los instructores. En medio del caos, mi equipo de cuatro hombres se dividió por la mitad, separados. Mi compañero y yo corrimos por un camino común altamente visible para llegar a nuestro punto de reunión... que resultó estar manipulado por un cable trampa. Afortunadamente, eso era sólo un entrenamiento, porque de lo contrario no estarías leyendo este libro.

Caminar por la ruta que conoces es un hábito débil. Los hábitos débiles o blandos te perjudican a ti o a alguien de tu equipo cuando estás en una situación difícil. Los hábitos blandos también acabarán lentamente con tu marca. ¿Qué hiciste hoy para no perder tu ventaja? **¿Qué hiciste hoy para evitar el camino o la ruta común de la autocomplacencia?**

La autocomplacencia provoca mediocridad. Cuando la mediocridad entra en tu restaurante, será como invitar a un vampiro sediento de sangre a tu casa: no dejará de alimentarse y de convertir a todo el mundo en lo que es: Vampiros Energéticos. Y la mejor defensa es no traerlos nunca a casa. Debes ser consciente de que el mal llamado mediocridad adopta muchas formas.

Sé consciente de las señales que indican que la mediocridad se ha infiltrado en tu marca:

- Negatividad
- Complacencia
- Resistencia al cambio
- Chismes
- Grupos de personas (los vampiros mediocres tienden a formar grupos)
- Comportamiento rebelde (llegar tarde, no completar las tareas)
- Falta de motivación para aprender (contentos con el status quo)
- Confianza excesiva (actúan como si lo supieran todo)

En los equipos de Operaciones Especiales, no tienes por qué agradarle a todos tus compañeros. Sin embargo, debes confiar en que te cubrirán las espaldas cuando la situación se complique. Los equipos de alto rendimiento sólo pueden trabajar al máximo nivel cuando la confianza ni siquiera se cuestiona. Si no confías en tu equipo, no tienes un equipo, tienes un grupo de mercenarios que huirán para salvar sus traseros.

La confianza requiere vulnerabilidad. No te asustes. No estás compartiendo los secretos más oscuros de tu infancia ni tu enamoramiento por alguien. Todo lo que se necesita para ser vulnerable como líder de equipo es estar abierto a lo que sientes que está relacionado con el bienestar del equipo. ¿Estás deprimido hoy? Bien, todo el mundo tiene bajones. Díselo al equipo y ellos podrán hacer todo lo posible para proteger la marca y llenar los vacíos. Recuerda la regla de Operaciones Especiales: **Un Equipo, Una Batalla.**

Entrena Siempre

En Pararrescate, cuando no estás en una operación, estás entrenando. La forma en que tu equipo se entrena indica cómo actuará cuando sea necesario. Aquellos camareros que sólo tratan de mejorar mientras trabajan (básicamente, practicando con sus clientes durante cortos periodos de tiempo) nunca llegarán a un alto nivel de desempeño. ¿Te diste cuenta de que algunos de los mejores camareros tienen años y años de experiencia? Hmmm, apuesto a que tú podrías resumir décadas de experiencia en meses comprometiéndote a formarte o capacitarte constantemente... ¿quizá incluso superándote a ti mismo?

Incluso en Pararrescate, los chicos siempre se esforzaban por superar los niveles de entrenamiento estándar esperados. Correr más, nadar con aletas en la piscina, hacer flexiones con las puntas de los dedos en los umbrales de las puertas para tener una pequeña ventaja al subir, disparar balas adicionales en el campo de tiro hasta poder pegar los tiros en la tapa de una lata de Pringles... ¿Acaso un chef afila su cuchillo una vez y ya? No, para nada. El chef mantiene su cuchillo afilado todos los días.

El secreto del entrenamiento para el alto rendimiento es el siguiente: entrenas para apoyar a tu equipo, no para apoyarte a ti mismo. Estaba más preocupado por defraudar a mi equipo que por mí mismo; entrené más duro para que eso no ocurriera. Cuando regresé a trabajar en la cocina después de la mili, acepté un trabajo en un restaurante muy concurrido de Miami. La primera noche que trabajé en la zona de salteado me dejaron hecho polvo. El chef tuvo que esperar a que terminara mis tareas, y el equipo se desanimó. Hice horas extra, sin trabajar, para practicar. En una semana, ya no era el eslabón débil de la cadena.

¿Te preocupas más por ti o por tu equipo? Sé sincero. Ser egoísta y protegerse es natural. Para salir del promedio tendrás que analizar cosas que pueden no parecer lógicas o romper tus hábitos normales. Tendrás que esforzarte y darlo todo. ¿Te asustará? Probablemente. ¿Quieres ir por lo seguro y quedarte donde estás, o estás dispuesto a dar el salto?

Todo lo que siempre has querido está al otro lado de tu zona de confort. ¿Cómo vas a llegar hasta allí? ***Baja la cabeza, enfócate, comprométete y sigue adelante, paso a paso.***

Lecciones de Operaciones Especiales para Dueños de Restaurantes

En mi época como miembro del cuerpo de pararrescatista aprendí más sobre el trabajo en equipo, la adversidad, el máximo rendimiento y la resistencia mental de lo que nunca imaginé en ese momento. Eso es lo que hace que mi coaching sea tan único, y por lo que mis clientes obtienen resultados extremos, ¡voy a ayudarte a desarrollar la mentalidad de un guerrero de **Operaciones Especiales de Élite!**

Aunque el campo de batalla y los negocios son muy diferentes, poseen más similitudes de las que imaginas. Los dos requieren que te desarrolles para alcanzar la cima. Los dos requieren disciplina y valor para sobrevivir a la adversidad. Los dos requieren que **NO aceptes ninguna limitación como tal**. Las personas promedio te dicen que tengas miedo de la oscuridad y de esas cosas que hacen ruido en la noche. La élite se enfrenta a las fuerzas oscuras que quieren que te quedes pequeño en el mundo. Cuando adoptamos este nivel de pensamiento, nos convertimos en un lema: **O estás de mi lado, a mi lado o me estorbas.** *Elige sabiamente.*

La gente de tu equipo o se pone a tu nivel o ¡se sale de tu restaurante! ¿Te asusta pensar así? Bien. ¡Aprovecharemos ese miedo y lo convertiremos en una fuerza que usarás para destacar! No quiero que aspires a la grandeza o incluso a la excelencia... esos objetivos son demasiado bajos para la élite. Es dejar de frenarte mentalmente y acelerar... ¡hasta el fondo!

Esto es lo que separa a los excelentes de los excepcionales: no hay espacio para el promedio allá donde vamos. La mediocridad es una palabra prohibida a partir de ahora. Ya no la aceptarás de ti mismo. Te exigirás a ti mismo más de lo que jamás puedas exigir a los demás. Basta de habladurías. Los hechos y los resultados serán más importantes que las palabras.

Estas son algunas herramientas del mundo de las Operaciones Especiales que harán de tu vida y de tu restaurante lo que deseas:

Enfoque de la Mira Frontal

Una tarea hasta completarla. No hagas varias cosas a la vez. Nada de cambiar de objetivo. A partir de ahora, cada semana tendrás un único proyecto al que dedicarás todos tus recursos hasta que esté terminado. Sólo entonces podrás adquirir un nuevo objetivo.

Si alguna vez te encuentras abrumado con demasiadas cosas en tu plato, tienes que hacer dos cosas:

1. *Consigue un plato más grande.*
2. *Aplicar el enfoque de la mira en el proyecto más importante.*

La concentración es fundamental para alcanzar el máximo potencial y rendimiento. Para algunos es lo que se conoce como "la zona". Ese lugar en el que el tiempo parece detenerse y uno está tan concentrado que ni siquiera oye lo que sucede a su alrededor. Cuando era chef a tiempo completo, experimentaba esa sensación cada vez que preparaba un plato. Sin pasado. Sin futuro. Sólo la comida. Simplemente el plato. Era un momento zen que experimentaba una y otra vez durante el servicio.

Revisa tu lista de proyectos y elige una (sólo una) cosa que avance tan rápido como un caracol. Ahora, quiero que te concentres totalmente en esto, actuando todos los días hasta que esté hecho. No te distraigas. Programa un breve periodo de tiempo cada día para trabajar en esto. Si no lo haces, nunca progresarás.

Desarrollar una Obsesión Saludable

No puedes llegar a **sobresalir** sin obsesionarte con alcanzar ese nivel. Tus objetivos tienen que conectarse emocionalmente con tu lado oscuro. Seguramente digas: "¿Mi lado oscuro? Yo no tengo un lado oscuro". Déjame asegurarte que todo el mundo tiene un lado oscuro. Todos. Quizá no te des cuenta. Quizá lo ignores. Pero es esa voz que anhela y desea. Es ese empujoncito que sientes por ir a por todas. Los profesionales de alto rendimiento y los que llegan a la cima de este negocio y se mantienen en ella, utilizan su lado oscuro y no dejan que éste les utilice a ellos.

Visualiza Tus Resultados

Primero debes visualizarlo. Después, sumérgete en esa imagen y modifica lo que necesites.

Escribe tus objetivos dos veces al día, léelos y hazte una imagen de ti mismo allí como si ya fuera un hecho. Es como si estuvieras viendo una película... entra en ella y escucha lo que vas a escuchar, ve lo que vas a ver y siente lo que vas a sentir. Toda la energía. Todas las emociones.

Si no eres capaz de verlo primero mentalmente, nunca lo convertirás en realidad. Eso es un hecho. Todo lo que es un objeto físico hecho por el hombre empezó primero como una idea. Si abriste un restaurante de la nada, conoces el poder de la visión. Puede que hayas olvidado esa parte visionaria de ti mismo: ¡es hora de volver a conectar y soñar un poco!

Aprieta el Gatillo

Cuando tengas esa visión o idea en el punto de mira, necesitarás hacer lo necesario y apretar el maldito gatillo. **Tienes** que actuar, ¡y tienes que actuar **inmediatamente**! Les digo a todos mis clientes esta misma afirmación tan a menudo que empiezan a terminar mi frase... *¿Cuándo podría considerarse AHORA un buen momento?*

Lo único que realmente controlas son tus acciones en este momento. Cuando el objetivo está ahí, y sabes lo que tienes que hacer, entonces tienes el deber de actuar. Apretar el gatillo. En el mundo de las Operaciones Especiales, dudar puede significar la muerte. En el mundo de los restaurantes, quizá no sea mortal en este momento; sin embargo, la lenta acumulación de objetivos (oportunidades) perdidos empieza a causar daños a tu confianza y a la imagen de tu marca. No puedes darte el lujo de que ninguno de los dos sufra si quieres prosperar.

Siempre Atento a tu Restaurante

En las Operaciones Especiales, nos entrenan para que tengamos lo que se conoce como **Conciencia Situacional Total**. Mientras te concentras en tu objetivo, no te desconcentras de los elementos que tienes en tu visión periférica. Eres consciente de todo lo que ocurre y estableces la prioridad de cada elemento en función de su nivel de amenaza. En tu restaurante, debes saber y ser consciente de todo lo que ocurre en todo momento. *¿Qué cuesta la comida? ¿Cuál es tu situación actual en cuanto a mano de obra? ¿Quién está en plantilla y dónde está asignado? ¿Qué ocurre fuera del restaurante que pueda afectar al negocio hoy (eventos, vacaciones, tiempo)?*

Ahora, la primera parte es saber lo que está pasando. La segunda es tener un plan. Hay que tomar la información y elaborar un plan de acción coherente que considere la posibilidad de que las cosas no salgan según lo previsto (y a menudo no es así). *¿Cuál es tu plan de emergencia para cuando las ventas no alcancen las cifras previstas para ese día? ¿Cómo vas a aumentar las ventas para compensar la diferencia? ¿Cómo vas a gestionar los gastos adicionales que se acumulan cuando bajan las ventas?* Si nos quedamos de brazos cruzados y esperamos a ver qué pasa, entonces no somos líderes... somos simples espectadores. **Los líderes actúan**. Siempre están actuando. Hay un dicho que dice: *"Si no planificas, estás planeando fracasar"*.

Acepta lo Malo

Las adversidades son verdaderas armas si aprovechas todo su poder y no lo ignoras. Algunos días, las cosas en tu restaurante irán mal. Serán un asco. Pero debes aprender a aceptarlas y aprovecharlas como una oportunidad para crecer. Muchos se estancan mentalmente cuando llegan los días malos. La vida no es todo sol y arco iris. Tendrás días en los que lloverá, y tendrás algunos que te golpearán como un huracán de categoría cinco. Acepta esos días. ¡Acepta toda esa mierda!

"Déjame aceptarte, amarga adversidad, porque los hombres sabios dicen que es el camino más sensato". - William Shakespeare

Un Equipo, Una Batalla

Tu restaurante sólo será sobresaliente cuando dejes de discutir con tu equipo. Basta de esta mierda de FOH vs BOH. Basta de competencia interna entre locales. Una marca dividida es señal de un débil liderazgo y de una cultura tóxica. Hay un proverbio africano que tienes que anotar: *"Si no hay enemigo interior, el enemigo externo no puede hacernos daño".* En el mundo de las Operaciones Especiales, sólo se sobrevive cuando se aprovechan todos los recursos posibles y se emplea la mentalidad de que se es **Un Equipo, Una Batalla.**

La Violencia de la Acción

Cuando escuchas esto por primera vez, quizá pienses que violencia significa hacer daño a la gente; en esta frase, significa actuar con extrema concentración y velocidad. Actúas antes de que los demás tengan siquiera la oportunidad de darse cuenta de lo que está ocurriendo. Si tienes un plan sólido, ¡entonces tienes que actuar con violencia!

La principal ventaja de los restaurantes independientes es que pueden actuar rápidamente. Las grandes cadenas de restaurantes deben superar muchos trámites burocráticos antes de que algo cambie en la tienda local.

"Que tus planes sean oscuros e impenetrables como la noche, y cuando te muevas, caigan como un rayo". - Sun Tzu, El Arte de la Guerra

Lento es Suave, Suave es Rápido

Cuando entrenas para Operaciones Especiales, este es tu mantra. Haces el simulacro lentamente y con cuidado para poder analizar cada detalle hasta el punto en que comprendes hasta el más mínimo elemento. Cuando se realizan ejercicios como despejar una habitación y uno se queda amontonado en la puerta, no se comienza a entrenar a toda velocidad con munición real. Empiezas tan lento que casi parece que retrocedes. Una vez que lo hagas a la perfección, vuelves a hacer el ejercicio más rápido. Lo haces perfecto, luego un poco más rápido. Haces eso una y otra vez hasta que vas a toda velocidad con disparos reales.

Hay demasiados restaurantes que entrenan a su equipo desde el comienzo a máxima velocidad. Tienes que ir más despacio para que entiendan los detalles y para que puedas tener acceso real a sus hábitos de trabajo. Así es como se hace todo. Si un nuevo empleado es descuidado en tareas básicas como limpiar el suelo o preparar una mesa, ¿qué posibilidades tiene si lo pones en el puesto de salteado o en una sección muy concurrida de la sala? Pocas.

Sal De La X

No puedes hacer que una misión o tu restaurante avancen si te quedas en la misma posición que el año pasado. El movimiento o el progreso es siempre nuestro objetivo. Algunas veces tienes que esquivar obstáculos o amenazas; pero siempre te estás moviendo hacia el objetivo. Así es como debes dirigir tu restaurante: progresando en lugar de perfeccionándote. La mayoría de los dueños de restaurantes se echan para atrás y ponen la excusa de que necesitan que sea perfecto. Mientras lo perfeccionas, tu competencia se mueve a tu alrededor y está acechando tu posición en el mercado.

Cuando estás en el campo de batalla y tu equipo entra en "contacto" (fuego enemigo), lo mejor es que salgas de la maldita X, o no tardarás en acabar en una caja con una bandera cubriéndola. En el mundo de los restaurantes, quedarse en la X es quedarse estancado en la mediocridad. Los nuevos restaurantes avanzan hacia ti y tú no haces nada. Tienes que salir de la X. *La verdad es que deberías haber salido de la X ayer, pero como estás leyendo esto ahora, te daré un descanso.*

¿Recuerdas la cadena de restaurantes Howard Johnson? Una vez tuvieron 1040 locales de costa a costa. Fueron descuidados y arrogantes (lo que incluye también un poco de ignorancia), creyeron que eran los dueños del mercado y se negaron a salir de la X. En el momento de escribir esto, sólo hay un local que siga funcionando.

Sólo Puedes Liderar Estando Al Frente

Muchos gerentes (que se llaman a sí mismos líderes de forma errónea) creen que ser un líder es gritar órdenes y ser un imbécil. Eso es ser jefe. Los líderes dirigen a su equipo siendo un modelo a seguir. Esto no se puede evitar. **¡Debes esperar más de ti mismo que de otros!** Esto no significa que tengas que trabajar más. Significa que eres eficiente, eficaz y motivado para liderar. Los verdaderos líderes siempre quieren el balón en los últimos segundos del partido. Tienen ganas de sobresalir. Jamás descansan basándose en los logros de ayer. Lo que hiciste la semana pasada o el año pasado está bien, pero no puedes ganar el partido de hoy con los puntos que anotaste la semana pasada. ¿Qué estás haciendo hoy (ahora mismo) para que tu empresa se acerque a tus objetivos? Un verdadero líder es consciente de que el éxito jamás se posee, sino que se alquila, y el alquiler debe pagarse todos los días.

¿Estás listo para asumir la responsabilidad de todo en tu vida? Quiero decir, ¿poseerlo? De las cosas buenas y de las malas. Mientras no estés listo para avanzar y dejar de culpar a los demás o a los eventos que sucedieron, te quedarás estancado exactamente donde estás y siendo quien eres. Eres más que aquello que posees materialmente, más que los errores que has cometido en el pasado (lo sé porque yo cometí algunos errores catastróficos), y tienes más fuerza y potencial de lo que crees. Mi deber como "The Restaurant Coach™" es ayudarte a desencadenar esa grandeza, aceptar la oscuridad, ¡y conseguir el maldito restaurante y la vida que quieres!

¿Te unes?

Si es así, tienes que comprometerte al 100%. No puedes hacerlo con menos del 100% de compromiso.

Eso es lo que cuesta llegar a destacar - *todo o nada.*

"Todo el mundo dice que es un líder hasta que llega el momento de asumirlo y hacer lo que tienen que hacer los verdaderos líderes".

Te toca a ti.

Mensaje Dirigido a Potenciales Clientes

Excelencia. Esta es la gran palabra que se utiliza si quieres dirigir el equipo. Déjenme compartir algo que puede sorprenderles. **La excelencia apesta**. Esta palabra de moda se ha utilizado tanto que ha quedado diluida. ¿Tienes al menos una definición clara de lo que significa la excelencia para tu restaurante? Cuando hago esa pregunta a clientes potenciales, la mayoría tiene problemas para definirla. Muchos buscan definiciones genéricas como " ser el mejor", "ser de categoría mundial", "comida y servicio increíbles". Cuando los presiono para que digan algo más, solo recibo silencio y más respuestas en busca de explicaciones (excusas). Entonces se hace evidente. **<u>Son puras palabras y nada de acción.</u>**

La mayoría de los restaurantes pasan la mayor parte de su tiempo trabajando o formándose en habilidades difíciles. Muy pocos trabajan en las habilidades blandas y el condicionamiento mental. Para aquellos que quieren llegar a ser excepcionales y no sólo geniales, esto es un error. Tener habilidades sólidas, como cocinar y servir, son necesarias para participar en el juego a cualquier nivel. Son las habilidades mentales y blandas las que separan a la élite. La disciplina, el liderazgo, la cultura, la productividad, las dinámicas de comportamiento, los valores fundamentales, la comunicación, el valor... son los rasgos que no sólo te **llevan** a la cima, sino que te **mantienen** en ella.

La gente se pregunta: "¿Qué es lo que hace que los restaurantes excepcionales sean tan increíbles?". Es ese elemento intangible que no pueden comprender porque no lo han experimentado antes. Puedo decir que conducir un Porsche es toda una experiencia. Sin embargo, si nunca has conducido un automóvil deportivo, no puedes entender por qué se habla tanto de ello. Para ti, solo parece un automóvil caro.

Atiendo a muy pocos clientes de coaching para restaurantes. ¿Por qué? La mayoría no lo soportan. Claro, dicen que quieren ser mejores y mejorar su restaurante. Pero vienen con expectativas poco realistas. Es como inscribirse en el gimnasio en Año Nuevo y esperar estar en forma a finales de mes. No es posible, sobre todo si tienes años de malos hábitos que hay que reprogramar. Por eso mucha gente deja el gimnasio después de unas semanas; no se daban cuenta de que esos malos hábitos no iban a desaparecer tan fácilmente.

Esto es lo que sé. Sea lo que sea lo que me digas que es el problema en tu restaurante, ese no es el verdadero problema que está estancando tu negocio. Ese problema está a cinco capas más profundo. Haz hecho un gran trabajo ocultando la fachada a la gente. Pero tus más allegados lo saben. Tu personal lo sabe. Si las ventas del restaurante están estancadas o disminuyen, los clientes también lo saben. El coaching consiste en generar confianza, así que quítate esa máscara. Solo entonces es cuando empieza el verdadero trabajo. Haré todo lo necesario para llegar a tu verdadero yo. A algunas personas no les gusta eso. Esos son los que nunca se quedan mucho tiempo en la sesión de coaching.

Sólo 1 de cada 20 restaurantes que me contactan para recibir sesiones de coaching para restaurantes consigue llegar más allá de la primera reunión. El coaching es una inversión equitativa para ambos. No quiero ofender a nadie, pero tengo claro que trabajo **CON** mis clientes, no **PARA** mis clientes. Es mi nombre el que aparece en el trabajo que hacemos para ti y para tu restaurante. Eso tiene que significar tanto para ti como para mí. Soy implacable a la hora de mejorar (para mí y para mis marcas). Trabajaré hasta el cansancio para llevarte a donde necesitas estar (no donde quieres estar, sino donde NECESITAS estar, que normalmente es más allá de donde crees). Pero no me esforzaré más que tú para beneficiarte. Cuando seas mi cliente, tendrás que ponerte a mi nivel o no trabajaremos juntos mucho tiempo.

Cuando la gente se inscribe en el coaching para restaurantes, tengo tres reglas que no son negociables:

1. **Muéstrate al 100%**
2. **Haz el trabajo.**
3. **Escucha.**

Muéstrate al 100%

Los clientes reciben llamadas privadas de coaching conmigo al menos una vez a la semana. Espero que seas puntual y que estés preparado. Nada de distracciones. No conduzcas. Debes estar en un lugar en el que puedas concentrarte solo en lo que yo me concentro... **en hacerte mejorar**. Si no puedes destinar al menos una hora a la semana para mejorar, entonces estás desperdiciando **tu dinero** y **mi tiempo**. Odio perder mi tiempo.

Haz el Trabajo

No puedes seguir en tu zona de confort y esperar nuevos resultados. Lo que has hecho hasta ahora te ha colocado en la situación en la que te encuentras. A menudo, para pasar al siguiente nivel se necesitan habilidades distintas y una mentalidad diferente. Las cosas que te llevaron hasta aquí no serán las que te lleven a donde necesitas estar. Voy a mezclar las cosas para que no te sientas cómodo. Te daré tareas y deberes. Repito, tienes que mostrarme que estás comprometido con el proceso de coaching. Si no inviertes tiempo en completar esas cosas, entonces se acabó. Tus acciones son un reflejo claro de tu mentalidad.

Escucha

*¿Sabes cuál es la diferencia entre una **opinión** y un **consejo**?*

Todos tienen una opinión. No quiero ofender a tus amigos, familiares o personas que trabajan para ti y que te dieron su opinión sobre cómo mejorar tu negocio. Si realmente supieran cómo llevar tu restaurante al siguiente nivel, no estarías en contacto conmigo. Así que olvídate de lo que crees que sabes. Dicen que el conocimiento es poder. No lo es. Sólo es potencial. La mala información es peligrosa, y es una de las causas por las que me contactan. Tomaste malas ideas, y ahora necesito ponerte en el buen camino... así que haremos las cosas a mi manera.

El consejo es información que se da directamente de alguien que ha pasado por lo mismo. Veo tantos asesores empresariales en el mercado hoy en día que nunca han tenido un restaurante. ¿Confiarías en un chef delgado? No. ¿Contratarías a una persona con sobrepeso para que fuera tu entrenador? Por supuesto que no. Entonces, ¿por qué aceptarías consejos de alguien que nunca ha **tenido** un restaurante? Si vamos más a fondo, ¿también ha fracasado, ha aprendido de sus fracasos y luego ha tenido éxito? Los fracasos son tu mayor capital. De ahí viene la mayor parte del aprendizaje. Si vas a aceptar un consejo de alguien y sabes que no es una opinión, asegúrate de que sea de alguien que ya haya pasado por eso. Asegúrate de que haya triunfado y fracasado. Yo tuve ambos, y también llegué a un acuerdo para ser capaz de asumirlos todos.

Lo Que Consigues Sin Darte Cuenta

Fui afortunado de pertenecer a los equipos de élite de Operaciones Especiales de las Fuerzas Aéreas de los Estados Unidos. Como Especialista en Pararrescate, nuestro trabajo era infiltrarnos entre las líneas enemigas para recuperar personal y otros objetivos que solicitaran los Estados Unidos de América. La formación para convertirse en Pararrescatista es muy extensa y muy costosa. Escuelas de supervivencia, Escuela Aérea, Escuela de Buceo de Combate, Escuela HALO, Rescate de Montaña, Tácticas Aéreas, Combate Cuerpo a Cuerpo, Escuela de Paramédicos.

Es posible que mis clientes no lo vean; sin embargo, están recibiendo el mismo entrenamiento mental que me convirtió en Pararrescatista. Es ese juego mental el que separa a la élite del resto. Pensar en situaciones imprevistas, concentrarse en el frente, la tenacidad, el ingenio, el valor, el verdadero trabajo en equipo y el liderazgo... esas habilidades se desarrollan a través del entrenamiento mental.

A veces no te gustará lo que te diga o te diga que hagas.

Sin embargo, puedo prometerte que amarás los resultados.

¿Quieres Más?

¡Empieza con mi libro que te guiará paso a paso para que tengas un Día Extraordinario! **Este libro está disponible exclusivamente en Amazon**. Además, ¡he incluido varios extras junto con este libro informativo!

La escuela nunca termina para el verdadero profesional. Las personas que aplican los principios descritos en este libro han obtenido resultados fantásticos. ¡Lo bueno de saborear el éxito es que vas a querer más!

¡Bienvenido al **Club de Mentalidad Sobresaliente**! En cuanto recibas el libro, podrás unirte al **grupo privado de Facebook - El Libro de Mentalidad Sobresaliente** - para personas que piensan como tú, que han aprendido el contenido de este libro y quieren relacionarse con otras personas que quieren más de sí mismas y de sus restaurantes. Tú eres el resultado de aquellas personas con las que te relacionas habitualmente. ¡En este grupo de Facebook encontrarás compañeros que te ayudarán a dar lo mejor de ti mismo!

Es gratis hacerse miembro al conseguir este libro. **Cuando la oportunidad toca tu puerta, debes poner de tu parte y abrir la maldita puerta.**

Necesitas esforzarte y aplicar los principios de este libro para conseguir buenos resultados. Muchos recibirán este libro, lo leerán una vez, y no harán nada nuevo para tener la vida que desean. Estoy seguro de que tú no eres así. Apuesto a que actuarás y obtendrás resultados. Sólo asegúrate de crear nuevos hábitos y seguir esforzándote por cambiar. Cambiar nunca es fácil. Si así fuera, todo el mundo disfrutaría de la vida y el restaurante que desean... **y sabemos que la mayoría no los tienen.**

"Donald nos explica las cosas con honestidad y sinceridad en 'Mentalidad Sobresaliente'. No hay ninguna trampa, y esto es lo que hace que Donald sea genuino. Porque dice las cosas como son. No va a mentirte ni a decirte algo bonito para no herir tus sentimientos. Prefiere verte triunfar, prosperar y crecer que dejar que tus propios errores sean tu perdición. Esto es lo que le diferencia de los demás en su sector. Encontrarás técnicas nuevas o conocidas que quizá hayas olvidado. Nuevas ideas e ideas en torno al tema del tiempo, y muchas más joyas ocultas. Un libro imprescindible para cualquiera que se dedique a los restaurantes".

-Brian Alcorn, Dueño de Paleo Brio

Podcast de The Restaurant Coach™

Este es un recurso **gratuito**. Suscríbete y no te pierdas ni un episodio. Contiene entrevistas con expertos en restaurantes, herramientas y consejos para conseguir el restaurante y la vida que deseas.

La Nación de The Restaurant Coach™ (TRC)

"Mucha gente se presiona a sí misma y cree que le costará demasiado hacer realidad sus sueños. Los asesores están ahí para decir: 'Mira, no es tan difícil. No es tan difícil como crees. Estas son algunas pautas y cosas por las que pasé para llegar a donde estoy en mi carrera'".

—Joe Jonas

Creé la **Nación TRC** como un lugar donde los hermanos y hermanas del mundo de los restaurantes se pudieran reunir para encontrar soluciones a los problemas reales a los que se enfrentan cada día. No es un lugar para quejarse de lo mal que está el negocio, sino un lugar donde las actitudes positivas prevalecen. Amo este negocio con todo mi corazón, y si te conviertes en miembro de Nación TRC, tú también lo harás, aunque te hayas desilusionado de él.

El espíritu de la hospitalidad es lo que nos mueve, y quería ayudar a traerlo de vuelta al mundo de los restaurantes. Para hacerlo, quise **iniciar** un **programa de tutoría** para líderes de restaurantes (a todos los niveles) con el fin de iniciar la revolución para traer de vuelta los valores fundamentales que el sector de los restaurantes tuvo una vez: respeto, integridad, compasión, humildad y servicio a los demás.

TRC Nation tiene el honor de contar con una lista cada vez mayor de expertos del sector de talla mundial (mentores) que están dispuestos a ofrecer su tiempo cada semana (durante un programa de 8 semanas) para ayudar a otros a volver a encender esa chispa y encontrar el rumbo en esta industria tan turbulenta.

Cada mentor fue seleccionado por mí mismo en función de su experiencia y del valor que aportan cada día para elevar el nivel del sector de los restaurantes..

¿Cómo puedes conseguir un mentor? Es muy sencillo. Primero, ¡solicita unirte a la **Nación TRC en Facebook** y luego pide un mentor en la publicación que habla del programa! Sólo tienes que darle a "**Regístrate**" y ¡comienza el camino para conseguir todo lo que deseas! ¡Nos vemos en Nación TRC!

https://www.facebook.com/groups/135011193999569/mentorship_application/

The Restaurant Accelerator™
El éxito deja indicios.

Los restaurantes más exitosos no tienen suerte. La suerte influye muy poco en el éxito o el fracaso. Aunque te guste pensar que sí. Pero es algo más sistemático. Cuando estudias los restaurantes exitosos a lo largo de tu carrera, como yo lo he hecho, ves los patrones y similitudes que todos estos restaurantes exitosos tienen en común.

He detallado los pasos necesarios para que tu restaurante pueda ir de bueno a extraordinario. El programa se llama **The Restaurant Accelerator™** y es un proceso paso a paso para que finalmente tengas el restaurante que deseas. He probado este programa con más de 2400 restaurantes y puedo decir con 100% de confianza que los que han implementado el sistema en el orden en que se presenta han producido resultados increíbles.

Crear un restaurante de éxito es bastante similar a construir una casa. Debes tener una base sólida, porque sin ella todo lo que esté por encima se derrumbará. Diseñé **The Restaurant Accelerator™** para imitar el mismo marco de las 3P del que hablé antes.

FASE 1: PERSONAS

Para empezar, utilizaremos mi taller **"Equipo Uno: Un Equipo" (Team One, One Tieam)**, que ayuda a personas como tú a entender tus fortalezas naturales y las de tu equipo.

Después, mi exclusivo proceso **Taller Conoce Y (Know Y Workshop)** te garantiza que crearás una misión, unos valores fundamentales y una visión convincentes sobre los que construir RÁPIDAMENTE tu cultura.

Después, atraer, formar y retener a los mejores talentos utilizando mi **Marco del Método de Atracción de Talentos**. - así tendrás mejores personas trabajando **contigo**

FASE 2: PRODUCTO

¡El proceso del **Campamento de Entrenamiento de Costos de Alimentos (Food Cost Boot Camp**) te garantizará el éxito al crear una base sólida de ganancias con tu principal gasto controlable! - puedes estar perdiendo entre un 7 y un 12% por desconocer los costos de tu comida.

El mecanismo central para garantizar que conviertas tu menú en un cajero automático es mi sistema de **Cambio Extremo de Menú (Extreme Menu Makeover).**

El último paso en la Etapa de Producto es personalizar tu proceso de **Máquina de Marketing para Restaurantes,** que te muestra cómo comercializar eficazmente para impulsar las ventas todos los días como un reloj ¡SIN estar en las redes sociales durante horas y horas cada día!

FASE 3: PROCESO

Una vez que tengamos a las personas y el producto preparados, iniciaremos la fase del proceso creando el **Sistema restaurantTRAC**™, que te permitirá crear un sólido sistema de responsabilidad en línea.

Luego: Te ayudaré a crear un plan estratégico trimestral, mensual, semanal y diario para hacer crecer tus ventas y ganancias - mi modelo exclusivo llamado **stratMAPS**™.

El paso final del Programa de Coaching para Restaurantes The Restaurant Accelerator™ es asegurar que maximizas tu rentabilidad utilizando el **Sistema Profit Clin**ic con consejos para proteger los activos de tu marca

Así que no tienes nada que perder y *mucho que ganar.*
Para más información: www.therestaurantcoach.com

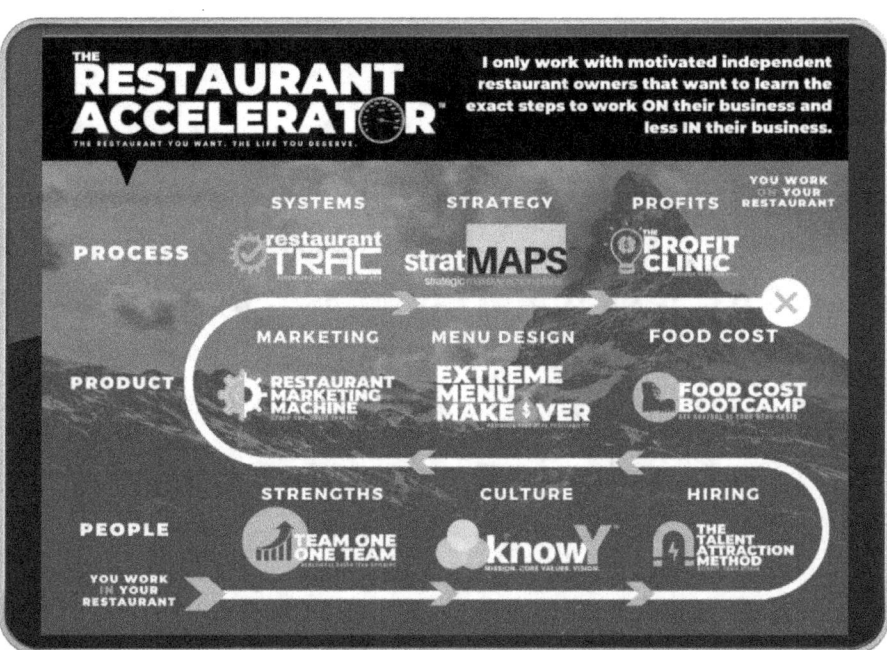

¿Tienes un Coach?
¿Tienes algún coach o asesor?

Si no es así, podrías estar limitando el éxito de tu restaurante. Esto se debe a que los asesores te ayudan a identificar y centrarte en lo importante, lo que acelera tu éxito.

Grandes asesores:

- crear un entorno seguro en el que las personas puedan verse a sí mismas más claramente;
- identificar las diferencias entre el punto donde está el cliente y el punto donde necesita o desea estar;
- solicita modificaciones de pensamiento, acción y comportamiento mucho más intencionadas que las que el cliente hubiera exigido de sí mismo;
- guiar la creación de la estructura, la responsabilidad y el apoyo necesarios para garantizar un compromiso constante.

Los deportistas exitosos son conscientes del poder del coaching o asesoramiento. La Estrategia de Coaching del Reino Unido define el papel del coach deportivo como aquel que *"permite al atleta alcanzar niveles de rendimiento al grado que no hubiera sido posible si lo hubiera dejado a su voluntad."*

Las marcas de restaurantes innovadoras entienden que el coaching puede ayudar a su equipo de liderazgo a aumentar su rendimiento en el trabajo. Invierten en coaching para sus líderes y empleados de alto potencial.

El coaching también influye en los resultados económicos de una organización. Según un estudio de la Federación Internacional de Coaching, el 60 por ciento de los participantes de organizaciones con una sólida cultura basada en el coaching señalan que sus ingresos están por encima del promedio en comparación con su grupo de referencia. El coaching, cuando se aplica, se paga solo.

Si estás empezando un restaurante y quieres prepararte para el éxito desde el principio, o si ya eres propietario de un restaurante y quieres más, el coaching es la herramienta ideal.

¿El coaching es para todos? **Claro que no**. Por este motivo, estoy dispuesto a ofrecerte **una sesión estratégica GRATUITA de una hora** para que puedas ver si el coaching es adecuado para ti y para tu restaurante.

Sigue el enlace para acceder a una **Sesión Estratégica Gratuita:** https://www.therestaurantcoach.com/pages/become-a-client

*El coaching para restaurantes no es para todos. Los efectos secundarios son: aumento de las ganancias, mejor personal, clientes más felices, identidad de marca más sólida, menos estrés, mejores relaciones y un sueño de calidad. Consulta con The Restaurant Coach™ para saber si el coaching es adecuado para ti.

Testimonios

"Donald verdaderamente entiende el mundo de los restaurantes. Como chef de un gran proveedor de alimentos, a menudo recurro a The Restaurant Coach™ para estar al día de las tendencias, encontrar inspiración y continuar mi propio desarrollo personal".

Tim Maness, Shamrock Foods, Chef Corporativo de Colorado

"Donald tiene una forma de hacer que te detengas y pienses en cómo estás llevando tu restaurante".

-Juan Pablo Vidales, Dueño de Michin Kitchen

"Donald dice las cosas claras. No tiene miedo de llamarte la atención por tus tonterías, pero lo hace con integridad y clase, y logra que alcances todo tu potencial. No acepta menos. Es único en su especie y siente pasión por crear mejores restaurantes. No seas uno de los restaurantes que apestan y corren el riesgo de ser eliminados, ¡destaca entre tus competidores leyendo este libro! Tienes que escuchar a este tipo".

-Andrew Carlson, conferenciante, autor de "Customer Service is the Bottom Line"

"Donald nos ayudó a reformar nuestra cultura a través del coaching. Eso transformó nuestra marca, nuestro equipo y nuestras ganancias a nuevos niveles. Ahora dedicamos más tiempo a trabajar en nuestro negocio y a disfrutar de ser dueños de un restaurante."

-Todd y Candy Sheets, Dueños de Sno's Seafood & Steak

"¡Ser asesorado por Donald es como llevar tu restaurante al máximo nivel!"

-Shawn Shenefield, Director de Operaciones, Upper Crust Pizza

"Herramientas innovadoras, técnicas, consejos y palabras directas del entrenador de restaurantes más importante del mundo. Donald es conocido por sus programas y sus métodos únicos que generan resultados extraordinarios para sus clientes. Pregunté y descubrí que cuando los dueños de restaurantes o los chefs necesitan un cambio y quieren alcanzar el éxito a gran escala, llaman a The Restaurant Coach™. Estaba preparado, así que contacté a Donald. Para mí, la experiencia de coaching ha sido más gratificante de lo que jamás hubiera imaginado."

-Dan Palmer, Dueño de Palmer's

"Los consejos firmes y sinceros de Donald son todo lo que necesitábamos para empezar a trabajar y sacar adelante nuestro negocio. Dice las cosas que nadie más se atreve a decir y te responsabiliza seriamente de los errores de tu negocio, lo que al final te da el poder de hacer que las cosas funcionen mejor de lo que nunca hubieras imaginado, si estás dispuesto a trabajar duro. Sus consejos se basan en años de experiencia, y no nos dimos cuenta hasta que empezamos a poner en práctica algunas de las cosas que nos dijo. Los resultados fueron obvios desde el primer momento. Así que sigan el consejo de Donald, actúen y sabemos que verán los resultados de inmediato. Este tipo sabe lo que hace".

-David Noble, Chef/Dueño de Pallett, Hafnarfjörður, Islandia

"En cuanto elaboramos nuestros valores fundamentales con Donald, los utilizamos como base para todo, desde el diseño de nuestro menú, la política de contratación y, sobre todo, nuestras redes sociales, que enfocaron muy bien nuestro mensaje y nos ayudaron a relacionarnos adecuadamente con nuestros clientes. Nos ayudó a crear un plan de acción para mejorar nuestros sistemas y aumentar la productividad del personal. Simplemente con tener a Donald para compartir ideas

cada semana nos dio la confianza para llevar a Caravelle al nivel que queríamos".

-Zim Sutton, Caravelle, Barcelona, Spain

"Tus propias creencias autolimitantes te impiden alcanzar la grandeza. Un coach aspira a más de lo que tú esperas de ti mismo. Donald Burns es un coach que te dirá la cruda realidad cuando necesites oírla, te dará una perspectiva muy diferente y te responsabilizará de superar la mediocridad y las excusas."

-Chef Peter Sclafani, Autor de "Seasons of Louisiana", cofundador de Ruffino's Restaurants

"¡Llamar a Donald simplemente coach de restaurantes es como llamar a Michael Jordan simplemente jugador de baloncesto!".

-James Pecherski, Dueño de Casa Taco

Únete a nosotros hoy mismo para desarrollar tu potencial en www.therestaurantcoach.com

Agradecimientos

Tuve la suerte de trabajar con personas talentosas que me ayudaron a convertirme en el hombre que soy hoy. Siempre creí que las personas con las que te relacionas se convierten en tu círculo social y profesional. En esta lista no puedo incluir a todos los que han tenido un impacto en mí: ....., *por favor, sepan que lo han tenido.*
Muchas gracias.

Mis Instructores OLJ de Pararrescate - ustedes forjaron las bases (*aunque intentaran matarme***)**
  LD Jeffries, Clegie Chambers (Q.E.P.D), Paul Pepin, Mike Buonaugurio

Tutores Culinarios
  Chef Rick Tramonto, Chef Jay McCarthy, Chef Terrance Brennan, Chef Wolfgang Puck, Chef Lee Hefter, Chef Matt Bencivenga (Q.E.P.D), Chef Charlie Trotter (Q.E.P.D), Chef Sherri Yard, Chef Francois Kwaku-Dongo, Chef Adam Lamb, Chef Craig Shelton

Mentores y Amigos Empresariales
  Brian Duncan, Kelley Jones, Andrew Carlson, Bruce Irving, Thax Turner, Eva Ballarin, Ken Burgin, Andrew Freeman, Doug Radkey, Bo Byrant

Los Magos del Blog
  Foodable TV – Paul Barron, Kerri Adams
  Modern Restaurant Management – Barbara Jarvie Castiglia
  Nightclub & Bar - David Klemt
  Upserve – Ryan Mcsweeney, Natasha Nichols

Hermanos de Sangre
  John Trevor-Smith, Byron Kelly

Mi Coach de Negocios
　　Drayton Boylston

Mis Hijos
　　Morgan and Alex

Acerca de db

Donald Burns es The Restaurant Coach™, nombrado uno de **Los Expertos en Restaurantes a Seguir** y **Uno de los 23 Inspiradores Expertos en Hostelería a Seguir en Twitter.**

Asesor de restaurantes de una empresa valorada en 4.200 millones de dólares, es una autoridad destacada, conferenciante y coach internacional en cómo los dueños de restaurantes, operadores y profesionales culinarios pasan de ser simplemente **buenos** a convertirse en **extraordinarios**. **Ex Pararrescatista (PJ) de las Fuerzas Aéreas de EE.UU.**, dueño de restaurante y Chef Ejecutivo de Wolfgang Puck, posee las habilidades únicas para liberar a los restaurantes del promedio y llevarlos a su máximo potencial.

Trabaja con restaurantes independientes deseosos de **crear su marca, fortalecer su equipo** y **aumentar sus ganancias** *sin* sacrificar su vida por su negocio.

Su primer libro: **¡Tu Restaurante Apesta!** *Acepta lo malo. Libera tu restaurante. Haz que destaque.* **Es un éxito de ventas internacional y recibió el Premio al Libro y Autor del Año de la Industria 2019** por *Nightclub & Bar.*

¡Su segundo libro continúa el ejemplo del primero! **¡Tu Restaurante TODAVÍA Apesta!** *Deja de minimizarte. Obtén lo que quieres. Conviértete en un tipo duro.*

Su tercer libro es **¡La Cultura de su Restaurante Apesta!** No solo sobrevivas. Comienza a prosperar. Huye de la mediocridad. Ya disponible en Amazon

¡Adquiere una copia en Amazon! *Available in Kindle, Hard Cover and Paperback Formats.*

Todos los libros también están disponibles en Audible.com en formato audiolibro.

www.ingramcontent.com/pod-product-compliance
Lightning Source LLC
Chambersburg PA
CBHW052343220526
45465CB00003BA/931